書いて定着

アウトプット専用問題集

中2国語 読解

もくじ

次のように感じたことのある人はいませんか？

- ☑ 授業は理解できる
  ➡ **でも問題が解けない！**
- ☑ あんなに手ごたえ十分だったのに
  ➡ **テスト結果がひどかった**
- ☑ マジメにがんばっているけれど
  ➡ **一向に成績が上がらない**

本書の特長と使い方

本書は、成績アップの壁を打ち破るため、問題を解いて解いて解きまくるためのアウトプット専用問題集です。

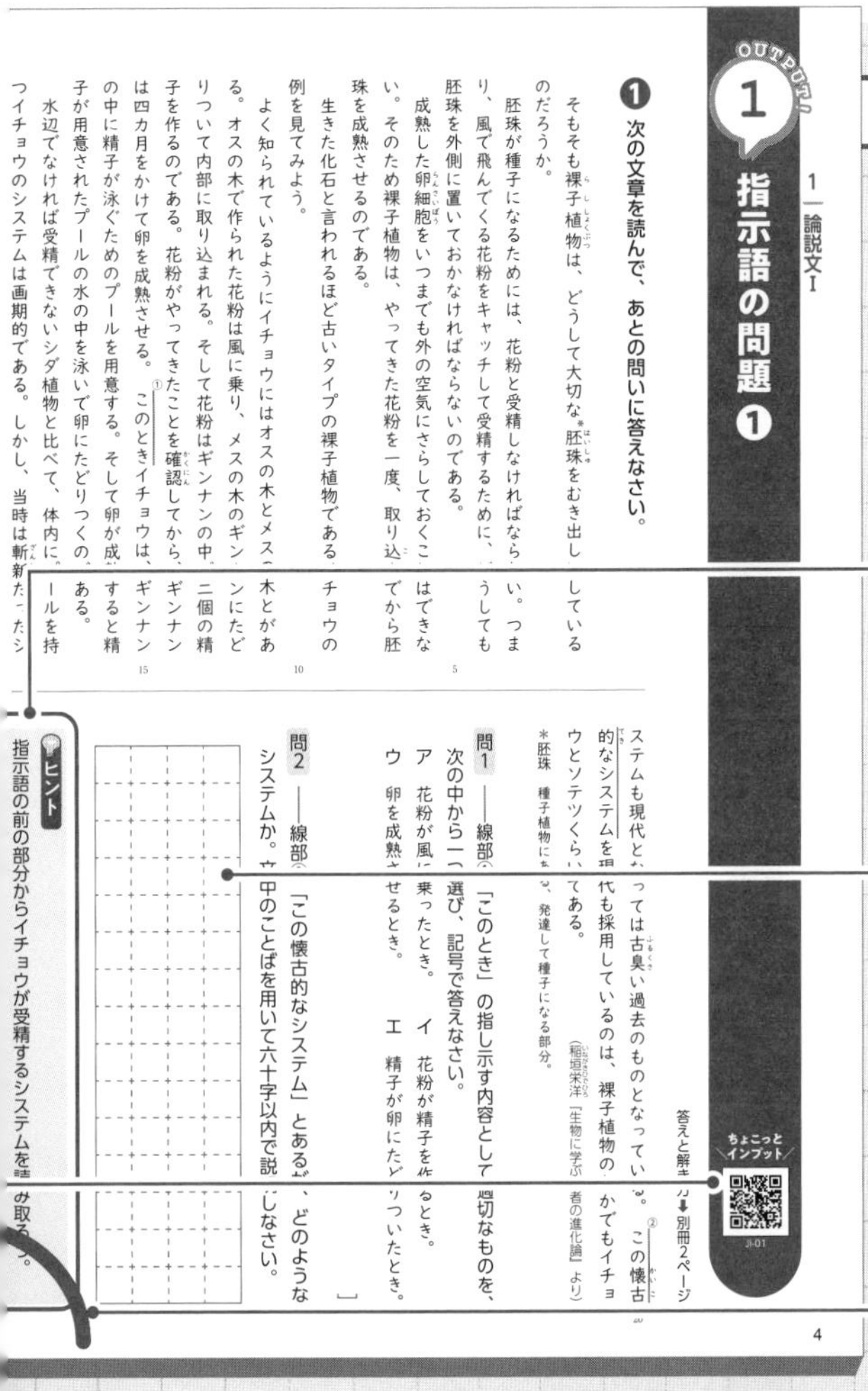
1 論説文Ⅰ

OUTPUT! 1 指示語の問題❶

❶ 次の文章を読んで、あとの問いに答えなさい。

そもそも裸子植物《らししょくぶつ》は、どうして大切な胚珠《はいしゅ》をむき出しにしているのだろうか。

胚珠が種子になるためには、花粉と受精しなければならない。つまり、風で飛んでくる花粉をキャッチして受精するために、うしても胚珠を外側に置いておかなければならないのである。

成熟した卵細胞《らんさいぼう》をいつまでも外の空気にさらしておくことはできない。そのため裸子植物は、やってきた花粉を一度、取り込んでから胚珠を成熟させるのである。

生きた化石と言われるほど古いタイプの裸子植物であるイチョウの例を見てみよう。

よく知られているようにイチョウにはオスの木とメス木とがある。オスの木で作られた花粉は風に乗り、メスの木のギンナンにたどりついて内部に取り込まれる。そして花粉はギンナンの中で二個の精子を作るのである。花粉がやってきたことを確認してから、ギンナンは四カ月をかけて卵を成熟させる。①このときイチョウは、ギンナンの中に精子が泳ぐためのプールを用意する。そして卵が成すると精子が用意されたプールの水の中を泳いで卵にたどりつくのである。

水辺でなければ受精できないシダ植物と比べて、体内にールを持つイチョウのシステムは画期的である。しかし、当時は斬新たシステムも現代となっては古臭《ふるくさ》い過去のものとなっている。②この懐古《かいこ》的なシステムを現代も採用しているのは、裸子植物のなかでもイチョウとソテツくらいである。

（稲垣栄洋《いながきひでひろ》『生物に学ぶ……者の進化論』より）

＊胚珠　種子植物に、発達して種子になる部分。

問1 ――線部①「このとき」の指し示す内容として適切なものを、次の中から一つ選び、記号で答えなさい。

ア 花粉が風に乗ったとき。　イ 花粉が精子を作るとき。
ウ 卵を成熟させるとき。　エ 精子が卵にたどりついたとき。

問2 ――線部②「この懐古的なシステム」とあるが、どのようなシステムか。文中のことばを用いて六十字以内で説明しなさい。

ヒント 指示語の前の部分からイチョウが受精するシステムを読み取る。

答えと解説→別冊2ページ

ちょこっとインプット

4

基本のページ

アウトプットに特化したスタイル

ストレスフリーでどんどん解ける！
問題を解いて解いて解きまくろう！

- 単元はじめの問題にはヒントがあるからつまずかずにスイスイ解ける！
- 答えはすべて書き込める！
- 180°開く製本だから書き込みやすい！
  手を離しても本が閉じない！

テストのページ

まとめのテスト

数単元ごとに設けています。
これまでに学んだ単元で重要なタイプの問題を掲載しているので、復習に最適です。点数を設定しているので、定期テスト前の確認や自分の弱点強化にも使うことができます。

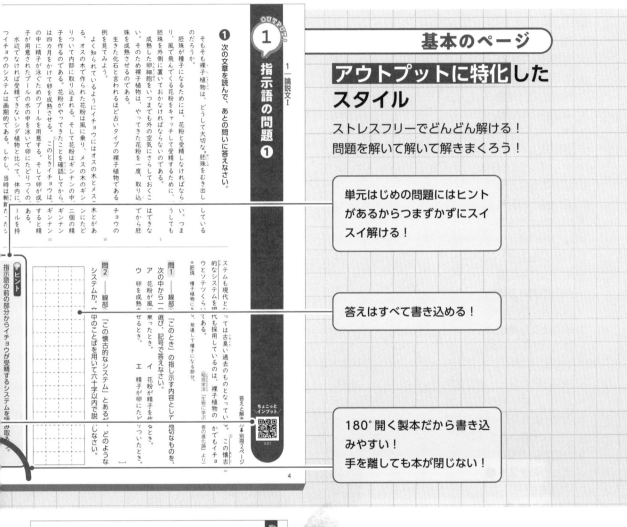

原因は実際に問題を解くという

アウトプット不足

です。

本書ですべて解決できます！

スマホを使うサポートも万全！

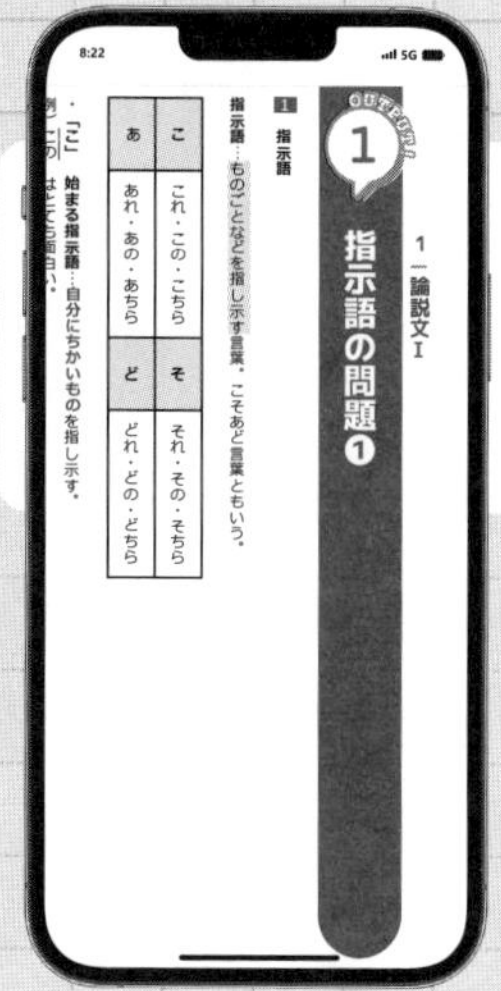

ちょこっとインプット

わからないことがあったら、QRコードを読みとってスマホやタブレットでサクッと確認できる！

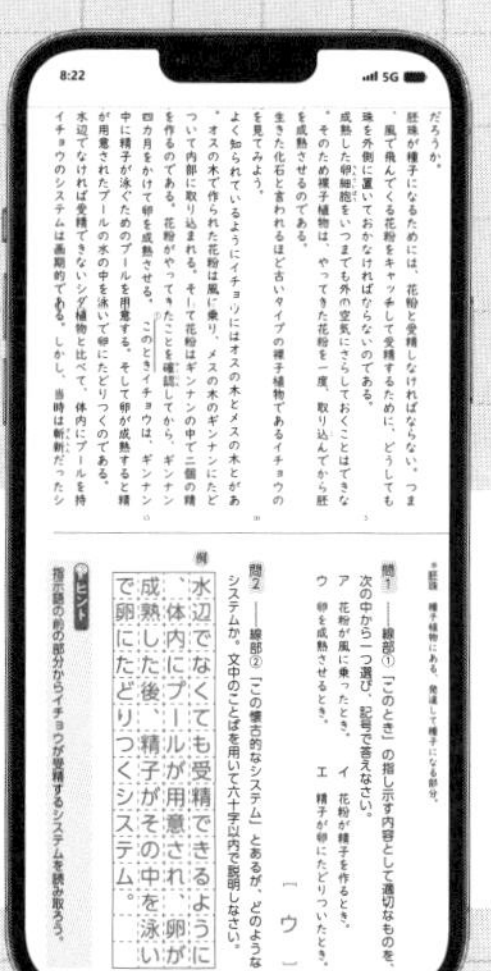

らくらくマルつけ

QRコードを読みとれば、解答が印字された紙面が手軽に見られる！

※くわしい解説を見たいときは別冊をチェック！

❷ 次の文章を読んで、あとの問いに答えなさい。

＊ユングが人間のタイプとして内向と外向とを分類したように、「内的な真実」などという言葉さえ頭から否定したいような外向的な人も存在することは事実であり、やはり夢に対して心の開かれている人と開かれていない人があることは仕方のないことである。しかし、この点は仕方がないとしても、一般《いっぱん》に夢というものは覚えにくいものであることを指摘《してき》しておかねばならない。そもそもそれは何らかの意味でその人の自我《じが》とは相容《あいい》れぬ性質をもっているのだから当然のことである。そのとき、そこに分析家《ぶんせきか》という一個の人格が存在し、無意識の世界の探索《たんさく》を共に行おうと決意することによって事態が変《かわ》るのである。

①そのような決意によって、多くの場合、その人のそれまでの過去に無意識内に積みあげられてあったことが、その時の状態に照らしてひとつのまとまった内容として意識化されると共に、将来の展望をさえ含《ふく》んだものとして、劇的な夢として生じてくる。（中略）しかし、このような夢は数が少なく、大体は日常生活と関連した断片的《だんぺんてき》な夢をみるわけである。ユングは非近代社会の人がしばしば大きい夢と小さい夢とを区別していることを指摘している。大きい夢とは普遍的《ふへんてき》無意識に根ざした内容をもつものであり、②それは夢を見た人にとって表現し難《がた》い深い感情体験を伴《ともな》うことによって区別することができる。しかし、小さい夢でも注意深く観察すれば、その底に普遍的なイメージが存在していることに気づくこともある。たとえば、朝寝坊《あさねぼう》を奨励《しょうれい》する母親の夢にしろ、これを、「息子《むすこ》の目覚めを欲《ほっ》しない母」「人間を永遠の眠《ねむ》りに誘《いざな》う母」というふうに言いかえてみると、その普遍性は相当なひろがりをもってくるはずである。

（河合隼雄《かわいはやお》『昔話と現代』より）

＊ユング　スイスの心理学者・精神科医（一八七五〜一九六一）。

問1 ――線部①「そのような決意」とあるが、どのよう……文中のことばを用いて五十字以内で説明しなさい。

問2 ――線部②「それ」が指し示す内容についての説明として適切なものを、次の中から一つ選び、記号で答えなさい。

ア 普遍的無意識に根ざした内容をもち、見た人にとって深い感情体験を伴う夢である。

イ 過去に無意識内に積みあげられたものが意識化されると共に、将来への展望を含んでいる夢である。

ウ 注意深く観察すれば、その底に感情体験の記憶《きおく》が存在することに気づく夢である。

エ 分析家の助けを借りて過去と照合することによって初めて意識化できる夢である。

［　　］

らくらくマルつけ

Ja-01

180°

5

チャレンジテスト

巻末に３回設けています。
高校入試レベルの問題も扱っているので、自身の力試しに最適です。
入試前の「仕上げ」として時間を決めて取り組むことができます。

●「ちょこっとインプット」「らくらくマルつけ」は無料でご利用いただけますが、通信料金はお客様のご負担となります。●すべての機器での動作を保証するものではありません。●やむを得ずサービス内容に変更が生じる場合があります。●ＱＲコードは（株）デンソーウェーブの登録商標です。

OUTPUT! 1 指示語の問題 ❶

答えと解き方⬇別冊2ページ

ちょこっとインプット
Ji-01

❶ 次の文章を読んで、あとの問いに答えなさい。

そもそも裸子植物《らししょくぶつ》は、どうして大切な＊胚珠《はいしゅ》をむき出しにしているのだろうか。

胚珠が種子になるためには、花粉と受精しなければならない。つまり、風で飛んでくる花粉をキャッチして受精するために、どうしても胚珠を外側に置いておかなければならないのである。

成熟した卵細胞《らんさいぼう》をいつまでも外の空気にさらしておくことはできない。そのため裸子植物は、やってきた花粉を一度、取り込《こ》んでから胚珠を成熟させるのである。

生きた化石と言われるほど古いタイプの裸子植物であるイチョウの例を見てみよう。

よく知られているようにイチョウにはオスの木とメスの木とがある。オスの木で作られた花粉は風に乗り、メスの木のギンナンにたどりついて内部に取り込まれる。そして花粉はギンナンの中で二個の精子を作るのである。花粉がやってきたことを確認《かくにん》してから、ギンナンは四カ月をかけて卵を成熟させる。①このときイチョウは、ギンナンの中に精子が泳ぐためのプールを用意する。そして卵が成熟すると精子が用意されたプールの水の中を泳いで卵にたどりつくのである。

水辺でなければ受精できないシダ植物と比べて、体内にプールを持つイチョウのシステムは画期的である。しかし、当時は斬新《ざんしん》だったシステムも現代となっては古臭《ふるくさ》い過去のものとなっている。②この懐古《かいこ》的《てき》なシステムを現代も採用しているのは、裸子植物のなかでもイチョウとソテツくらいである。

（稲垣栄洋《いながきひでひろ》『生物に学ぶ敗者の進化論』より）

＊胚珠　種子植物にある、発達して種子になる部分。

問1　——線部①「このとき」の指し示す内容として適切なものを、次の中から一つ選び、記号で答えなさい。

ア　花粉が風に乗ったとき。　イ　花粉が精子を作るとき。

ウ　卵を成熟させるとき。　エ　精子が卵にたどりついたとき。

［　　］

問2　——線部②「この懐古的なシステム」とあるが、どのようなシステムか。文中のことばを用いて六十字以内で説明しなさい。

ヒント　指示語の前の部分からイチョウが受精するシステムを読み取ろう。

❷ 次の文章を読んで、あとの問いに答えなさい。

＊ユングが人間のタイプとして内向と外向とを分類したように、「内的な真実」などという言葉さえ頭から否定したいような外向的な人も存在することは事実であり、やはり夢に対して心の開かれている人と開かれていない人があることは仕方のないことである。しかし、この点は仕方がないとしても、一般《いっぱん》に夢というものは覚えにくいものであることを指摘《してき》しておかねばならない。そもそもそれは何らかの意味でその人の自我《じが》とは相容《あいい》れぬ性質をもっているのだから当然のことである。そのとき、そこに分析家《ぶんせきか》という一個の人格が存在し、無意識の世界の探索《たんさく》を共に行おうと決意することによって事態が変《かわ》るのである。

①そのような決意によって、多くの場合、その人のそれまでの過去に無意識内に積みあげられてあったことが、その時の状態に照らしてひとつのまとまった内容として意識化されると共に、将来の展望をさえ含《ふく》んだものとして、劇的な夢として生じてくる。（中略）しかし、このような夢は数が少なく、大体は日常生活と関連した断片的《だんぺんてき》な夢をみるわけである。ユングは非近代社会の人がしばしば大きい夢と小さい夢とを区別していることを指摘している。大きい夢とは普遍的《ふへんてき》無意識に根ざした内容をもつものであり、②それは夢を見た人にとって表現し難《がた》い深い感情体験を伴《ともな》うことによって区別することができる。しかし、小さい夢でも注意深く観察すれば、その底に普遍的なイメージが存在していることに気づくこともある。たとえば、朝寝坊《あさねぼう》を奨励《しょうれい》する母親の夢にしろ、これを、「息子《むすこ》の目覚めを欲《ほっ》しない母」「人間を永遠の眠《ねむ》りに誘《いざな》う母」というふうに言いかえてみると、その普遍性は相当なひろがりをもってくるはずである。

（河合隼雄《かわいはやお》『昔話と現代』より）

＊ユング　スイスの心理学者・精神科医（一八七五〜一九六一）。

問1 ——線部①「そのような決意」とあるが、どのような決意か。文中のことばを用いて五十字以内で説明しなさい。

問2 ——線部②「それ」が指し示す内容についての説明として適切なものを、次の中から一つ選び、記号で答えなさい。

ア　普遍的無意識に根ざした内容をもち、見た人にとって深い感情体験を伴う夢である。
イ　過去に無意識内に積みあげられたものが意識化されると共に、将来への展望を含んでいる夢である。
ウ　注意深く観察すれば、その底に感情体験の記憶《きおく》が存在することに気づく夢である。
エ　分析家の助けを借りて過去と照合することによって初めて意識化できる夢である。

［　　　］

らくらく
マルつけ
Ja-01

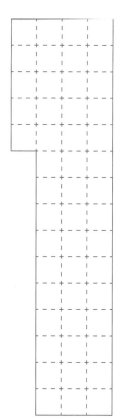

OUTPUT!

2 指示語の問題②

答えと解き方⬇別冊2ページ

❶ 次の文章を読んで、あとの問いに答えなさい。

「笑い」は喜びに伴《ともな》う感情であると考えられる。しかし、「笑い」は、かならずしも喜びと同一の感情でないことは明らかである。ひとは、うれしいときばかりか、悲しいときにも笑うものである。そしてまた、喜びのとき、うれしいときに、ひとはかならずしも笑わない。ひとはあまりのうれしさに、うれし涙《なみだ》を流すし、事成ったときの喜びは、大声でアハハと笑う感情とは別のようである。

「笑い」は、喜びとどこかで通じているが、喜びとかならずしも同一ではない。私は、どうも「笑い」は、喜びという感情より、もっと知的で複雑な感情ではないかと思う。それもたんなる欲望の充足《じゅうそく》、あるいは不充足を超《こ》えた、むしろ知性的な感情、恥《はじ》の感情と同一のカテゴリーに入れるべき感情ではないかと思う。というのは、「笑い」はむしろ価値の感情に属する感情ではないかと思うからである。それは欲望の充足、不充足に直接関係する、喜び、悲しみ、怒《いか》りなどの感情とちがって、もっと複雑な感情の種類に属するように思われる。

*アリストテレスは、人間は笑う動物であるといったけれど、①その定義は意味深いように思われる。ここで多くの感情の中で、なぜ「笑い」だけが、人間を他の生物から分かつ感情と考えられたのか。悲しみ、喜び、怒りがどうして、②そういうものと考えられなかったか。人間ばかりか、他の動物も、喜び、悲しみ、怒るにちがいない。しかし、笑うのは、人間だけである様に思われる。なぜなら、人間のみが、価値の感覚をもつからである。

（梅原猛《うめはらたけし》『「笑い」の哲学《てつがく》』より）

*アリストテレス　古代ギリシャの哲学者《てつがくしゃ》（前三八四～前三二二）。

問1 ――線部①「その定義」の指し示す内容を、文中のことばを用いて二十五字以内で説明しなさい。

問2 ――線部②「そういうもの」の指し示す内容を、文中から十五字以内で抜《ぬ》き出しなさい。

ヒント
指示語よりも前の部分、特に直前の文などに注目しよう。

❷ 次の文章を読んで、あとの問いに答えなさい。

*谷崎《たにざき》は、華麗《かれい》なフィクションを作る作家だと思われているが、実際には、事実に取材した作品が少なくない。『痴人《ちじん》の愛』も、『蓼喰《たでく》ふ蟲《むし》』も、『吉野葛《よしのくず》』も、『瘋癲《ふうてん》老人日記』もそうである。『細雪《ささめゆき》』についても、谷崎の日記のようなものは発見されていないが、おそらく記録はとっていただろう。戦時下、『中央公論』に連載《れんさい》した時、女人《にょにん》の生活などをめんめんとつづるのはけしからんという軍部の横やりで、連載は二回で中断し、谷崎は、一人発表のあてもない『細雪』を書き続けた。その上巻を、創元社の協力で私家版として刊行して知友に配った際も、軍部から詰問《きつもん》されている。

谷崎はもちろん、戦争への抵抗《ていこう》として『細雪』を書いたのではない。美しいフィクションを構築したのでもない。ただ、自分の周辺に起きた出来事に美しさを見出《みいだ》し、①それを小説家の技術をもって書き連ねて行ったのである。

『細雪』の美しさは、事実の美しさなのである。日本の美との出会いとか、古典への*親炙《しんしゃ》とかいうのは二の次のことがらでしかない。谷崎はその頃《ころ》、充実していた。潤一郎《じゅんいちろう》訳源氏物語などが売れて、経済的に潤《うるお》い、*松子との関係も安定し、その妹もそばにいて、谷崎は幸福だった。その幸福な時代の記録として『細雪』は書かれたので、だから発表の場がなくても書き続けたのである。

『細雪』と似た美しさを、私は*大岡昇平《おおおかしょうへい》の『俘虜記《ふりょき》』（長編）にも感じた。これはフィリピン戦線で敗戦に遭《あ》い、捕虜《ほりょ》収容所に入れられていた時のことを描《か》いたものだが、事実の記録だと言っていいだろう。

数学者が、数学は美しいと言い、自然科学者が自然の法則を美しいと言うように、事実を記した文章にはある美しさがある。もちろん、②それは書き手が事実と厳しく向き合い、またしかるべき技倆《ぎりょう》を持っていた上での話である。

（小谷野敦《こやのあつし》『文章読本X』より）

*谷崎　谷崎潤一郎（一八八六～一九六五）。日本の小説家。
*親炙　親しく接して感化を受けること。
*松子　谷崎松子（一九〇三～一九九一）。谷崎潤一郎の妻。
*大岡昇平　日本の小説家（一九〇九～一九八八）。

問1 ——線部①「それ」の指し示す内容として適切なものを、次の中から一つ選び、記号で答えなさい。

ア　軍部や戦争に反対する気持ち。
イ　頭に浮《う》かんだ美しく華麗な虚構《きょこう》。
ウ　古典の中に見つけた日本の美。
エ　日常の出来事の中にある美しさ。

［　　］

問2 ——線部②「それ」の指し示す内容を、「ということ。」につながる形で、文中から二十字以内で抜き出しなさい。

［　　　　　　　　　　　　　　　　　　　　］ということ。

らくらく マルつけ
Ja-02

OUTPUT! 3

接続語の問題①

ちょこっとインプット
Ji-03

答えと解き方⬇別冊2ページ

❶ 次の文章を読んで、あとの問いに答えなさい。

ここでもう一度、話し言葉について復習してみましょう。話し言葉には表情、身ぶり、声の抑揚《よくよう》などの補助手段が使えます。それから「エー」「まー」「……ね」「……よ」「……ぞ」などの感動詞や終助詞によって感動表現がたやすくできます。①<u>また</u>文の構造は単純で短文が多く「この」「あの」「それ」などの指示語をふんだんに使っても、だれからも叱《しか》られません。もっと思い切ったことをいいますと、話し言葉では、聞き手が理解さえすれば、それはそれで十分に文法的なのです。また不整表現も大手を振《ふ》って通用します。不整表現とは、語順の混乱、首尾《しゅび》の不統一、言いさし、言いなおし、同語の反復などのことで、ここまでのところでは、話し言葉は書き言葉にくらべてまことに簡単至《し》極《ごく》なもの、御《ぎょ》しやすいもののように思われます。

［　②　］実際はそうではない。話し言葉は書き言葉の二倍も三倍もむずかしい。書き言葉では、書こうと思い立ったときと、書き換《か》えて読み手に渡《わた》すときとの間に、時間の余裕《よゆう》がありますから、自己反省が可能です。文を書き綴《つづ》りながら、そして綴り終えたあとで、よく読み返して内容を吟味《ぎんみ》し、足らないところを補ったり、不都合な個所《かしょ》を書き改めたりできます。ところが話し言葉では、話そうと思い立つときと話すときとがほとんど同時で、表現過程にまったくといってよいほど時間の余裕がありません。そこでついとんでもないことを口走って失敗してしまいます。まったくもって話し言葉のおそろしいところは、「あともどりがきかない」ことです。いったん口にしたことを取り戻《もど》すことはだれにもできません。

（井上《いのうえ》ひさし『井上ひさしの日本語相談』より）

問1 ――線部①「また」の前後の関係を説明したものとして適切なものを、次の中から一つ選び、記号で答えなさい。

ア 前のことがらが原因・理由となり、その順調な結果があとに続いている。
イ 前のことがらから当然類推される結果とは逆の結果があとに続いている。
ウ 前のことがらと並列《へいれつ》のことがらが、あとに続いている。
エ 前のことがらとあとに続くことがらが対比されている。

［　　］

問2 ［　②　］に入ることばとして適切なものを、次の中から一つ選び、記号で答えなさい。

ア ところが　イ つまり
ウ だから　エ または

［　　］

ヒント
接続語の直前と直後の内容に注目しよう。

❷ 次の文章を読んで、あとの問いに答えなさい。

ギザのピラミッドが教えることは、規則的な形態はそれ自体で反復をめざすということだろう。ここにはたまたま三つの四角錐《しかくすい》が並んでいるが、三角形のシルエットは軽快なリズムを奏《かな》でて、この形が無限にまで反復されうることを暗示している。いいかえれば規則性は普遍《ふへん》性《せい》を象徴《しょうちょう》していて、無限の世界への親和感を表現していると見ることができる。そしてそれがまた巨大《きょだい》な石造物を一層、軽快に見せ、明るくも感じさせるのであろう。

これにひきかえ中国古代青銅器の重く暗い形は、それ自体で内に閉じて世界に背を向けている。制作者の情熱と注意力は目のまえの形に集中していて、その外にある空間に何の関心も抱《いだ》いていない。①それどころか制作者は当の作品を全世界から区別し、孤立《こりつ》して存在しうる特別の形として聖別しようとしているように見える。目のまえの器物にそれだけにしかない印《しるし》をつけ、ほかにない一体だけの存在として祭ろうとしている。祝福するのか呪《のろ》いをかけるのか、彼《かれ》はかけがえのない個物と一体となり、みずからも世界に背を向けているにちがいない。

もちろん現実にはすべての個物は均衡《きんこう》よく世界のなかに存在して、他の存在から区別されながら内に普遍性をはらんでいる。一本の樹木はすべて「このとき、この場所」にしかないが、同時にそのままで樹木としての規則性と類型性を含《ふく》んでいる。［②］造形の目はあえてこの現実の均衡を破壊《はかい》して、個別性と普遍性をそれぞれの方向に誇《こ》張《ちょう》しようとするものらしい。個別の形の規則性を強調して、世界のすべての個物との調和を暗示するか、逆に個物に外から別の形を付着させて、いわば差別化の刻印を捺《お》すかのいずれかだといえそうである。

ここで個物というとき、ただちに起こるのは個物とは何かという疑問であり、個物を個物として区別する基本的な形はどんなものかという問題だろう。（中略）ここでもっとも常識的な例をあげるとすれば、それは人間の顔のようなものである。現実の人間の顔はいずれも生理的な基本形を持っており、その形は一定の類型性をおびるとともに適度の個性を備えている。ところがそこに化粧《けしょう》という造形が始まったとたん、類型性と個性は対立を見せて現実にはない複雑さを生むのである。

（山崎正和《やまざきまさかず》『装飾《そうしょく》とデザイン』より）

問1 ——線部①「それどころか」の前後の関係を説明したものとして適切なものを、次の中から一つ選び、記号で答えなさい。

ア 前のことがらの具体例があとに続いている。
イ 前のことがらを受けて、より強調したいことがらをあとにつけ加えている。
ウ 前のことがらについて、別の言い方で繰《く》り返している。
エ 前のことがらについて、条件を補足している。

［　　］

問2 ［②］に入ることばとして適切なものを、次の中から一つ選び、記号で答えなさい。

ア ところで　イ むしろ　ウ さらに　エ だが

［　　］

らくらく
マルつけ
Ja-03

接続語の問題②

❶ 次の文章を読んで、あとの問いに答えなさい。

文献《ぶんけん》を調べてみると、現在の星座名の発祥《はっしょう》は遠くバビロニア時代にまで遡《さかのぼ》るらしい。占星術《せんせいじゅつ》を重視した古代文明が星の観測に注意を傾《かたむ》けたのは自明であり、バビロニアから出土した石標には当時の星座表が美しく記してある。牡羊《おひつじ》、牡牛、双子《ふたご》、蟹《かに》、獅子《しし》、乙女《おとめ》、天秤《てんびん》、蠍《さそり》、射手《いて》、山羊《やぎ》、水瓶《みずがめ》、魚などの星座はこの時代に命名されて、今日に伝わっているものだ。（中略）

古代人にとって夜は今よりもさらに暗く、星はさらに鮮明《せんめい》に輝《かがや》いていたにちがいない。占星術の対象として、［　①　］旅の道しるべとして、星に対する関心と思い入れは私たちが想像しているよりはるかに深かったことは想像にかたくない。

［　②　］彼等《かれら》は自然を擬人化《ぎじんか》して眺《なが》める技術をきっかりと身につけていたであろうし、夢想の能力も現代人よりずっと勝《まさ》っていたにちがいない。

［　③　］私たちよりはるかにたやすく夜空に美女と英雄《えいゆう》と動物たちの姿を認めることができたのだろう。そして、いったんそこにさまざまなイメージの実在していることを確信してしまえば、さながら＊ロールシャッハ・テストの奇《き》っ怪《かい》な図形が仮面に見え、蝶《ちょう》に見えるのと同様に、星屑《ほしくず》たちの中に容易に一定の絵画を描《えが》くことができるのだ。

（阿刀田高《あとうだたかし》『ギリシア神話を知っていますか』より）

＊ロールシャッハ・テスト　インクを紙に落として作成した図形の見え方で診断《しんだん》を行う心理テスト。

問1 ［　①　］に入ることばとして適切なものを、次の中から一つ選び、記号で答えなさい。

ア　つまり　　イ　また　　ウ　でも　　エ　ゆえに

［　　　］

問2 ［　②　］に入ることばとして適切なものを、次の中から一つ選び、記号で答えなさい。

ア　いっぽう　　イ　しかも　　ウ　それとも　　エ　しかし

［　　　］

問3 ［　③　］に入ることばとして適切なものを、次の中から一つ選び、記号で答えなさい。

ア　だから　　イ　それなのに　　ウ　かえって　　エ　もし

［　　　］

ヒント
論の展開からどんな接続語が入るかを考えよう。

ちょこっとインプット
Ji-04

答えと解き方➡別冊3ページ

❷ 次の文章を読んで、あとの問いに答えなさい。

＊ワードプロセッサーの発明は、表音主義者に対する表意主義者の反攻を援助《えんじょ》したように見えながら、実はカナ入力、ローマ字入力というプロセスから明らかなように、表音主義の最終的な勝利といってもよいものなのである。むろん、今さら音声言語と文字言語のいずれの優位性ということを語っても意味はない。音声言語を記録することはCDやビデオの出現によって、むしろ文字言語の記録よりも簡単となったし、ワープロでは漢字を知らなくても漢字が書けるように、歴史的かなづかいを知らなくても、それを簡単に歴史的かなづかいに変換《へんかん》するソフトを作ることは容易である。いわば、戦後の「国語改革論争」は、ちょうど＊時枝誠記《ときえだもとき》が、植民地朝鮮《ちょうせん》での「国語政策」について真剣《しんけん》に悩《なや》んだように、ある限定された時期、範囲《はんい》の内側だけにおいての「問題」だったのかもしれない。[①]、その「問題」の深刻さや苦悩《くのう》の深さは、紛《まぎ》れもないものなのかも知れないが、それは大状況《だいじょうきょう》の変化とともに雲散霧消《うんさんむしょう》してしまうものであることも間違《まちが》いないのである。

だが、それにしても私は戦後の＊福田恒存《ふくだつねあり》が「国語」の問題について語り、「日本語」について語らなかったことに対して残念な気持ちを抱《いだ》かずにはいられない。戦時中の日本語普及《ふきゅう》、日本語教育の現場の中で唯一《ゆいいつ》「日本語」と「国語」の問題にぶつかった文学者は、たぶん福田恒存一人であったし（「外地」で日本語教育に携《たずさ》わった、あるいは触《ふ》れた文学者は少なくなかったが、彼《かれ》らはそうした経験を自分の文学活動と関わらせようとも、ましてや〝戦後〟に持ち越《こ》そうとはしなかった）、そうした体験が彼を戦後の国語改革論争に駆《か》り立てた原動力であったことは間違いないだろう。[②]、時枝誠記がそうであるように、彼はそこで自らが体験した「日本語」の問題を、もう一度「国語」の問題として矮小化《わいしょうか》してしまったように思える。それは「文化（文学）」を言葉、音声へと還元《かんげん》、解体させてゆく方向と、言葉を文字、文章へと定着させてゆく方向との両方向において「日本語」の特質と言語としての本質を考えることの可能性を失ったということだ。

（川村湊《かわむらみなと》『海を渡った日本語　植民地の「国語」の時間』より）

＊ワードプロセッサー　文書の作成や印刷などを行う機器。
＊時枝誠記　日本の国語学者（一九〇〇～一九六七）。
＊福田恒存　日本の評論家・翻訳《ほんやく》家・劇作家（一九一二～一九九四）。

問1 [①]に入ることばとして適切なものを、次の中から一つ選び、記号で答えなさい。

ア　つまり　　イ　そして
ウ　また　　エ　もちろん
［　　］

問2 [②]に入ることばとして適切なものを、次の中から一つ選び、記号で答えなさい。

ア　しかし　　イ　それゆえ
ウ　すると　　エ　しかも
［　　］

らくらくマルつけ
Ja-04

OUTPUT! 5 まとめのテスト❶

答えと解き方⬇別冊3ページ

／100点

❶ 次の文章を読んで、あとの問いに答えなさい。［100点］

歴史は繰《く》り返す、とは歴史家の好む比喩《ひゆ》だが、一度起こってしまったことは、二度と取り返しがつかない、とは僕《ぼく》らが肝《きも》に銘《めい》じて承知しているところである。①それだからこそ、僕らは過去を惜《お》しむのだ。歴史は人類の巨大《きょだい》な恨《うら》みに似ている。もし同じ出来事が、再び繰り返されるようなことがあったなら、僕らは、思い出というような意味深長な言葉を、むろん発明し損《そこ》ねたであろう。後にも先にもただ一回限りという出来事が、どんなに深く僕らの不安定な生命に繋《つな》がっているかを注意するのはいいことだ。愛情も憎悪《ぞうお》も尊敬も、いつも唯一無類《ゆいいつむるい》の相手に憧《あこが》れる。あらゆる人間に興味を失うためには人間の類型化を推《お》し進めるにしくはない。

どのように幸福な一日にしたところが、僕らはそれとまったく同じ一日を再び生きるに堪《た》えまい。「*ウィリアム・ウィルソン」は、単なる怪奇小説《かいきしょうせつ》ではない。*ポオの恐怖《きょうふ》は万人《ばんにん》の胸底にある。子供を失った母親に、世の中には同じような母親が数限りなくいたと語ってみても無駄《むだ》だろう。類例の増加は、［②］一事件の比類のなさをいよいよ確かめさせるにすぎまい。掛《か》け替《が》えのない一事件が、母親の掛け替えのない悲しみに釣《つ》り合っている。彼女《かのじょ》の眼《め》が曇《くも》っているのだろうか。それなら覚めた眼は何を眺《なが》めるか。

自然現象に、繰り返しがあるかないかを誰《だれ》も厳密には知らぬ。出来事に纏《まつ》わる条件の数の多少により、ある出来事は、一回限りの出来事に見え、ある出来事は繰り返される出来事に見えるだけだ。特殊《とくしゅ》な出来事とはその出来事が成立するための条件の数が限りなく多く、したがって、その出来事の平均回帰時間が限りなく長い、そういう出来事にすぎない。稀有《けう》な事件と月並みな事件との間に、もとより本質的には区別はなく、［③］、総じて事件の非可逆性というものについても、これを確率的に論証する以外に、何ら厳密な論証の術《すべ》も僕らは持たぬ。僕らは厳密を目指して曖昧《あいまい》のなかにいる。

だが、*ソクラテスは、再び毒杯《どくはい》を仰《あお》がねばならず、信長《のぶなが》はいつかまた本能寺で死なねばならぬかもしれぬ。そういう言葉にいったい何の意味があるだろうか。歴史の上である出来事が起こったとは、その出来事が、一回限りのまったく特殊なものであったということだ。僕らは④それを少しも疑わぬ。その外的な保証をどこにも求めようとせずに、僕らは確実な知恵《ちえ》のなかにいる。

子供が死んだという歴史上の一事件の掛け替えのなさを、母親に保証するものは、彼女の悲しみのほかはあるまい。どのような場合でも、人間の理知は、物事の掛け替えのなさというものについては、なすところを知らないからである。悲しみが深まれば深まるほど、子供の顔は明らかに見えてくる、おそらく生きていた時よりも明らかに。愛児のささやかな遺品を前にして、母親の芯《しん》に、この時何事が起こるかを仔細《しさい》に考えれば、⑤そういう日常の経験の裡《うち》に、歴史に関する僕らの根本の知恵を読み取るだろう。それは歴史事実に関する根本の認識《にんしき》というよりもむしろ根本の技術だ。そこで、僕らは与《あた》えられた歴史事実を見ているのではなく、与えられた史料をきっかけとして、歴史事実を創っているのだから。⑥このような知恵にとって、歴史事実とは客観的なものでもなければ、主観的なものでもない。このような知恵は、*認識論的には曖昧だが、行為《こうい》として、僕らが生きているのと同様に確実である。

（小林秀雄《こばやしひでお》「歴史について」より）

*ウィリアム・ウィルソン　ポオの怪奇小説。主人公が、名前も姿かたちも同じ同級生に破滅《はめつ》に追い込《こ》まれていくというストーリー。

*ポオ　アメリカの小説家（一八〇九～一八四九）。

*ソクラテス　古代ギリシャの哲学者《てつがくしゃ》（前四七〇ごろ～前三九九）。

*認識論　どのようにして真正な認識が成り立つかを思考する哲学の分野。

問1　――線部①「それ」の指し示す内容を、「ということ。」につながる形で、文中から三十字以内で抜《ぬ》き出しなさい。（15点）

ということ。

問2　［②］・［③］に入ることばとして適切なものを、次の中からそれぞれ一つ選び、記号で答えなさい。（10点×2）

ア　むしろ　イ　だが　ウ　たとえば　エ　また

②［　　］　③［　　］

問3　――線部④「それ」の指し示す内容を、文中から三十字以内で抜き出しなさい。（15点）

問4　――線部⑤「そういう日常の経験」の説明として適切なものを、次の中から一つ選び、記号で答えなさい。（25点）

ア　子供を失った母親が、自分以外にも同じ立場の人が世の中に多くいると知ること。

イ　子供を失った母親の悲しみが、時間の経過とともに徐々《じょじょ》に薄《うす》れていくこと。

ウ　子供を失った母親が、死んだわが子を思い出すことで、自らの命の掛け替えのなさに気がつくこと。

エ　子供を失った母親の悲しみが深まるほどに、かえって子の掛け替えのなさが際立《きわだ》つこと。

［　　］

問5　――線部⑥「このような知恵」が指し示す内容を、「という知恵。」につながる形で、四十五字以内で説明しなさい。（25点）

という知恵。

らくらくマルつけ

OUTPUT! 6 キーワードの発見

❶ 次の文章を読んで、あとの問いに答えなさい。

母語は一度身についたら、もはやからだから引き離《はな》すことはできない。その引き離しにくさといったら、眼《め》の色をかえるのと同じくらいむつかしく、ほとんど、まったく不可能なことだ。ことばは生理ではなく、後天的に学習して身につくものだけれども、それは無意識的な学習であり、まるで生理とともに与《あた》えられるような、かぎりなく生理に近いものである。しかも、人間は、ことばを話す動物として、何か一つ、特定のことばを、かならずどこかで身につける。その上どんなことばでも思うがままに選べるのではなく、いやがおうでも生まれた母親のことばか、自分のまわりをとりまくことば以外ではありえない。

人間は、ことばを話す能力をもって生まれてくるが、決して「ことば一般《いっぱん》」などというものはない。言語学者の*チョムスキーが作業仮説として、一七世紀の哲学者《てつがくしゃ》が考えた、すべての言語に共通する「普《ふ》通文法《つうぶんぽう》」をヒントにそのような概念《がいねん》を発明しているけれども、それはことばというよりは、かぎりなく「論理」というべきものに近いものだ。そして、論理とは仮定によるつくりものだ。ことばとは実際には、身のまわりで話されている特定のことば、つまり「母語」である。

そして、困ったことに、しかも大変困ったことに、その母語は、自分の意志では選べないのである。

（田中克彦《たなかかつひこ》『言語学者が語る漢字文明論』より）

*チョムスキー　アメリカの言語学者（一九二八〜）。

問 ——線部「母語」について述べられている内容として適切なものを、次の中から一つ選び、記号で答えなさい。

ア 生まれたときにすでに備わっているもので、自分の意志で選ぶことのできないもの。

イ 生まれた母親や自分のまわりの人が話すことばを、無意識的な学習によって身につけたもの。

ウ 言語学者のチョムスキーが発明した概念で、すべての言語に共通する「普通文法」にのっとったもの。

エ ことばを話す能力と同様に、後天的に学習して身についていくもの。

［　　　］

ヒント
繰《く》り返し出て来るキーワードについての説明をつかもう。

ちょこっとインプット
Ji-06

答えと解き方⬇別冊4ページ

2 次の文章を読んで、あとの問いに答えなさい。

感情移入とは、一口に言って、山川草木《さんせんそうもく》などの非情の世界へ人間感情をもち込《こ》むことである。川が悲しみに咽《むせ》んだり、山が喜びにみちて笑ったりするはずがない、不合理である、というところから、合理化の説明の方法として用いられているのが感情移入の考えである。今では文学上でも一つの術語となっているが、感情移入は文学上の特殊《とくしゅ》な表現、または、理解にのみ認められるものではない。注意していると、日常生活においてもたえず起《おこ》っている心の働きであることに気付く。その不合理がはっきり意識され合理化の必要が生じたとき考えられたものが感情移入説である。机を見て、美しい机と言うとき、美しいのは机ではなくて、それを見る人の心の中に起った反応のことである。それを机が美しいと言うのは、主観を机という客体の上に投影《とうえい》したことであり、感情を移したことになる。このように考えると、きれい、かわいい、よい、すばらしい、などの感情判断はすべて感情移入的であると言い得る。同じものを見ても、美しいと感ずる人と、そうでない人とがある場合、われわれはそれを主観の相違《そうい》と言って説明しているが、これは、美しい、美しくない、が、主観のもち込みによって、はじめて成立するものであることを示すものである。絶対にして普遍《ふへん》的な美は少ないと見なければならない。美は多く見者の感情移入によって支えられているのである。

言葉の比喩《ひゆ》的用法のうちにも感情移入的なものが少なくない。また、童話や神話の中で動物がものを言ったり、自然が人間の営みをすることが語られるが、これも人間の投影という点から言えば感情移入である。これら童話、神話が原始的思考によって形成されているとするならば、感情移入は人間の原始的機能の本質につながるものと考えてよかろう。普通、成人はそういう童話的思考を超《ちょう》合理的世界として、いくらか軽蔑《けいべつ》しがちであるけれども、大人でもごく強い感情に支配されると、詩や歌を作る。人間の心は、常識、理知という外殻《がいかく》をひとかわとりのぞけば、その下には感情移入がその一部であるような、原始的思考を活潑《かっぱつ》に行っている層がある。その思考は正常な機能なのである。感情移入、*アナクロニズム、地理的錯誤《さくご》は、いずれも主観の導入という共通点をもっている。その主観投入を起しているのが原始的思惟《しい》の層であると考えられる。

（外山滋比古《とやましげひこ》「『場』の錯覚《さっかく》」より）

*アナクロニズム　時代の新旧を取り違《ちが》えたり時代に逆行したりしていること。

問　――線部「感情移入」について述べられている内容として不適切なものを、次の中から一つ選び、記号で答えなさい。

ア　文学で山や川などが人間の感情をもっているという不合理さを説明するための方法。
イ　日常生活で起こる「きれい」や「かわいい」などを判断する感覚を下支えするもの。
ウ　童話や神話などで人間ではないものが人間のような行動をすること。
エ　心の中の常識や理知の層の外側で行われる主観投入によって引き起こされる現象。

［　　］

らくらく
マルつけ
Ja-06

OUTPUT! 7

筆者の主張の発見

❶ 次の文章を読んで、あとの問いに答えなさい。

　むろん、青春も、青年も、十八世紀が発明した観念にすぎない。対するに、「失うものは何もない」という根源的な意識は、青春とも、青年とも無関係に、はるかに古くから存在していたに違《ちが》いないのである。失うものは何もない、生命以外に――絶望と希望が交錯《こうさく》し、また劇的に反転するこの地点は、死の意識とともに古いといわなければならない。すなわち人間とともに古いといわなければならない。

　犬や猫《ねこ》は、たぶん、「失うものは何もない」などと思いはしないだろう。この意識は共同体の発生とともに古く、おそらくは共同体の基底を形成したに違いない。なぜならそれは共同体を脅《おびや》かすほとんど唯一《ゆいいつ》の地点だからであり、逆にいえば、共同体を変革しうる唯一の地点だからである。自殺の地点といってもいい。

　知られているように、古来、子供が大人になるための通過儀礼《つうかぎれい》においては、必ず擬似的《ぎじてき》な死が、そして再生が体験される。「失うものは何もない」という地点を通過する体験こそ通過儀礼の要なのである。共同体の通過儀礼ともいうべき祭りもまた、「失うものは何もない」という地点を必ず通過する。

　当然というほかないが、死と再生のあいだ、彼岸《ひがん》と此岸《しがん》のあいだには、必ず「失うものは何もない」という地帯が横たわっている。さまざまな儀礼や儀式によって、人はそれを共同体の核心《かくしん》に組みこんだのだ。それこそが共同体の秘密にほかならなかった。

　青春も、青年も、資本主義の勃興《ぼっこう》、市民社会の勃興とともに生じた集団概念《しゅうだんがいねん》であるとすれば、それはかつて通過儀礼として共同体の内部に組みこまれていた「失うものは何もない」というひとつの状態を、共同体の内部ではもはや支えきれなくなったという事実を示している。それはかつて共同体の通過儀礼のなかに含《ふく》まれていたひとつの瞬《しゅん》間《かん》が、ひとつの持続として引き延ばされ、目に見える集団として共同体の外部にはじきだされたことを物語っている。

（三浦雅士《みうらまさし》「失うものは何もなかった……」より）

問　――線部「かつて共同体の通過儀礼のなかに含まれていたひとつの瞬間」について説明した次の文の□に入ることばを十字以内で答えなさい。

> 共同体内の通過儀礼である祭りや儀式によって「失うものは何もない」という地点を通過することで□を体験する瞬間。

ヒント
筆者の主張は、言い換《か》えてくり返し述べられることが多い。

ちょこっとインプット
JI-07

答えと解き方⬇別冊4ページ

❷ 次の文章を読んで、あとの問いに答えなさい。

　日本の近代文学が、孤独《こどく》な近代人の発見——というよりはむしろ設定からはじまったといっても過言ではない。*花袋《かたい》は、*藤村《とうそん》は、そして彼《かれ》らの亜流《ありゅう》は、孤独を仮設することによって、はじめて近代的な文学を書き得た。しかしそれゆえにそれらは誇《ほこ》るに足る孤独であった。彼らは、自らの歴史の上に近代人の創造を完成させるために一生をかけることが出来た。あたかも明治政府が近代的国軍の創設のためにあらゆる犠牲《ぎせい》を惜《お》しまなかったように。そしてこれら近代人の使徒は、仮設された孤独のために、実生活をことごとく犠牲にすることすら敢《あえ》てしたのである。現に巷《ちまた》を行く生活人が孤独であろうがあるまいが、そのようなことは少《すく》なくとも彼らの小説の上に孤独な近代人の彫像《ちょうぞう》を描《えが》くためには、どうでもよいことであった。あるいは、彼ら自身が孤独であろうがあるまいが、それすらも彼らの「芸術」のためにはどうでもよいことであった。要するに彼らは、近代人は孤独であるという命題に対して、誇らかに信仰告白《しんこうこくはく》を行えばそれですんだのである。彼らがこの信仰にはいった時、換言《かんげん》すれば、彼らは自らの実生活の問題を総《すべ》て解決してしまった。生活——つまりは「近代芸術」創造の手段にすぎない。「自然主義」作家から私小説にいたる系譜《けいふ》の小説を通じて見られる作家の生活観は右の単純な思想に要約され得《う》る。芸術は至上であり生活は卑小《ひしょう》である。このような解決が行われてしまった以上、文学と社会の遊離《ゆうり》が起《おこ》るのは至極《しごく》当然である。少くとも文学は生活の知恵《ちえ》を教えはしない。そして現実は彼らの信仰によって巧《たく》みに歪《ゆが》められ、生活は暗に蔑視《べっし》され続ける。生活者は俗物《ぞくぶつ》であり、彼らはそこから絶縁《ぜつえん》された自らの使命を誇るのである。ここには孤独への恐怖《きょうふ》などはない。社会も生活も彼らの誇りを支えるためにのみ存在するのである。

　このような近代芸術の使徒達ほど、「行人」で漱石《そうせき》が描いた孤独とかけ離《はな》れたものはない。（中略）ここに描かれているのは生活者の孤独——あるいは生活者たらんとして、生活者たり得ぬ者の孤独である。

（江藤淳《えとうじゅん》『決定版　夏目漱石』より）

*花袋　田山《たやま》花袋。日本の小説家（一八七二～一九三〇）。
*藤村　島崎《しまざき》藤村。日本の詩人・小説家（一八七二～一九四三）。

問1　——線部「このような解決」の説明として適切なものを、次の中から一つ選び、記号で答えなさい。

ア　近代芸術に貢献《こうけん》しない生活は無意味とし、ずさんに扱《あつか》うこと。
イ　近代芸術を生み出す原動力を生活の中に見出《みいだ》そうとすること。
ウ　近代芸術の創造の過程で、生活者としての問題に向かい合おうとすること。
エ　近代芸術を至高のものと考え、生活上の問題を軽視すること。

［　　　］

問2　この文章で筆者が述べようとしていることとして適切なものを、次の中から一つ選び、記号で答えなさい。

ア　漱石と同時代のほかの作家の共通点。
イ　漱石と同時代のほかの作家とのちがい。
ウ　近代芸術の文脈の中での孤独。
エ　近代芸術における漱石の重要性。

［　　　］

らくらく
マルつけ
Ja-07

OUTPUT! 8 言い換《か》えの発見

❶ 次の文章を読んで、あとの問いに答えなさい。

パーソナルで自分勝手な自己愛を否定し、思想のため、信念のため、組織のために身を捧《ささ》げる自分という理想像に一致《いっち》した生き方を貫《つらぬ》くことによって自己愛を満たす。それが①アイデンティティ人間の自己愛の満たし方と言える。

それに対して、自己愛人間は、自分勝手な自己愛を直接的に満たすことを生きがいとする。自分の主義主張や正義よりも自分自身の利益を優先し、国家・組織・社会の繁栄《はんえい》や栄光よりも自分自身の美化と栄光を優先させるのが、②自己愛人間の自己愛の満たし方である。アイデンティティ人間のような社会化された自己愛の満たし方とは対照的に、パーソナルな自己愛の満たし方と言える。

カッコよく思われたり、有能と見られたり、賞賛されたり、羨《うらや》ましがられたりすることによって自己愛が満たされるのであり、直接的で自己中心的な自己愛の満たし方と言える。

自己愛人間にとっては、アイデンティティ人間というのは、古くさいばかりでなく、胡散臭《うさんくさ》い。国のために身を捧げる政治家、会社のために自己犠牲的《じこぎせいてき》に働く企業戦士《きぎょうせんし》。そんな生き方はもう古い。自分を犠牲にするほどの価値がどこにあるのか。いくら世のため人のために働いていると言ったって、結局のところ自分の身近な家族や恋人《こいびと》を犠牲にして、自分だけカッコつけてるだけなのではないか。家族を犠牲にしてるじゃないか。恋人がかわいそう。このように感じる人が増えているのではないだろうか。

（榎本博明《えのもとひろあき》『「上から目線」の構造〈完全版〉』より）

問1 ――線部①「アイデンティティ人間」とあるが、「自己愛人間」から見た「アイデンティティ人間」の印象を、文中のことばを用いて四十五字以内で説明しなさい。

問2 ――線部②「自己愛人間の自己愛の満たし方」を言い換《か》えたことばを、文中から十四字と十八字でそれぞれ抜《ぬ》き出しなさい。

ヒント
説明のあとの部分で、まとめとして言い換えられていることが多い。

ちょこっとインプット Ji-08

答えと解き方➡別冊4ページ

2 次の文章を読んで、あとの問いに答えなさい。

『徒然草《つれづれぐさ》』を読んでただちに気づくことの一つは、そこに「道」の語の頻出《ひんしゅつ》することである。（中略）

「道心あらば、住む所にしもよらじ。家にあり、人に交はるとも、後世《ごせ》を願はんに難《かた》かるべきかは」と言ふは、さらに後世知らぬ人なり。（第五十八段。部分）

されば、道人《だうにん》は、遠く日月《にちぐわつ》を惜《を》しむべからず。たゞ今の一念、空《むな》しく過ぐる事を惜しむべし。（第百八段・部分）

仏道を言う以上のような「道」の上に、*兼好《けんこう》の見ているのは何であろう。約《つづ》めて言えばそれは後世への道であるが、この後世への道は、兼好のいま踏《ふ》んで立つ足の向こうに、まっすぐに、坦々《たんたん》というさまに敷《し》かれているのではない。兼好はむしろ、この道を断念するところに、すなわち「未《いま》だまことの道を知らずとも」と、その彼岸《ひがん》への救済を放《ほう》棄《き》するところに、現世における心身の安静境を求め、存命の喜びを見いだそうとする。すると、この道――仏道は兼好にとって一個の虹《にじ》の橋である。虹の橋は兼好を渡《わた》すことはないが、それは彼《かれ》の前方にあって、絶えず先途《せんど》ちかきことを彼に警告しつづける。存命とはただ生きてあることを言うのではない。死すべき有限者が幸いにして死をまぬがれ、生きながらえてあることの状態を言っている。仏道は兼好にとって、この存命の自覚に彼を導き、現世における彼の脚下《きゃっか》を照顧《しょうこ》せしめるための、幻影《げんえい》の道であったと思われる。

隠遁《いんとん》の人兼好は、前方にあるこの幻影の道から頭《こうべ》をめぐらして、彼のうしろにしてきた世俗《せぞく》の方を顧《かえり》みる。するとそこに、彼に向かって引かれた一筋の道が見える。第七十五段において、「『生活《しょうかつ》・人事《にんじ》・伎《ぎ》能《のう》・学問等の諸縁《しょえん》を止めよ』とこそ、摩訶止観《まかしかん》にも侍《はべ》れ」と否定してきた、その「伎能・学問」の道が。より具体的に例をあげて言えば、「作文・和歌・管絃《かんげん》の道」（第一段）、「文・武・医の道」（第百二十二段）、さては、「木の道」（第二十二段）から、木のぼり（第百九段）、牛追い（第百十四段）の道にいたる「万《よろず》の道」（第百八十七段）がそれである。

生の本質にとって、この「万の道」は「まことの道」にくらべ枝葉《しよう》末節《まっせつ》であることはいうまでもない。*道念は、ただ「まことの道」のみを目指す。「万の道」は兼好にとって第二義の道である。

（上田三四二《うえだみよじ》『徒然草を読む』より）

*兼好　吉田《よしだ》兼好（一二八三ごろ～一三五二以後）。日本の歌人。『徒然草』の著者。
*道念　道を求める心。

問　――線部「仏道」を言い換えたことばを、文中から三字と四字でそれぞれ抜き出しなさい。

らくらく
マルつけ
Ja-08

問いかけと答え

1 次の文章を読んで、あとの問いに答えなさい。

人はなぜ、月世界へ行くのか、それは、人類の栄光と希望を約束するのか。私にはどうもそうは思われない。ちょうど、*パスカルが、人は自らの不安を忘れるために玉ころがしをするといったように、私は、人類が、その悲惨《ひさん》さを忘れるために、月旅行に熱中しているような気がして仕方がない。

その悲惨さ、それは、人類が今やどうにもならない袋小路《ふくろこうじ》に追い込《こ》まれているという事実である。近世ヨーロッパ人は、巨大《きょだい》な文明を発明した。それは科学技術文明である。自然を知ることによって、自然を征服《せいふく》する。このような文明の原理によって、今日、人類は、自然を見事に征服した。自然は、かの*デカルトが予言したように、喜んで、われらに仕える召《め》し使いのごときものとなった。偉大《いだい》なる科学の成果、それが、今日、月をも、人類の支配の下《もと》においたのである。

ところが、どうだろう。自然を、おのが意志のもとにおくことは、同時に、われらの内なる欲望を無限に解放することとなったのである。かつて、われらは、神の律の下に、われらの欲望を抑制《よくせい》した。しかし、神を信じなくなったわれら近代人は、同時に律をも信じなくなったのだ。われらの欲望は神の律からも、理性の律からも解放されて、今や自由の空高くまい上がる。

今や、一つの*アトムであるわれらすべてがいう。われらの存在が、一個の神であれと。今や、一人一人の人間の欲望と恣意《しい》が絶対的なものとなったのである。

（梅原猛《うめはらたけし》「なぜに月世界へ」より）

*パスカル　フランスの哲学者《てつがくしゃ》。（一六二三～一六六二）。
*デカルト　フランスの哲学者。（一五九六～一六五〇）。
*アトム　原子。

問　――線部「人はなぜ、月世界へ行くのか」とあるが、この問いかけに対する筆者の考えとして適切なものを、次の中から一つ選び、記号で答えなさい。

ア　人類が偉大なる科学の成果を集めることによってその栄光を証明し、将来への希望を約束するため。
イ　人類が科学の発展の行き詰《づ》まりという状況《じょうきょう》を打破する動機を得ようとするため。
ウ　人類が自らの欲望に振《ふ》り回される悲惨な状況から目をそらして忘れようとするため。
エ　人類が科学の発展にともなって信じることができなくなった神への信仰《しんこう》を取り戻《もど》そうとするため。

［　　　］

ヒント　筆者は、自身の主張とは異なる考えを提示してそれを否定したあとに、自らの考えを述べることがある。

答えと解き方⬇別冊5ページ

ちょこっとインプット
Ji-09

❷ 次の文章を読んで、あとの問いに答えなさい。

人間は、長い歴史の中で、自分たちの欲望に任せて、イネを思うがままに改良し、利用してきた。そして、物言わぬイネは、そんな人間の欲望に付き従ってきた。

今やイネは人間の都合に合わせて、野生植物とは異なる姿形や性質を身に着けさせられ、原産地から遠く離《はな》れた日本で栽培《さいばい》されている。そして、やっと実を結んだ米という種子は、すべて人間に取り上げられてしまうのである。

イネは、人間の歴史に翻弄《ほんろう》されてきた被害者《ひがいしゃ》なのだろうか？

私は、そうは思わない。

植物にとって、もっとも重要なことは、種子を作り、種子を広げることである。

たとえば、タンポポは綿毛を風に乗せて種子を遠くへ飛ばしていく。あるいは、ひっつき虫と呼ばれる植物は、動物や人間の衣服に植物の実や種子をくっつける。こうして、動物や人間を利用して、種子を運ぶのである。

その中には、「食べさせて、種子を運ぶ」という戦略がある。

植物が実らせる甘《あま》い果実が、それである。植物は鳥のために、甘い果実を用意する。鳥が果実を食べると、果実と一緒《いっしょ》に種子も食べられる。そして、種子は消化されることなく、糞《ふん》と一緒に体外に排出《はいしゅつ》されるのである。（中略）

植物は種子を散布するために、さまざまな工夫《くふう》をこらしてきた。中でも食べさせるなど、他の生物を利用するという方法は常套手段《じょうとうしゅだん》である。種子を運ぶためであれば、甘い果実を用意したり、栄養豊富な＊エライオソームを用意することなど、植物にとってはわけもないことだったのだ。

イネは人間の都合に合わせて性質を変えてきた。そして、私たちはイネを栽培し、利用している……と思い込《こ》んでいる。

しかし、どうだろう。人間たちはイネを育てるために田んぼを作り、イネの種をまいて苗《なえ》を作っている。イネは人間たちに世話をされながら、何不自由なく暮らしているのである。そして、イネは日本中のすみずみにまで広がっているのである。

それは、鳥たちが甘い果実に狂喜《きょうき》し、アリがエライオソームのついた重たい種子を運ばされているのと、何か違《ちが》いがあるだろうか。

（稲垣栄洋《いながきひでひろ》『イネという不思議な植物』より）

＊エライオソーム　種子の脂質《ししつ》に富んだ部分。アリを誘引《ゆういん》する。

問　——線部「私は、そうは思わない」とあるが、なぜか。その理由として適切なものを、次の中から一つ選び、記号で答えなさい。

ア　人間がイネを都合よく利用しようとしたとしても、ほかの生物がそれを阻害《そがい》するから。

イ　人間がイネを思うままに改良して利用してきたことは、イネがその種子を広げることを促進《そくしん》したから。

ウ　人間によるイネの改良にともない、イネはほかの生物によってより種子を広げてもらえるようになったから。

エ　人間がイネを利用するために田んぼを作ったりする中で、ほかの生物の生存に有利な環境《かんきょう》を整えたから。

［　　　］

らくらく
マルつけ
Ja-09

原因と結果

❶ 次の文章を読んで、あとの問いに答えなさい。

エネルギー源である炭水化物は「甘味《あまみ》」で感知し、「ショ糖」がその代表的な味物質である。神経伝達機能を保持するためのナトリウム・イオン（中略）などの体液のバランスは「塩味」で調整しており、塩化ナトリウム（食塩）が味物質である。これら二つの味覚は、人間が生きていくために積極的に取り入れる必要がある物質を感知する目的で備わっていることになる。逆に、体内に取り入れると危険な物質もあるから、それらを感知し警告するための味覚もある。腐敗《ふはい》や果物の未熟さを知らせるのが「酸味」で、タンパク質が変性した後の強い酸性を感知している。味物質は塩酸である。タンパク質の破片《はへん》は有害物質であり、「苦味」がその危険を知らせる信号で、キニーネがその味物質となっている。つまり、これら二つの味覚は、有害物を検知する役割を担《にな》っている、というのが通常の説明であった。

ところが、これだけでは重要な栄養素が抜《ぬ》け落ちている。酵素《こうそ》や筋肉を作るタンパク質の構成要素であるアミノ酸と、遺伝子の素《もと》であるヌクレオチド（核酸《かくさん》の構成単位）である。これらを積極的に摂取《せっしゅ》しようという味覚があれば、生き残りにとって有利となるはずだ。これらを好ましいと感じる味覚、「うま味」があるに違《ちが》いない（もう一つの重要な栄養素である脂肪《しぼう》は糖分から合成できるので、特別にそれを感知する機構は必要でない）。

そのように考えたのは、ロンドン留学時代に夏目漱石《なつめそうせき》と交友があった池田菊苗《いけだきくなえ》である。彼《かれ》は、肉類や魚類を旨《うま》いと感じ、鰹節《かつおぶし》や昆布《こんぶ》の煮《に》出《だ》し汁《じる》がいっそう強く「うま味」を引き出すのは、そこに何らかの「うま味」を喚起《かんき》する物質があるはず、と考えたのだ。そこで、昆布を使って「うま味」の素となる物質を探し求めた。その結果、一九〇八年に発見したのが、アミノ酸の一種であるグルタミン酸であった。それをナトリウムと結合させた「塩類」の形の調味料とし、早くも一九〇九年五月二〇日に「味の素」の名で発売を開始した。

（池内了《いけうちさとる》『清少納言《せいしょうなごん》がみていた宇宙と、わたしたちのみている宇宙は同じなのか？』より）

問 ——線部「そのように考えた」とあるが、なぜ池田菊苗はそう考えたのか。文中のことばを用いて五十五字以内で説明しなさい。

ヒント 「うま味」が存在する利点を考えてみよう。

答えと解き方⬇別冊5ページ

ちょこっとインプット
Ji-10

❷ 次の文章を読んで、あとの問いに答えなさい。

西洋の言語学者は、言語は音声であり、文字はそのかげにすぎない、文字は言語にとって本質的なものではない、と言う。

これはもちろん正しい。人が口に音声を発し、それを耳に聞いて意味をとらえるのが言語の本質である。

人類は数万年前から言語をもちいてきた。そのながい歴史のなかで見れば、文字が発明されたのはごく最近のことである。また、地球上のすべての言語が文字を持つわけではない。文字を持つものはむしろ少数である。

それら文字をともなわぬ言語は十分にその役割をはたしたし、現にはたしつつある。文字なき言語は決して不備な言語ではない。すなわち、文字は言語にとって必然のものではない。

ひとり日本語のみが例外である。その語彙《ごい》のなかば以上は、文字のうらづけなしには成り立たない。

もとより最初からそうであったのではない。漢語伝来以前数千年、あるいはそれ以上にわたって、日本語は、音声のみをもってその機能を十全にはたしていたはずである。文字のうらづけなしに成り立たなくなったのは、千数百年前に漢語とその文字がはいってからのち、特に、明治維新《めいじいしん》以後西洋の事物や観念を和製漢語に訳してとりいれ、これらの語が日本人の生活と思想の中枢《ちゅうすう》部分をしめるようになって以来である。

現代の日本においては、ごく身近で具体的な物や、動作や形容には、本来の日本語（和語）がもちいられる（みちをあるく、やまはたかい、めをつぶる、いぬがほえる、あたまがいたい、ほしがでた、あめがふる、ゆきはつめたい、……）。これらはもちろん音声が意味をになっている。耳できいてわかる。文字のなかだちを必要としない。

しかし、やや高級な概念《がいねん》や明治以後の新事物には漢語がもちいられる（この数段に出てきた語をあげるならば、例外、語彙、文字、最初、漢語、伝来、以前、音声、機能、十全、維新、西洋、事物、観念、和製、生活、思想、中枢、部分、以来、現代、具体的、動作、形容、本来、高級、概念、以後、等々）。これらの語も無論音声を持っている。けれどもその音声は、文字をさししめす符牒《ふちょう》であるにすぎない。語の意味は、さししめされた文字がになっている。たとえば「西洋」を、ひとしくセーヨーの音を持つ「静養」からわかつものは「西洋」の文字である。日本人の話（特にやや知的な内容の話）は、音声を手がかりに頭のなかにある文字をすばやく参照する、というプロセスをくりかえしながら進行する。

（高島俊男《たかしまとしお》『漢字と日本人』より）

問　――線部「その語彙のなかば以上は、文字のうらづけなしには成り立たない」とあるが、なぜか。文中のことばを用いて五十五字以内で説明しなさい。

らくらくマルつけ

Ja-10

具体例と主張

答えと解き方⬇別冊5ページ

ちょこっとインプット
Ji-11

❶ 次の文章を読んで、あとの問いに答えなさい。

いま「ダイベストメント」運動が世界的な高まりをみせている。ダイベストメントとは、大小を問わず、特定企業《きぎょう》の株式を売り放す行為《こうい》を指す。どのような企業の株式を手放すべき、と唱えているのか。たとえば化石燃料、とりわけ石炭産業・企業、火力発電所などにかかわる企業の株式である。「化石燃料ダイベストメント」、あるいは「石炭ダイベストメント」とも呼ばれる。

当該《とうがい》企業の株式売却《ばいきゃく》を機関投資家らに呼びかけるにとどまらず、融《ゆう》資《し》を行っている金融機関に対しても、融資行為の停止、さらには株式・社債《しゃさい》の保有もストップし資金を引き揚《あ》げるよう、激しく迫《せま》る。ラディカルにして、かつ本源的な市民運動である。

いうまでもない、進む地球温暖化、迫る気候危機に対して石炭火力発電はじめ関連企業は「加害者」「加担者」と認定《にんてい》されるからだ。険しい認識に立って、金融機関をも、それら産業・企業に対する新規融資はむろんのこと、現在の株式・債券の保有も含《ふく》めて「社会的断罪」の対象とする。（中略）

言葉を換《か》えていえば、産業革命以降の「生産条件」優位型社会から、ホモサピエンス（人類）にとっての「生存条件」優位型社会へと転換《てんかん》をはかる――鋭《するど》い問題意識と実践《じっせん》への勇気が求められる。その時が迫っている。コロナ禍《か》という大災厄《だいさいやく》が私たちの時代認識を劇的に切り替《か》える契機《けいき》となった。求めるべき「新たな社会」の仕組みとして、筆者はかねて「FEC自給圏《じきゅうけん》」の形成を、と訴《うった》えてきている。この機に再び声を挙げたい。

「FEC自給圏」とは、まずFood（食と農）、次いでEnergy（エネルギー）、そしてCare（介護《かいご》、医療《いりょう》、福祉《ふくし》、人間関係の全て）の三要素を「産業間連鎖《れんさ》」として、一定の地域ごとに築いていく。こうすることでAという産業の廃棄物《はいきぶつ》はBという産業の原料となり、Bという産業の廃棄物はさらにCという産業の原料となる……。循環《じゅんかん》する「自給圏」の形成によって、社会的必要労働は満たされ、人びとの生き甲《が》斐《い》と働き甲斐が、働く者の「孤立《こりつ》」でなく、真の「自立労働」として成立する。

（村上陽一郎《むらかみよういちろう》『コロナ後の時代を生きる――私たちの提言』より）

問 ――線部「『ダイベストメント』運動」の具体例として不適切なものを、次の中から一つ選び、記号で答えなさい。

ア　化石燃料にかかわる企業の株式や社債の売却。
イ　化石燃料にかかわる企業の株式売却の呼びかけ。
ウ　化石燃料にかかわる企業への融資停止の呼びかけ。
エ　化石燃料にかかわる企業の廃業手続き。

［　　　　］

ヒント
具体例が複数ある場合はその共通点に着目しよう。

❷ 次の文章を読んで、あとの問いに答えなさい。

“好み”を持っていない人は、重心がなくて、世の中にふりまわされてしまいます。戦争前は日本は神国だといって、上の命令が聞けない者をひっぱたいていた人間が、戦争が終わってマッカーサーが来ると、今度は民主主義だとか何だとかに変わっちゃう。あれは自分の好みを持たなかったからということもあると私は思います。

小さいとき親に強くしばられた人間は“*超自我《ちょうじが》”だけが発達して、いろんなことにつぶされやすくなる。“超自我”に対抗《たいこう》して、自分で考える場を作っておくために“好み”をもつことが必要です。

*永井荷風《ながいかふう》は青年時代に「我は淫楽《いんらく》を愛す」と書いて、他の小説家や文学者たちの九割以上が軍国主義の側に立ったときに、じいっと耐《た》えて、自分の暮らしを守りきった。（中略）

“好み”が具合がいいのは、いっぺん自分の好みを作ってしまうと、それを自在に他の活動領域に転移できるということ。別の好みに変わり得《う》る。私は学校がきらいで、学校へ行かずに古本屋に入りびたっていました。それで、寛政《かんせい》時代以来のお相撲《すもう》の番付《ばんづけ》がずうっと入っている本を買ってきましてね。何年に誰《だれ》が大関で、誰が前頭《まえがしら》の何枚目で…ということが全部出ている。それを熱中して読んで、その番付がほとんど全部頭の中に入ってしまった。それが今の自分の仕事にどういう点で役に立っているかっていうと、ぜんぜん役に立っていません。今でも憶《おぼ》えているけど、象《ぞう》が鼻《はな》っていう大関がいた。かなり長いこと大関を張っていた。しかし、それを知ってても何の役にも立たない。そのほかに野球の記録も熱中して読んで、福島《ふくしま》という名の選手がバントを二回失敗して三度目にホームランを打ったなんてことを憶えてます。これもまったく無用の記憶《きおく》。だけど、そういう記録のようなものに熱中して入っていったということが、あとあと役に立ってるんですね。学校へ行っても成績は悪い。しかしお相撲のことなら全部知っていえる。学校で野球やっても私は下手だ。けれどもスコアブックをみんな憶えている点では誰にも負けない。つまり、私の中のそこだけは何にも押《お》しつぶされない。そういうものを作っておくことを学んだんだな。自分の支えとなるもの、好みを作っていたということでしょう。

（鶴見俊輔《つるみしゅんすけ》「好みの問題」より）

＊超自我　精神分析学《ぶんせきがく》の用語で、内面化された倫理的《りんりてき》価値基準に従おうとする心の部分のこと。

＊永井荷風　日本の小説家（一八七九〜一九五九）。

問　――線部「いっぺん自分の好みを作ってしまうと、それを自在に他の活動領域に転移できる」とあるが、筆者はどのような好みを作り、それがどのように役立ったのか。文中のことばを用いて、六十字以内で具体的に説明しなさい。

らくらく
マルつけ
Ja-11

答えと解き方⬇別冊6ページ
ちょこっとインプット Ji-12

1 次の文章を読んで、あとの問いに答えなさい。

*諸橋《もろはし》の『大漢和辞典』は『荘子《そうじ》』の「有㆓機械㆒者、必有㆓機心㆒」を用例として、機事とは機巧《きこう》のこと、機巧とは巧智《こうち》、巧詐《こうさ》、策略のことと解している。「有㆓機事㆒者必有㆓機心㆒」の機心とはいつわり巧《たく》む心、巧詐の心と解している。さらに機械とは「巧妙《こうみょう》な構造の器具。機器。転じて巧智。世智。世俗的《せぞくてき》にはたらく智。又《また》、いつわり。たくらみ。巧詐」と解している。「機械之心」とは世俗的なことに巧《たくみ》にはたらく心。偽《いつわ》りたくらむ心、策略をめぐらす心、それが「機心」と解している。（中略）

機械、機事、機心はいずれにしても天然自然なナイーヴなものとの対概念《たいがいねん》である。「はねつるべ」を用いれば、いちいち甕《かめ》で水をはこぶより、能率も上《あが》り、疲労《ひろう》も少《すくな》いに違《ちが》いない。一旦《いったん》「はねつるべ」を使えば、人はさらに便利なもの、人力の消耗《しょうもう》の少いものを工夫《くふう》するに違いない。それが進歩には違いなく、進歩は更《さら》に一層の進歩を要求し、希求することになるだろう。それが文明の進歩であるには相違《そうい》ないが、この進歩をチェックするものがすべて失われたところではどういうことになるか。

*老荘《ろうそう》はよく「無為《むい》」をいう。無為自然をいう。機巧、機心を離《はな》れて天然の素朴《そぼく》に帰れという。進歩などというものは五十歩、百歩、進めば進むほど新たな欲望を生み、止まるところを知らない。欠乏感《けつぼうかん》、不満足感が欲望を生み、欠乏がみたされれば、さらに一段の欲望を生んで、とどまるところを知らない。それが英語 want のもつ表裏の意味である。それが近代文明、近代産業、近代科学を生んだ基本構造といってよい。そして、その進歩の極限に原子力エネルギイが、近代科学文明のなれのはてとして出てきて、それが人類、また一切《いっさい》の生きとし生けるものの死滅《しめつ》につながるという畏《おそ》れが普遍化《ふへんか》してきた。

機心は一脈、投機心に通ずるものがあろう。また好奇心《こうきしん》とも無縁《むえん》ではない。普通人の意にもとめない事実や現象に、不可思議の念を抱《いだ》くことが科学的発見発明の母胎《ぼたい》であった。進歩、進展の背後にも、好奇心、また投機心、さらには功名心がからんでいることも多いであろう。

（唐木順三《からきじゅんぞう》『「科学者の社会的責任」についての覚え書《がき》』より）

*諸橋　諸橋轍次《てつじ》。日本の言語学者（一八八三～一九八二）。
*老荘　古代中国の思想家である老子と荘子。

問 ——線部「機心」と対比して用いられていることばを、文中から十字以上十五字以内で抜き出しなさい。

ヒント 対義語や対照的な表現から、対比の関係を見つけよう。

❷ 次の文章を読んで、あとの問いに答えなさい。

人間の意識のはじまりは、区別するということにある。（中略）天と地、光と闇《やみ》、などの区別をすることが意識のはじまりである。その上で、人間の意識構造はだんだんと分化発展し今日にまで及《およ》んでいるが、そのときにベースとなっているのは二分法である。あらゆる現象に対して、いろいろと二分法を試み、その組合《くみあわ》せによって体系化してゆく。それがうまく矛盾《むじゅん》なくできあがると、その体系によって現象を理解し、判断し、その現象を支配できる。現在のコンピュータが0と1の組合せによって、相当な威力《いりょく》を発揮していることを見れば、それがよくわかるであろう。二分法思考はこのように有効であるので、人間はあらゆるところにこれを持ち込《こ》んでくるが、それと男と女という区別がからみ合ってくるところで、難しい問題が生じてくるのである。

たとえば、善悪、上下、優劣《ゆうれつ》、強弱などの二分法に男女の区別を当てはめて、たとえば、男は善、女は悪などと分類してしまう。実のところ、人間存在というのは二分法にもっとも適合しにくいのであるが、どうしても便利で有効ということと、男女の区別というのは目に見えやすいので、ある文化や社会の「秩序《ちつじょ》」を守るために、男は「〜あるべし」、女は「〜あるべし」ということが定められたり、不文律的に承認《しょうにん》されるということは、古来からすべての文化や社会において行われてきたことである。そうして、それが長く続くと、男女はそれぞれ生来的にそのような傾向《けいこう》をもつと信じられたりするようにもなった。あるいは、それらのことが社会秩序を守る「道徳」と考えられることもあった。現代は、このように押《お》しつけられた男女の二分法を訂正《ていせい》しようとする試みがなされていて、それは望ましいことと思われる。それらをどんどん解決したとしても、男女の違いということは残るし、男として、あるいは、女として生きる個人が、果たしてどう生きるのか、という課題は永遠に続くのである。

（河合隼雄《かわいはやお》『神話と日本人の心』より）

問1 ――線部「二分法に男女の区別を当てはめて」とあるが、このような行いとは対照的な行いを表している部分を、文中から二十五字以内で抜き出しなさい。

問2 本文の内容と合うものを、次の中から一つ選び、記号で答えなさい。

ア　二分法に男女の区別を当てはめる試みは一定の有用性がある。
イ　二分法に男女の区別を当てはめる試みは否定されるべきだ。
ウ　二分法に男女の区別を当てはめるのは人間の性質である。
エ　二分法は男女の区別に当てはまらない課題解決には無効だ。

［　　］

らくらく
マルつけ
Ja-12

OUTPUT! 13 対比の読み方②

1 次の文章を読んで、あとの問いに答えなさい。

今の日本のさまざまな面での混乱は、アメリカで起こっている混乱と同じことで、互《たが》いに自己を絶対化するということから生じている。

今日のアメリカの若者たちは、大変な勢いで麻薬《まやく》とあやしげな新興宗教に走っている。日本は幸いにしてまだそれほどでもない。それだけ社会にやすらぎが残っているせいであろう。大変な過密状態の日本は押《お》し合いへし合いして、みんな貧乏《びんぼう》でありながら、昔からやすらぎのある社会を保ちつつ生きてきた。（中略）ヨーロッパやアメリカのような理詰《りづ》めの世界、愛とか、理性とかきっちりした表向きだけの世界は、いわば剛構造《ごうこうぞう》であって、そこにはやすらぎがない。私は、人間がそういうやすらぎをとり戻《もど》すのがきわめて大事なことだと思う。それがなくなると、自分だけが正しい、世の中が間違《まちが》っているとか、零細《れいさい》企業《きぎょう》は常に正しくて大企業は常に悪いとか、殺される側が常に正しく、殺す側はどのような立場から見ても悪そのものだというような論理が横行することになる。だが日本人的人間観によれば、攻《せ》める方が正しければ守る方も正しいとなる。泥棒《どろぼう》――この場合は弁解しようもない悪人ということだが――にも三分の理がある。まともな人間の方も、それが如何《いか》にまともであろうとも七分の理しかない。ふつうの場合は喧嘩両成敗《けんかりょうせいばい》、五分五分だという考え方だ。これは単なる妥協《だきょう》ということではなく、もっともっと深い根底において、人間とはお互い敵味方の殺し合いの世界でもどこかにつながっているものがあるということなのである。

つまり、アメリカ流の、良く言えば理想、悪く言えばたて前という偽善《ぎぜん》の文化と、日本流の①本音の文化の対立である。裁きの文化と甘《あま》えの文化の対立とも言えよう。この対立の中で、日本人は②古来持っていた英知を喪失《そうしつ》しようとしている。現在はこのことをお互いもっと真剣《しんけん》に考え直すべき時に来ているのではないだろうか。

（会田雄次《あいだゆうじ》「表の論理・裏の論理」より）

問1 ――線部①「本音の文化」と対比して用いられていることばを、文中から五字以内で抜《ぬ》き出しなさい。

問2 ――線部②「古来持っていた英知」を表しているものを、文中から八字以内で抜き出しなさい。

ヒント 日本とアメリカの文化を対比して論じていることを読み取ろう。

答えと解き方⬇別冊6ページ

ちょこっとインプット Ji-13

❷ 次の文章を読んで、あとの問いに答えなさい。

＊中島敦《なかじまあつし》に『文字禍《もじか》』という小説がある。古代アッシリアのアシュル・バニ・アパル大王の時代の物語で、大王が碩学《せきがく》ナブ・アヘ・エリバ博士に文字の精霊《せいれい》というものがあるか、あるとすればそれはどういう霊であるのか、と下問したことから物語は展開する。（中略）

中島敦のこの寓話的《ぐうわてき》小説を、私は①「文字社会文化」と「無文字社会文化」との対立という図式として論じたことがある。中島敦の作品世界の中には文字文化と無文字文化の世界の双方《そうほう》に引き裂《さ》かれ、葛藤《かっとう》する精神があり、それが彼《かれ》の文学を特徴《とくちょう》づけていると論じたのだ。文字を覚えることによって人間は事物の影《かげ》や概念《がいねん》によってとらわれてしまい、「世界」そのものの明徴性《めいちょうせい》を見失ってしまったのではないか。そうしたテーマが『文字禍』や『悟浄歎異《ごじょうたんに》』『悟浄出世』などの中島敦の作品にはあり、反対に文字のなかった時代、文字のない社会の至福と平和とを描《えが》き出すことが『南島譚《なんとうたん》』の世界の目指すものだったのではないかと考えたのである。

そうした二項対立的《にこうたいりつてき》な図式はやや単純化のキライはあるかもしれないが、基本的には間違っていないと考えている。だが、しかしそれはまた②別の文脈によっても読み取れる、きわめて政治的な寓話でもあるのではないか。エリバ博士の報告には明らかに政治的な意図が含《ふく》まれていた。それは「武の国」であるべきアッシリアが、アパル大王によってあたかも「文化（文字）の国」であるかのように統治されていることへの間接的な批判であり、「文」よりも「武」を重視しなければならぬという〝政治的意見〟である。アパル大王が怒《おこ》ったのは、そこに含まれている政治的意見が、大王の逆鱗《げきりん》に触れる部分があったからではないか。

（川村湊《かわむらみなと》『作文の中の大日本帝国』より）

＊中島敦　日本の小説家（一九〇九〜一九四二）。

問1 ――線部①「『文字社会文化』と『無文字社会文化』との対立」とあるが、どういうことか。それぞれの文化の内容を明らかにして五十字以内で説明しなさい。

問2 ――線部②「別の文脈」とあるが、その説明として適切なものを、次の中から一つ選び、記号で答えなさい。

ア 「武」から「文」へと国政の中心が変化したことへの歴史的な問題意識。

イ 「文」と「武」のどちらを重視するべきかという政治的な問題意識。

ウ 「文」と「武」のどちらに正統性があるかという歴史的な問題意識。

エ 「文」と「武」どちらの勢力が権力をにぎるかという政治的な問題意識。

［　　］

らくらく マルつけ

Ja-13

OUTPUT!

14 段落と文章構成①

答えと解き方⬇別冊6ページ

ちょこっとインプット
Ji-14

❶ 次の文章を読んで、あとの問いに答えなさい。

1 かつてある劇作家志望の青年がいた。芝居修業《しばいしゅぎょう》のために舞台裏《ぶたいうら》に出入りしているうちに、これも若い女優の卵の美少女と知り合った。そして熱烈《ねつれつ》な恋《こい》をした。が、青年は貧しかった。（中略）

2 そこで彼《かれ》は決心した。恋には一番に金が要《い》る。とにかく金をつくることだ。そして彼ははたらいた。（中略）

3 そして二年間、彼が夢にまで描《えが》いていただけの金はほぼできた。だが、驚《おどろ》いたことに、かんじんのその金ができたときには、彼女《かのじょ》に対する彼の気持《きもち》は妙《みょう》に索然《さくぜん》としたものになっていることに気づいたのだ。（中略）こんな気持で二年間の辛苦《しんく》の金を、彼女のために使ってしまうことはなんとしても心残りがして仕方がなかったのである。

4 彼は思い切ってひとりスペインへの旅に出てみた。（中略）そして彼は国へ帰ると、すばらしいスペイン旅行記を書いた。しかもそれは、はからずも彼の出世作になった。

5 ——というような話を私はずっと前に誰《だれ》かの短篇《たんぺん》小説かなにかで読んだように思う。読んだときには、なにかひどく意地わるい残忍《ざんにん》な作者のように思ったが、今にして考えると、恋愛《れんあい》というものの秘密の帳《とばり》をかかげて見せてくれたように思えて、ときどき記憶《きおく》の底からよみがえってくる。

6 むかしフランスのある聡明《そうめい》な公爵《こうしゃく》が言った言葉がある。二人の恋人同士の間にあって、多くの場合は愛しているのは一方だけであって、他の一方はただ愛されてやっているにすぎないのだと。いやな言葉である。不愉快《ふゆかい》な知恵《ちえ》である。だが、これもまた悲しい真実なのではあるまいか。

7 私は恋愛というものについて、その相互性《そうごせい》というものをあまり信じない。恋情というものが、すべて相互的なものばかりであるとすれば、人の世はむしろひどく索然としたものになるのではあるまいか。（中略）

8 そもそも恋愛の与《あた》える蠱惑的《こわくてき》な魅力《みりょく》とは、それが精巧《せいこう》な幾何学模様《きかがくもよう》の透彫《すかしぼ》りでも見るような整然としたものであることよりも、むしろかぎりなく皮肉で意地悪い、たとえば晴れた夏の日の陽炎《かげろう》でも追うような、そのじれったい捕《とら》え難《がた》さにこそあるものではなかろうか。

（中野好夫《なかののよしお》「恋愛について」より）

問 この文章を内容の上で二つに分けるとき、二つ目の始まりの段落の番号を、算用数字で答えなさい。

［　　　］

ヒント 筆者の主張が書かれている部分を探そう。

❷ 次の文章を読んで、あとの問いに答えなさい。

[1] 中世においては、領主というものが、地域を支配していた。おとぎ話に出てくる王さまや王子さまは、その地域の領主である。ドイツやイタリアは長く小国家が乱立していた。

[2] イギリスやフランスでも、地方領主が統一王朝に帰属する形で国家が形成されていたから、地方領主はその地域では「王さま」として君臨していた。

[3] こうしたおとぎ話の「王さま」のような地方領主は、その地域の共同体に組みこまれていたから、農民たちから一定の尊敬を得ていたものと思われる。

[4] だが、近代化が進むにつれて、こうした地方領主の権威《けんい》は失われてしまった。代わって台頭したのが、国家という概念《がいねん》だ。とくに十九世紀以降は、近代化した装備による大規模な戦闘《せんとう》が繰《く》り返されるようになった。やがては第一次世界大戦という未曾有《みぞう》の事態に突《とつ》入《にゅう》していく。

[5] 中世の戦争は武士同士の戦闘であったが、近代戦争は一般《いっぱん》の国民まで巻き込《こ》んでいくものとなった。

[6] 教会や地方領主の束縛《そくばく》から逃《のが》れて自由になった民衆の前に、国家という大きな壁《かべ》が出現した。『*審判《しんぱん》』という作品は、実存の前に立ちはだかる国家というものの恐怖《きょうふ》を描いたものだと考えられる。

[7] *パスカルが差して勝負しようとしたのは、神であり、宇宙であった。近代化とともに神は退場し、代わって国家が、人間を支配するようになったのである。

[8] 近代になって、にわかに「実存」という概念が脚光《きゃっこう》を浴びるようになったのも、国家権力の増大という事態と無関係ではない。

[9] 国家は外側から、実存を拘束《こうそく》する。

[10] *ガリレオが地動説を撤回《てっかい》せざるをえなかったのも、教会の権力によるものだったが、当時の地方領主はローマ法王に帰依《きえ》していたから、宗教と政治が一体となった宗教国家が存在していたと考えられる。ただこの国家は、地域社会に融合《ゆうごう》した「王さま」というクッションを差し挟《はさ》むことで、民衆に受け入れられていた。

[11] 近代化によって自由になった民衆にとっては、国家というものは、すなおには受け入れがたい、不気味な権力機構と感じられることになる。

（三田誠広《みたまさひろ》『実存と構造』より）

*審判　チェコの作家・カフカ（一八八三～一九二四）による長編小説。
*パスカル　フランスの哲学者《てつがくしゃ》（一六二三～一六六二）。
*ガリレオ　イタリアの天文学者（一五六四～一六四二）。

問 この文章を内容の上で二つに分けるとき、二つ目の始まりの段落の番号を、算用数字で答えなさい。

［　　］

らくらく
マルつけ
Ja-14

段落と文章構成②

答えと解き方⬇別冊7ページ

❶ 次の文章を読んで、あとの問いに答えなさい。

1 クレヴァー・ハンス（「賢《かしこ》いハンス」）の話をご存知だろうか。ハンスは、二〇世紀の初頭、ドイツのヴィルヘルム・フォン・オステンという人に飼われていた賢いウマで、数字をみてその数だけ足踏《あしぶ》みするだけでなく、いろいろな足し算もこなし、正解にあたる数だけ足を踏みならすことができた。動物にも知的な能力があるということを示す例として一世を風靡《ふうび》したが、やがて、ハンスは本当に足し算ができるわけなのではなく、飼い主であるフォン・オステンやほかの聴衆《ちょうしゅう》から手がかりを得て、それに反応しているのにすぎないことがわかった。

2 ハンスは、3という数字を示されると三回足を踏みならす。2＋3という式を見せられると五回足を踏みならす。［　　］、数字や足し算が理解できているわけではなく、正しい答えの数まで足踏みが終わったときに、ハンスを見守っている人々が無意識のうちにみせる顔の表情や緊張《きんちょう》の度合いを察して、そこで足踏みをやめることによって正解に達していたのである。

3 クレヴァー・ハンスの話は、初歩的な心理学や動物行動学の教科書によく載《の》せられている。しかし、この話の意味するところとしては、「動物にはやはり抽象的《ちゅうしょうてき》な思考能力はないのだ」ということであるか、「動物実験をするときには細心の注意を払《はら》わねばならない」ということであるか、どちらかの教訓として語られることが多い。

4 動物実験をする際に細心の注意を払わなければ、とんでもない結論を導くことになるのは真実である。しかし、クレヴァー・ハンスの話は、それ以上のものをも含《ふく》んでいる。

5 第一に、ハンスが、人が無意識のうちに出している微妙《びみょう》な手がかりを見破ることができたというのはすばらしいことである。フォン・オステン氏自身は、いかさまをやろうとしていたわけではなく、まじめにハンスに数を教えようとしていた。ハンスは、フォン・オステン氏自身も気がつかない表情やしぐさに気づいていたのである。

（長谷川眞理子《はせがわまりこ》「朝三暮四《ちょうさんぼし》」より）

問1 ［　　］に入ることばとして適切なものを、次の中から一つ選び、記号で答えなさい。

ア そして　イ つまり　ウ ところで　エ しかし　［　　］

問2 この文章を内容の上で二つに分けるとき、二つ目の始まりの段落の番号を、算用数字で答えなさい。［　　］

ヒント 一般論《いっぱんろん》と筆者の主張が述べられている部分を区別しよう。

❷ 次の文章を読んで、あとの問いに答えなさい。

1 孤独《こどく》は始めから方法的懐疑《かいぎ》を内包している。

2 人は誰《だれ》でも、思春期の始めに少なくとも一度は、外界のすべては夢ではないかと疑い、私もまた夢ではないかと疑う。そして、自分で自分に話しかけているというそのこと、すなわち自分を疑っているというそのことによって自分の実在を確認《かくにん》する。いわば、孤独によって自己を確認するのだ。むろん、確認しない人間もいる。自分を忘れることなど簡単だからである。自分を何ものかであると思い込《こ》むのと同じほどに簡単だ。にもかかわらず、孤独は不意を衝《つ》いて人を襲《おそ》う。人は自問自答から逃《のが》れられない。おまえのことは誰も分かってくれない。おまえは彼《かれ》らにとって必要ではない。いや、そもそもおまえはこの世に存在してさえいない、おまえはまったく無意味なのだ、と。

3 孤独とは方法的懐疑のことなのだが、それにとどまらない。

4 方法的懐疑は [①]、おまえのことは誰も分かってくれないという寂《さび》しさの感情を含まない。優《やさ》しさに包まれたいという感情も含まない。迷子《まいご》になったと気づいた瞬間《しゅんかん》の、あの青々とした不安、暗闇《くらやみ》のような恐怖《きょうふ》とは無縁《むえん》なのだ。

5 方法的懐疑がもたらすのは、孤独が自己を俯瞰《ふかん》する眼《め》と等価であってそうでなければ問うことそのものが成立しないという確信であり、その俯瞰する眼が遠近法を引き寄せ、遠近法が地図を、地図が座標幾何学《きかがく》すなわち構造としての世界、計算可能な世界を必然的に引き寄せずにおかないという確信であり、したがって俯瞰する眼こそ知の普遍的《ふへんてき》性格、知の拡張的性格の基点であるとする確信だが、その確信が、寂しさと優しさの漂《ただよ》いのなかから生まれたという事実への配慮《はいりょ》は、含まないのである。（中略）

6 俯瞰する眼は視覚を持つ動物すべてが持つ。眼を持つ動物はすべて、獲物《えもの》の外見に欺《あざむ》かれまいとすれば、回り込んで背後を見なければならない。そして、背後に回り込むためには俯瞰する眼を持たなければならないからだ。[②]、おそらくただ人間だけが、それを言語によって対象化したのだ。鳥も獣《けもの》も、追い追われるときに、そしてそれに備えるときに俯瞰するが、人間だけは、ただ俯瞰するためだけに俯瞰する。つまり俯瞰を自覚する。

（三浦雅士《みうらまさし》『孤独の発明―または言語の政治学―』より）

問1 [①]・[②]に入ることばとして適切なものを、次の中からそれぞれ一つ選び、記号で答えなさい。

ア　だが　イ　要するに　ウ　ところで　エ　たとえば

①［　　］　②［　　］

問2 この文章を内容の上で二つに分けるとき、二つ目の始まりの段落の番号を、算用数字で答えなさい。

［　　］

らくらくマルつけ

Ja-15

OUTPUT! 16 まとめのテスト❷

／100点

答えと解き方⬇別冊7ページ

❶ 次の文章を読んで、あとの問いに答えなさい。［100点］

1 人間はナマの世界に自分で直接にふれることはあまりないのではなかろうか。［ ① ］、世界についてのある映像の中に生きているのではないのだろうか。

2 そして、その②人間の世界に対する映像のもち方は、自分の直接の経験から生《うま》れたものよりも、むしろおおむね他から注ぎこまれたものなのではないだろうか？「このように見よ」という教条のようなものがあって、人間はそれに合《あわ》せて世界を見る。人間の対世界態度は他から与《あた》えられ、これが基本になって世界像がえがかれ、人間はその世界像にしたがって行動する。この際に理性はほとんど参《さん》与《よ》しない。（中略）

3 戦中には、実質論と精神論ではかならず精神論が勝った。もし戦争に敗《ま》けたら亡国であるから勝たねばならぬという欲求があり、情勢は自分に都合よく展開するにちがいないという想像がひろがり、これがほとんど最後まで国民をひきずって、ついには「死中に活を求める」というくるしい合理化がされた。

4 ――戦争末期の六月八日の御前《ごぜん》会議では、綜合《そうごう》計画局、軍需《ぐんじゅ》、農商、外務の各大臣がみな戦争遂行《すいこう》は不可能であるというデータをのべた。ところが、この会議の結論は「七生尽忠《しちしょうじんちゅう》ノ信念ヲ源力トシ……征戦《せいせん》目的ノ達成ヲ期ス」というものだった（小堀桂一郎《こぼりけいいちろう》氏『宰相《さいしょう》鈴木貫太郎《すずきかんたろう》』一二九頁《ページ》以下）。

5 じつに感慨《かんがい》にたえないことであるが、あの聡明《そうめい》をきわめた＊和辻《わつじ》哲郎《てつろう》先生も昭和十八年十二月に『アメリカの国民性』というパンフレットを書かれ、その結論は「アメリカはやがてナーヴァス・ブレークダウンをするだろう」とある。（和辻先生の場合は凡百《ぼんぴゃく》の時流便乗家とはまったく別の事情であり、長いあいだの正しい世界史思索《しさく》がふしぎな成行《なりゆ》きからこういうことになった。「和辻哲郎と昭和史」という題目は、結局は世界史の中の日本人の運命ということを考えることとなる）。

6 前途《ぜんと》の不吉《ふきつ》な予兆が迫《せま》るにしたがって、日本人はついに呪術《じゅじゅつ》の世界に入って、ここに救いを求めた。方々の名山の麓《ふもと》に錬成所《れんせいじょ》がもうけられて、錬成官の指導によってミソギや便所掃除《べんじょそうじ》が行われた。これも生き残るための欲求と想像力の所産で、これが集団性の中で疑われなかった。ある人にとっては、これがまさしく行動力の源泉となったが、疑っている者も多かった。

7 世論には表の世論と裏の世論とがあり、一たび表の世論が勢《いきお》いをえて支配すると、たとえそれが何の根拠《こんきょ》のない幻影《げんえい》であっても、その共同幻影が確乎《かくこ》たる事実になって世を動かす。いわゆるタテマエとホンネであるが、これは人間世界に共通であって、ただ日本だけの現象ではない。（中略）

8 あのころはじつに異様な現象が続出した。あの呪術世界は戦争がすんだとたんに夢のように忘れられ、しばらくは思い出して笑い話の種になるだけだった。しかし、③あれは人間の心理研究のためには貴重な材料だった。このような共同幻影というはなはだ重大なものが、いまだに学問の対象として研究されていないのではなかろうか。

9 戦後になると、これとまさに同じことを、俗流《ぞくりゅう》*マルキシズム、あるいは進歩的文化人がやって、それが一世を風靡《ふうび》した。今度は*スターリンを祭神とする神懸《かみがか》りだった。まったくの神話信仰《しんこう》であり、疑似宗教《ぎじしゅうきょう》だった。それは浅薄軽佻《せんぱくけいちょう》なしかも頑固《がんこ》きわまるものだった。これについては記憶《きおく》はまだまあたらしい。［④］、やがてさまざまな否定すべからざる反証があがって、今では進歩的文化人とはほとんど冷笑される蔑称《べっしょう》となり、どうしてあのようなことを信じたのだろうと怪《あや》しまれている。

（竹山道雄《たけやまみちお》『歴史的意識について』）

*和辻哲郎　日本の倫理学者《りんりがくしゃ》（一八八九～一九六〇）。
*マルキシズム　ドイツの経済学者・マルクス（一八一八～一八八三）等が確立した社会主義的思想体系。
*スターリン　ソビエト連邦《れんぽう》の政治家（一八七九～一九五三）。

問1 具体例が書かれているすべての段落の番号を、算用数字で答えなさい。（完答・20点）

［　　］

問2 ［①］・［④］に入ることばとして適切なものを、次の中からそれぞれ一つ選び、記号で答えなさい。（10点×2）

ア　しかし　イ　要するに　ウ　ところで　エ　むしろ

①［　　］　④［　　］

問3 ――線部②「人間の世界に対する映像のもち方」とあるが、その説明として適切なものを、次の中から一つ選び、記号で答えなさい。（25点）

ア　経験を通じて得た世界像に固着してえがかれ、非理性的に構成されるもの。
イ　経験や世論を通じて獲得《かくとく》した世界像に反する部分は、意図的に排除《はいじょ》して構成されるもの。
ウ　あらかじめ他から与えられた世界観と自分の経験の折り合いをつけながら、理性的に構成されるもの。
エ　あらかじめ他から与えられた世界観の影響《えいきょう》から逃《のが》れることができずに、非理性的に構成されるもの。

［　　］

問4 ――線部③「あれは人間の心理研究のためには貴重な材料だった」とあるが、筆者がそう考えるのはなぜか。文中のことばを用いて三十五字以内で説明しなさい。（35点）

らくらくマルつけ
Ja-16

OUTPUT! 17

自然・科学がテーマの文章

3　論説文Ⅲ

❶ 次の文章を読んで、あとの問いに答えなさい。

人間の心も含《ふく》め、この世の事象というものすべて、一定の安定した状態では進まない。上がったり下がったり、山・谷・山・谷の波を繰《く》り返しながら、平均のラインを常に上下している。例えば、学校のテストの得点というものを思い浮《う》かべてほしい。平均の上だったり、下だったり、いつも同じ平均点を取るわけじゃない。問題が難しいときもあれば、易しいときもあるし、身体の調子のいいときもあるし、悪いときもある。そういうさまざまな要素を含みながら、上下を繰り返し、結局は平均の数字に回帰するのだ。実際に、中間試験で特別に高得点だった学生たちに注目して調べると、一般的《いっぱんてき》に期末試験では中間試験のときよりは平均点により近いという結果になる。それは、中間試験で働いたさまざまな偶然《ぐうぜん》が、期末試験では必ずしも働かないからだ。

　君たちのご両親や学校の先生の中には、「褒《ほ》めると成績が下がり、叱《しか》ると上がる」という*ジンクスを信じている人もいるかもしれないが、当然ながらこれは誤りである。褒める場合というのは、いつもの状態より上の成績を取った場合だと思われるが、平均回帰への法則に従えば、その人の成績は多かれ少なかれ以前よりも下がる場合が多い。ところが、この法則を知らないと、成績が下がったという現象を「褒める」という行為《こうい》の結果だと誤解してしまうのだ。これは「叱る」場合も同じである。叱る場合というのは、いつもの状態より下の成績を取った場合なのだから、その次の成績は必ず上がることになる。

（池内了《いけうちさとる》「それは、本当に『科学』なの？」より）

＊ジンクス　縁起《えんぎ》の善し悪《あ》しに関する言い伝えや経験則。

問　――線部「平均回帰への法則」から正しいといえるものを、次の中から一つ選び、記号で答えなさい。

ア　身長が平均よりも高い両親から生まれた子どもは、平均よりも身長が高くなる可能性が高い。

イ　最初に発表した楽曲が大流行したアーティストは、二曲目も飛ぶように売れる可能性が高い。

ウ　宝くじで一等を引き当てた人は、次回以降は当選できなくなってしまう可能性が高い。

エ　一年目にあまり活躍《かつやく》できなかった野球選手は、二年目はさらに成績が悪くなる可能性が高い。

［　　　］

ヒント　「平均回帰への法則」について説明されている部分を探そう。

ちょこっとインプット
Ji-17
答えと解き方⬇別冊7ページ

❷ 次の文章を読んで、あとの問いに答えなさい。

生き死にのことを考えてみよう。よく「自分の死は体験できず、できるのは人の死だけだ。」と言われる。たしかにそうだが、だからといって死が不可知な神秘だというわけではない。むしろ①この一般的真理から言えるのは、「死」がひとりの人だけで完結するものではないという事実だ。②ひとはひとりでは死ぬことができない、と言えば奇異《きい》に響《ひび》くかもしれない。けれども、これもまたよく言われるように、誰《だれ》も人に代わって死ぬことはできず、死ぬのはそのつど「わたし」である。その「わたし」はしかし、死に瀕《ひん》して「わたしは死ぬ。」とは言えても、死ぬことを果たし終えて「ああ、わたしは死んだ。」と言うことはできない。言いかえれば、「わたし」という語は、「死んだ」という完了形《かんりょうけい》の主語になることはできないのだ。では誰が「死んだ」と言いうるのか。それは、目の前で死のなかに消えてゆくひとを看取《みと》る身近なひとであったり、第三者を介《かい》して死が起こったことを確認《かくにん》する身内であったりする。死んでゆくひとに最後まで付き添《そ》いながらも、押《お》しのけられて生の側にとどまるひとが、死を果たし終えずに止んでしまったひとを呑《の》みこみ、持ち主もなく漂《ただよ》う「死」を受け止めて、その「死」を当人に返してやる。それが、「ああ、おまえは死んだ。」という言明の役割であり、そう言われることで当人の「死」は完了する。つまり、それでやっと「死」は起こったことになるのだ。だから「死ぬ」ということはひとりでは起こらず、複数の人をこの出来事のまわりに呼び寄せ、その人びとの間でわかち合われることによって起こる。だからこそ「死」は、たんなる*生理学的指標に還元《かんげん》できる現象にとどまらず、人間的な意味をもつ出来事になるのだ。

*生理学的指標　体温や心拍数《しんぱくすう》など、生命現象を評価するための数値。

（西谷修《にしたにおさむ》「生命といのち」より）

問1　——線部①「この一般的真理」の指し示す内容を、「ということ。」につながる形で、二十字以内で説明しなさい。

ということ。

問2　——線部②「ひとはひとりでは死ぬことができない」とあるが、なぜそういえるのか。文中のことばを用いて四十五字以内で説明しなさい。

らくらくマルつけ

Ja-17

文化・言語がテーマの文章

① 次の文章を読んで、あとの問いに答えなさい。

仁平勝《にひらまさる》の『*虚子《きょし》の近代』(初刊平成元年、弘栄堂書店《こうえいどう》)に、*その虚子の句碑《くひ》に触《ふ》れた文章がある。この若い批評家はさきにも評論集『詩的ナショナリズム』(初刊昭和六十一年、冨岡書房《とみおかしょぼう》)をまとめ、「五・七・五・七・七＝三十一音という短歌の〝定型〟において、その韻律的《いんりつてき》な安定をつくりだしている七・七を切り捨て」たところに、つまり韻律的に不安定であるところに俳句の本質があると論じた「虚構《フィクション》としての定型」をはじめ、新鮮《しんせん》で鋭《するど》い考察を披露《ひろう》した人だが、『虚子の近代』では、*子規《しき》と対比しつつ、虚子の句の「普遍性《ふへんせい》」を解析《かいせき》し、思いのままに作ったと見える句の多くがじつは子規以上に近代文学の「方法意識」に呼応していることを説き明《あか》していて、虚子論としてはもとより、近代俳句論としても傑出《けっしゅつ》した出来ばえ。なかに、俳句の字余りを論じた章があって、そこに虚子の句碑のことが出てくる。碑にはこういう句が刻されていたという。

凡《およ》そ天下に去来程《きょらいほど》の小さき墓に参りけり

明治四十一年の吟《ぎん》で、見られるように「凡そ天下に去来程の」と、初五が十二音、一句全体では二十五音という、破格の字余り句である。従来、人の意表を衝《つ》く破調の句としてのみ遇《ぐう》されてきたというが、仁平勝はこれは単に字余りというだけで、俳句定型の基本は破られていないし、その字余りにしても、「俳諧《はいかい》史上きわめて大きな存在である去来にたいして、それにしてはあまりに小さい彼《かれ》の墓」をただならぬ感慨《かんがい》をこめて対比的に表現しようとして、「やむにやまれず」おこなわれたものだとする。去来のあの小さい墓に詣《もう》でたことのある人なら、すぐにも同感できる鑑賞《かんしょう》といわなくてはならない。

(向井敏《むかいさとし》「去来の墓をめぐって」より)

＊虚子　高浜《たかはま》虚子。日本の俳人(一八七四〜一九五九)。
＊その虚子の句碑　本文の前で、江戸時代《えどじだい》の俳人・向井《むかい》去来の墓のかたわらに虚子の句碑があったことが述べられている。
＊子規　正岡《まさおか》子規。日本の俳人(一八六七〜一九〇二)。

問　――線部「碑にはこういう句が刻されていたという」とあるが、この碑に刻された句を通じて筆者が示そうとした虚子の句の特色が書かれている部分を四十六字で探し、その最初と最後の五字を文中からそれぞれ抜《ぬ》き出しなさい。

□□□□□ ～ □□□□□

ヒント　引用の前後には、引用のねらいがまとめて述べられていることが多い。

答えと解き方⬇別冊8ページ
ちょこっとインプット
Ji-18

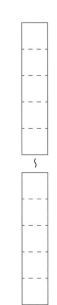

❷ 次の文章を読んで、あとの問いに答えなさい。

「花かつみ」は「かつて」「かつ」を導く序詞《じょことば》ともされ、格式の高い語として遇されてきたが、この「花かつみ」と、カツミもしくはカツミグサの花とはかならずしも同じではないらしい。カツミは真菰《まこも》の古名とされているが、「花かつみ」はその真菰の花だともいい、野生の花菖蒲《はなしょうぶ》をさすともいい、その他諸説があって定まらない。かつて*安《あん》東次男《どうつぐお》は歳時記《さいじき》仕立てのエッセイ集『花づとめ』(初刊昭和四十九年、読売新聞社)に、「花かつみ」ならびに「はなみずき」の二つの章を設け、この食い違《ちが》いの理由をさぐる形で、花に「花」を載《の》せる語法の意味を論じたことがある。

古来、歌人や俳人たちが「花……」という語法を好んだのは、字余りを避《さ》けるなど、技法上の理由以上に、「花」の一字を冠《かん》するだけで、ごくありふれた花が、あるいは*瀟洒《しょうしゃ》な、あるいは典雅《てんが》な、あるいは可憐《かれん》な趣《おもむき》を帯びはじめるという、日本語の微妙《びみょう》な働きを本能的に感じとっていたせいであろう。その意味で、こうした語法を通じて日本語の構造や日本人の語感を論じることがもっとおこなわれていてよさそうに思えるのに、私などの知るかぎり、上記『花づとめ』での試み以外には見当《みあた》らない。かねてから気になっていたことでもあるし、この機会に触れておきたい。

「接頭語として使われる『花』とはもともと*賞翫《しょうがん》の意味をそこに冠したもの」だから、「花かつみ」といえば「カツミの花をひときわ賞《め》でる心の表現」とするのがふつうであろうが、それはまた、「カツミに似てカツミよりも風情《ふぜい》のある花を見出《みいだ》した心の表現」なのでもあって、「花かつみ」と実際のカツミの花との食い違いはそのあたりから生じた、というのが安東次男の説の要旨《ようし》である。

「花たちばな」にせよ、「花むらさき」にせよ、実在の橘《たちばな》(コウジミカンの古名)の花や紫草《むらさき》の花よりもずっと高貴な、幻想《げんそう》の花のように思えるのも、実在の花に似て実在の花よりも「風情のある花を見出した心の表現」のせいにちがいない。

(向井敏「花たちばな」より)

*安東次男　日本の俳人(一九一九〜二〇〇二)。
*瀟洒　洗練されているさま。
*賞翫　味わい楽しむこと。

問 筆者の主張として適切なものを、次の中から一つ選び、記号で答えなさい。

ア 花の名に「花」を載せる語法が生まれた最大の理由は、俳句や短歌の字余りを避けるという技法上の都合にある。

イ 花の名に「花」を載せる語法に着目して、これまでに多くの学者が日本語の構造や日本人の語感について論じてきた。

ウ 花の名にさらに「花」の一字を冠する語法は、その花が特別にめずらしいものであることを表すためのものだと考えるのがふつうである。

エ 花の名にさらに「花」の一字を冠すると、それが実在の花よりもずっと高貴で幻想的なものに思えてくる。

[　　　　]

社会・生活がテーマの文章

ちょこっとインプット
Ji-19
答えと解き方⬇別冊8ページ

❶ 次の文章を読んで、あとの問いに答えなさい。

秀吉《ひでよし》は、名主百姓《ひゃくしょう》から絶対権力を持つ王侯《おうこう》にまで成上《なりあ》がった英雄《えいゆう》として、日本人の人気の中心である。田中《たなか》（角栄《かくえい》）首相《しゅしょう》を秀吉に比定するのは決して間違《まちが》いではない。貧困《ひんこん》な百姓から学歴もなく保守党の首にまで上昇《じょうしょう》するという例は欧米《おうべい》先進国では皆無《かいむ》なはずだ。

だが戦国時代では、大名のほとんどが、怪《あや》しげな身分の出身である。徳川家康《とくがわいえやす》でさえ、数代前は何者かさっぱりわからぬありさまなのである。

ヨーロッパの封建《ほうけん》時代とはまったくちがう。ここもやはり日本とほぼ同時代には乱世となった。だが日本のような徹底的《てっていてき》な*下剋上《げこくじょう》はどこにも見られなかったのである。結局は下層の貴族が、その在地制と独立性を上級貴族によって奪《うば》われ、家臣団に系列化されていって、絶対政治の時代になるという、きわめて平凡《へいぼん》な道がとられることになった。

日本だったら、大公卿《だいくぎょう》か守護大名がそのまま戦国大名になったというだけのことである。秀吉のような例はもちろんどこにも見いだすことはできない。

そこで、こういう定義ができる。日本は昔から、能力ある人間には、まったくの下層民から最上位まで「出世」できる機会に恵《めぐ》まれた珍《めずら》しい国であると。戦国時代、明治時代、敗戦後などはそれが極点に到達《とうたつ》したときであろう。そして日本では、だれもが、いつでも、このような可能性を夢みている国だということにもなる。

（会田雄次《あいだゆうじ》『日本人の精神構造』より）

＊下剋上　下位の者が実力で上位の者の地位や権力を奪い取ること。

問 この文章の筆者の主張として適切なものを、次の中から一つ選び、記号で答えなさい。

ア 秀吉や徳川家康は、百姓の身分から権力者にまで成り上がった英雄として高い人気がある。

イ 封建時代のヨーロッパでも、秀吉のように下剋上によって上級貴族に成り上がった例が見られる。

ウ 日本社会では昔から、能力さえあれば下層から最上位まで出世できる可能性が開かれていた。

エ 敗戦を経て、日本社会では戦国時代のような下剋上の風潮は徐々《じょじょ》に薄《うす》らいでいった。

［　　］

ヒント
「秀吉」は筆者の主張を支える具体例であることに注意しよう。

❷ 次の文章を読んで、あとの問いに答えなさい。

家族というものは、家族というものを支えるもっと別のものに支えられる必要がある。それは神でも国家でも世間でもいいのですが。そういうふうにして、それ以上はわれわれが疑い得ない、あるいは、思考停止をしてそれ以上はわれわれが疑うことをみずからに禁じることができる何か窮極《きゅうきょく》のものを一つもってきて、それを信じないとわれわれの自我《じが》の安定というのは得られないということじゃないかと思います。しかし、言うまでもなく、窮極のもの、普遍的《ふへんてき》、絶対的なものが存在するわけがありません。何かをもってくれば、それは何に由来しているか、何にもとづいているかということが問題になります。そのように考えてゆくとキリがありません。そこで、何か窮極のものを信じるためには、それ以上は考えないという思考停止が必要になります。それ以上考えるのはタブーだ、冒瀆《ぼうとく》だ、不敬だ、天を恐《おそ》れざる所業だというわけです。天を恐れているのではなく、実は自分の自我が崩《くず》れることを恐れているのですが……。

（中略）つまり、われわれは自我の安定を保つためには、ある点から先は思考停止して偏《かたよ》った一面的な考え方をしなければならないし、また同時に、その偏った一面的な考え方を正しい普遍的な考え方であると思っていなければならないわけです。

ヨーロッパ文化などの一神教の文化は、唯一《ゆいいつ》絶対神というものをでっちあげてそこから先は思考停止した文化ですね。

そもそも神というものをなぜでっちあげたかというと、そういうものが要《い》るからでっちあげたので、別に趣味《しゅみ》ででっちあげたわけじゃありません。そもそも神という、ああいう妄想《もうそう》を、なぜ人類は必要としたかということを考える必要があります。必要でなかったら、そもそもつくらなかったはずですから。だからやはり窮極の根拠《こんきょ》は要るわけで、神が死んだとなれば、それ以来、普通的真理でも、理想でも、国家でも、何でもいいわけですけれど、これは絶対正しいものだという、窮極の根拠になるものを、人類は神の後にも次から次へとつくってきました。次から次へそういうものをつくってきたという事実はそれとして認めざるを得ないと思います。そして、そのいわゆる窮極の根拠から先は思考停止をしてきたのです。（中略）体系的思想というものは、何かを解明するというより、ここから先は考えなくていいんだということを人びとに説くためのものなんじゃないでしょうか。

（岸田秀《きしだしゅう》『希望の原理』より）

問 この文章の筆者の主張として適切なものを、次の中から一つ選び、記号で答えなさい。

ア　一神教の文化は思考停止と表裏一体《ひょうりいったい》であり、精神の硬直化《こうちょくか》の誘因《ゆういん》となる。

イ　人間が神の後につくりだした体系的思想は、究極の根拠としては不完全なものばかりであった。

ウ　家族は単体で安定することはできず、それを構成する自我や社会の安定を必要としている。

エ　人間の自我の安定のためには思考停止が必要であり、そのために神などを生み出した。

［　　　］

らくらく
マルつけ
Ja-19

グラフ・資料の読み取り

答えと解き方⬇別冊8ページ

ちょこっと
＼インプット／
Ji-20

1 次の文章を読んで、あとの問いに答えなさい。

新型コロナウイルス感染症《かんせんしょう》（以下コロナ）の感染が拡大する前の令和元（２０１９）年は、テレワークを「導入している」企業《きぎょう》は約［①］割にとどまっていた。

しかし、コロナの感染拡大にともなって、その予防措置《そち》としてテレワークの重要性が増し、テレワークを導入する企業は急増した。令和２（２０２０）年には約［②］割となった。コロナが人々の働き方に与《あた》えた影響《えいきょう》の大きさを、この資料からうかがうことができる。

（書き下ろし）

テレワークの導入状況の推移

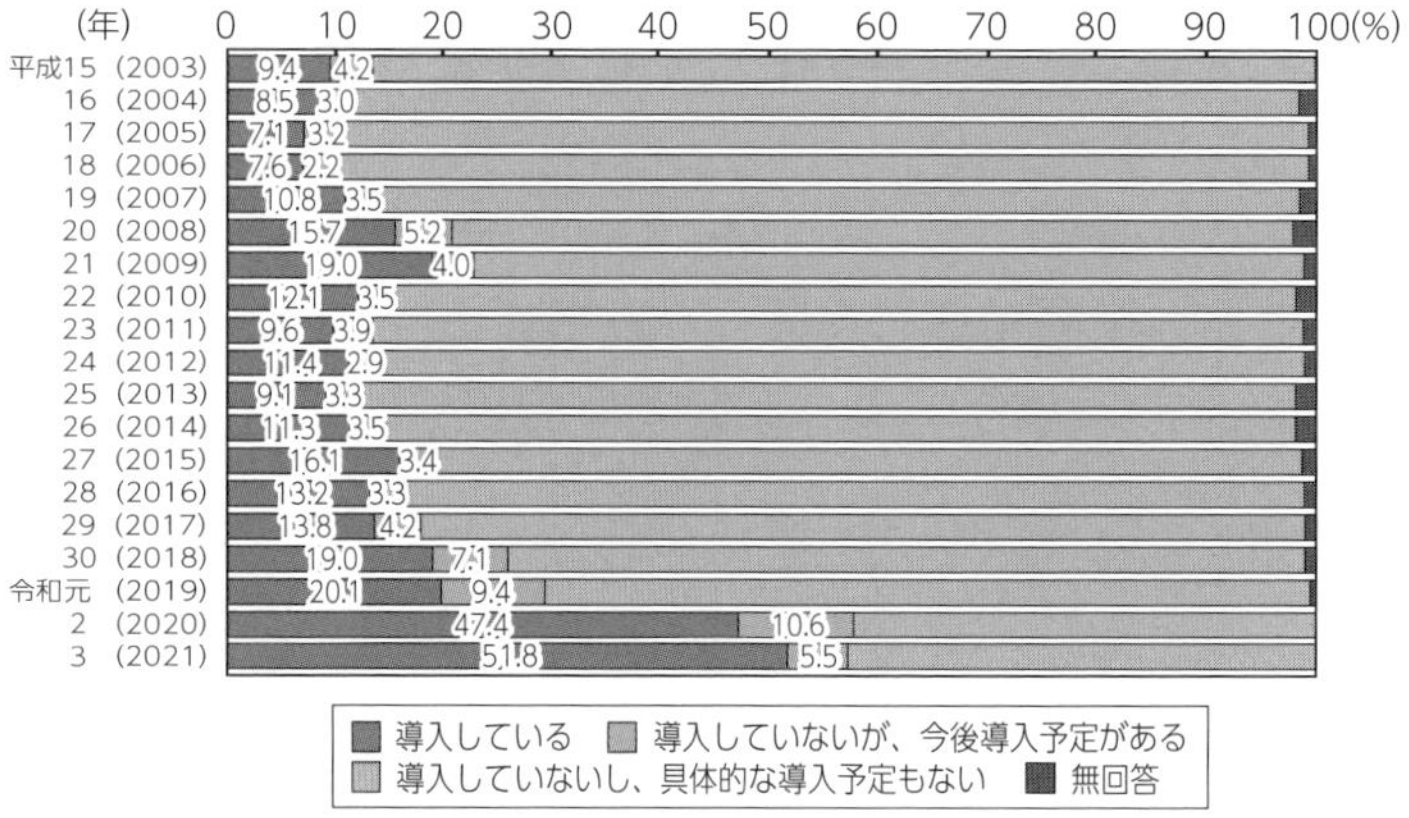

出典：内閣府「男女共同参画白書」2023年度版

問1 ［①］・［②］に入る一けたの数字をそれぞれ算用数字で答えなさい。

①［　　］　②［　　］

問2 文中のグラフから読み取れることとして適切なものを、次の中から一つ選び、記号で答えなさい。

ア 平成15（２００３）年は「導入している」企業と「導入していないが、今後導入予定がある」企業の合計が１割を下回っている。

イ 平成22（２０１０）年以降、「導入している」企業は継続《けいぞく》して１割を超えている。

ウ 平成25（２０１３）年以降、「導入している」企業と「導入していないが、今後導入予定がある」企業の合計は増え続けている。

エ 令和２（２０２０）年は「導入している」企業と「導入していないが、今後導入予定がある」企業の合計が５割を超《こ》えている。

［　　］

ヒント
時系列のグラフは数値が大きく変化した時点に注意して読み取ろう。

2 次の文章を読んで、あとの問いに答えなさい。

日本の食用魚介類《ぎょかいるい》の自給率をグラフで見てみよう。

昭和39（1964）年度の［①］%をピークとし、その後は低下傾向《けいこう》が続いている。

令和3（2021）年度食用魚介類の自給率（概算値《がいさんち》）は、［②］%だった。この年度は国内生産量が前年度に比べて減少しているのにもかかわらず自給率が2ポイント増加しているが、その理由は輸出量が増加し、自給率の分母である国内消費仕向量《しむけりょう》が減少したためと見られる。

（書き下ろし）

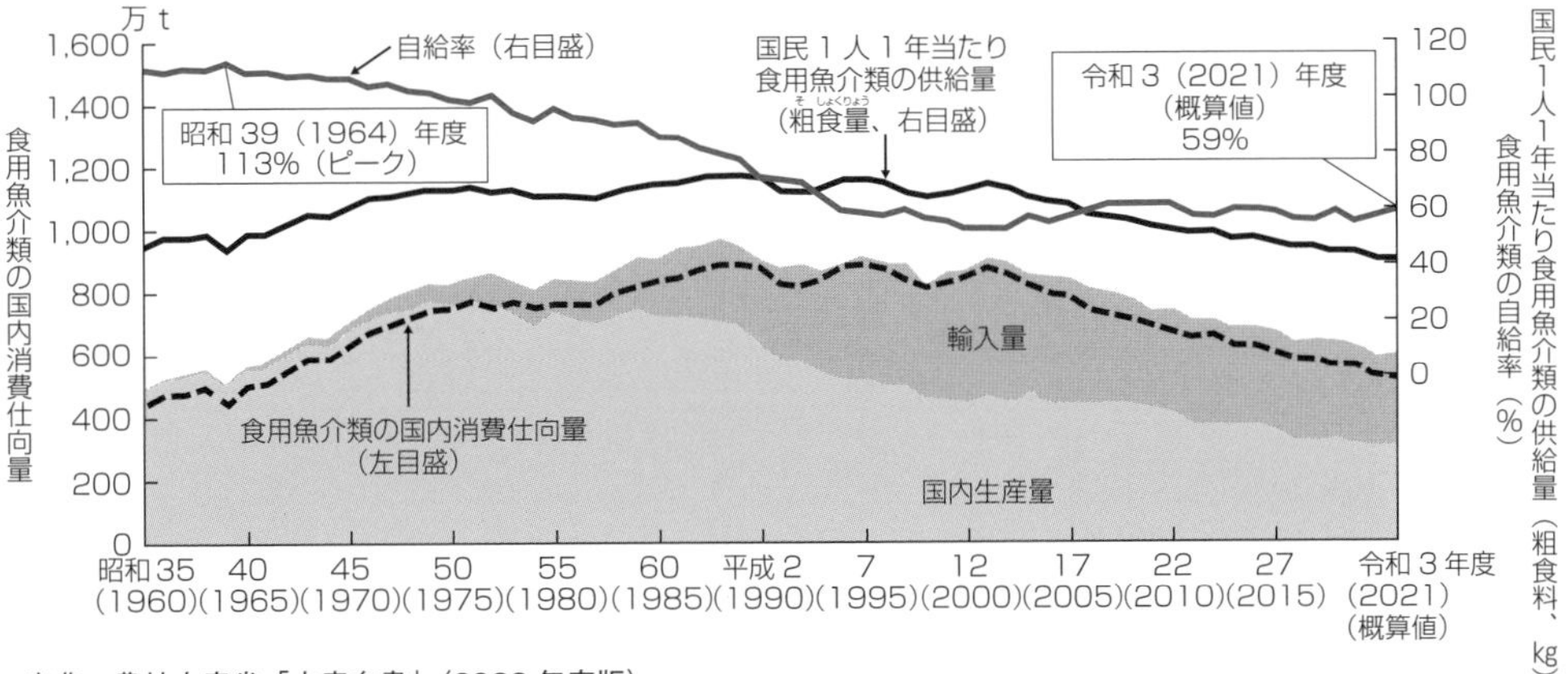

出典：農林水産省「水産白書」（2022年度版）
※自給率（%）＝（国内生産量 ÷ 国内消費仕向量）×100。
※国内消費仕向量＝国内生産量＋輸入量－輸出量 ± 在庫の増減量。

問1 ［①］・［②］に入る数字を算用数字でそれぞれ答えなさい。

①［　　　］②［　　　］

問2 文中のグラフから読み取れることとして適切なものを、次の中から一つ選び、記号で答えなさい。

ア 平成12（2000）年度の国内消費仕向量は、昭和40（1965）年度を下回っている。
イ 昭和50（1975）年度は国内生産量のほうが輸入量より多い。
ウ 自給率は昭和39（1964）年度から令和3（2021）年度まで低下し続けている。
エ 令和3（2021）年度の国民1人1年当たり食用魚介類の供給量は、平成7（1995）年度を上回っている。

［　　　］

問3 この文章とグラフの内容に合うものを、次の中から一つ選び、記号で答えなさい。

ア 食用魚介類の自給率の増減は国内生産量で決まる。
イ 食用魚介類の自給率の増減は国内消費仕向量で決まる。
ウ 食用魚介類の自給率の増減は国内生産量と国内消費仕向量で決まる。
エ 食用魚介類の自給率の増減は国内生産量と輸入量で決まる。

［　　　］

らくらく
マルつけ
Ja-20

会話の読み取り

❶ 次の文章は詩人である「私」と「読者」の対談である。これを読んで、あとの問いに答えなさい。

読者「（中略）きみは過去のきみ自身の詩作品で、詩とは何かに答えてきた。新しい詩を書く時に、その経験は何の役にも立たないのだろうか」

私「（中略）簡単に言うと、詩を書こうとする時、ぼくはいつだって、まるで初めて詩というものを書くような気もちがする。それは文字通り、白紙に近い状態なんだ。自分に詩が書けるなんてことが信じられない、ぼくは途方《とほう》に暮れてしまうんだ」

読者「過去の経験は役に立たないんだね」

私「少《すくな》くともそれを意識することは不可能だ。ただ何かの感覚はある。強《し》いて言葉にすれば、空間的な*パースペクティヴの感覚と、時間的なリズムの感覚だ。それらは別々のふたつの感覚ではなくて、ひとつのものであり、しかも少くとも最初のうちは何のフォルムももっていない。これは言葉を迎《むか》え入れるための、一種の待機の状態と言えるかもしれない。つまりいったん言語以前の混沌《こんとん》にまで、自分をひき戻《もど》すとでも言えばいいのか――」（中略）

読者「その白紙状態の中から言葉が出現するメカニズムはどうなってるんだろう」

私「それはぼくにも分《わか》らない。だが、言葉を意志的に、あるいは意識的に選択《せんたく》しているかのようでいて、実はぼくは一種のフィルターのごときものであるに過ぎないのかもしれない。（中略）言語とは、ぼくにとって、ぼくの内部の他者だと言うことができる」

（谷川俊太郎《たにかわしゅんたろう》『詩を書く　なぜ私は詩をつくるか』より）

＊パースペクティヴ　視野。

問 この対談の内容として適切なものを、次の中から一つ選び、記号で答えなさい。

ア 詩を書こうとするとき、「私」は過去の経験に頼《たよ》らず、白紙に近い状態から言葉を紡《つむ》ぎ出そうとしている。

イ 「白紙状態」における「私」の意識の中には、空間的な感覚と時間的な感覚の二つが存在している。

ウ 「読者」は、「言語以前の混沌」から言葉を迎え入れるということの矛盾《むじゅん》について指摘《してき》している。

エ 詩人とはフィルターのように、一定の基準に従って言葉を選別する存在であると「私」は考えている。

［　　］

ヒント 「読者」の質問に対する「私」の答えを、主語に注意して読み取ろう。

答えと解き方⬇別冊9ページ

ちょこっとインプット Ji-21

❷ 次の文章を読んで、あとの問いに答えなさい。

佐藤《さとう》　レジ袋《ぶくろ》が有料化されてから、エコバッグを持って買い物に行くようになったよ。環境《かんきょう》にもよいし、お金も節約できるからね。

鈴木《すずき》　そうなんだ。でも、レジ袋が有料化されたことで、逆に不便になったと感じる人もいるんじゃないかな。たとえば、生ゴミを捨てるときに使うレジ袋がなくなったら、どうするの？

佐藤　生ゴミは、新聞紙や紙袋に包んで捨てればいいんじゃない？　それに、レジ袋が有料化されたことで、プラスチックごみの量が減ったというデータをどこかで見かけた気がするよ。海洋汚染《かいようおせん》や地球温暖化対策にもなっているのではないかな。

鈴木　プラスチックごみの量が減ったことがデータでも確認《かくにん》できるならよいけど、その効果がレジ袋の有料化のコストと見合うのかが気になるんだよね。たとえば、エコバッグがわざわざ売られているけど、それを生産するときの環境への負荷《ふか》は、減量できるプラスチックの量と見合っているのかな。あと、レジ袋だけが悪者にされているような気もする。レジ袋以外にも、ペットボトルやラップなど、プラスチック製品はたくさんあるし、それらも有料化したり、代替《だいたい》品《ひん》を開発したりしないと、本当の意味での環境保護にはならないと思うんだ。

佐藤　うーん、それも一理あるかもしれない。レジ袋だけではなく、プラスチック製品全体の使用量や、環境全体への影響《えいきょう》を視野に入れたうえで、レジ袋有料化の効果を検証するべきなんだろうな。でも、自分の体感としては、レジ袋有料化は、環境への負荷を減らすための一歩としては意味があると思うよ。消費者として自分の行動に責任をもつことができるし、環境に対する意識も高まりそうだし。

鈴木　そうかな。まあ、少なくとも、レジ袋有料化は環境問題について考えるきっかけにはなったかもしれないな。

（書き下ろし）

問1　「鈴木」がレジ袋有料化に否定的な理由として適切なものを、次の中から一つ選び、記号で答えなさい。

ア　環境への負荷を減少させる効果の程度が疑わしいから。

イ　環境問題への人々の意識を変えたようには思えないから。

ウ　レジ袋有料化の結果、お金が余分にかかるようになったから。

エ　衛生面の観点では、レジ袋の利用を推進すべきと考えるから。

［　　　］

問2　「佐藤」の考えとして適切なものを、次の中から一つ選び、記号で答えなさい。

ア　「鈴木」の主張の是非《ぜひ》はすぐに判断できないので、レジ袋有料化についての判断も保留しようと考えている。

イ　「鈴木」の主張には論理的におかしい点があるが、レジ袋有料化に対する気持ちには共感できると考えている。

ウ　「鈴木」の主張の理屈《りくつ》を認めつつも、レジ袋有料化には一定のよい影響があると考えている。

エ　「鈴木」の主張には納得《なっとく》できないが、レジ袋有料化は見直すべきだと考えている。

［　　　］

らくらく
マルつけ
Ja-21

／100点

答えと解き方⬇別冊9ページ

❶ 次の文章を読んで、あとの問いに答えなさい。［100点］

文明という面から見れば、教育は国家の統治行為《とうちこうい》です。これは人類社会を統合するための政治行為であり、法や制度や技術の基盤《きばん》をつくる営みです。じっさいわれわれが共通の知識、あるいは共通のものの見方を持っていなければ社会は成立しません。社会には対立がつきものですが、その対立でさえ共通の地平の上で起こさせるのが、文明社会というものです。現代における人類社会は、具体的には国家というかたちを取っているわけですから、教育は国家単位の統治行為として進められなければならないわけです。

早い話、日本人がお互《たが》いに日本語という共通知を持たなければ、日々の生活すら成り立たないでしょう。あるいは、最低限度の算術を知らなければ、私たちは買い物もできないし、小売商《こうりしょう》を営むこともできません。

［　①　］、社会の基本的な約束事を教え、最低限度の規範意識《きはんいしき》を授《さず》けるのもまた教育の役割です。ものを盗《ぬす》んではならない、人を殺してはならない。道徳教育の問題はつぎの章で改めて論じますが、こうした規範意識を国民が知り、その知識を身につけていなければ、社会生活は破綻《はたん》してしまうでしょう。

国家の規範とは法と制度であって、理性的であるという意味で文明に属します。これにたいして、身についた規範とは文化に属するものであって、少し古い言葉を使えば「*醇風美俗《じゅんぷうびぞく》」と呼ばれる類《たぐい》のものです。とくに後者は私たちがほとんど第二の本能になるまで身につけなければ、社会は円滑《えんかつ》に機能しません。

もちろん、この質の異なる二つの規範のレベルは、文明と文化の根本的な関係を反映して、互いになだらかにつながってはいます。わかりやすいえば、盗みがいけないことは法的にも定められ、私たちはそれを知的に理解していると同時に、人が盗みを働いているのを見れば不快になるという、ほとんど感覚的な苦痛を味わうわけです。

教育は②この両面に関わっていかなければならず、そこに根源的な難しさをつねに抱《かか》えているものだといえるでしょう。（中略）

教育が国家の統治行為であるということは、裏返して見れば、近代以降の国民は無知である自由、あるいは無知である権利を持ってはいないことを意味します。注意すべきは、知識とは私たちにとって便利な道具であるだけでなく、文明社会においては持つことを義務づけられたものなのです。

道具としての知識のなかで、持つことを義務づけられた典型的なものが③言葉でしょう。じつは言葉とは、個人が自分自身のために意思や感情を伝える道具としてあるものではありません。［　④　］、言葉は伝える相手のために、第三者を含《ふく》む社会のためにあるものです。もし言葉がたんに意思や感情を伝えるものならば、私たちは言葉に頼《たよ》るより、実力行為に頼った方がはるかに効率的でしょう。相手に腹を立てたら殴《なぐ》ればいいし、相手を愛していればただ抱《だ》きつけばいい。それだけで本人は満足できますが、しかし、こうした行為を私たちは文明的だとは考えていないはずです。

相手への怒《いか》りの言葉も、恋人《こいびと》への愛のささやきも、そうした実力行使のいわば代用として用いられます。相手に身体的な迷惑《めいわく》をかけることなく、意思と感情だけを抽象《ちゅうしょう》して伝えるのが、言葉です。つまり、言葉とは自分のためよりも、相手のために存在しているものであり、同時に傍《かたわ》らにいる第三者、ひいては社会全体の理解のために存在するものなのです。

（山崎正和《やまざきまさかず》『文明としての教育』より）

＊醇風美俗　人情に厚く好ましい風俗や慣習。

問1　[①]・[④] に入ることばとして適切なものを、次の中からそれぞれ一つ選び、記号で答えなさい。（15点×2）

ア　むしろ　イ　また　ウ　たとえば　エ　しかし

①［　　］　④［　　］

問2　――線部②「この両面」の指し示す内容として適切なものを、次の中から一つ選び、記号で答えなさい。（20点）

ア　法と制度。

イ　共通知と規範意識。

ウ　人間の知性のはたらきと感性のはたらき。

エ　文明に属する規範と文化に属する規範。

［　　］

問3　――線部③「言葉」とはどのようなものであると筆者は述べているか。文中のことばを用いて七十字以内で説明しなさい。（30点）

問4　本文の内容として不適切なものを、次の中から一つ選び、記号で答えなさい。（20点）

ア　教育とは国民に共通の知識や規範意識を授けることによって、国家を統治することを目指す行為である。

イ　人のものを盗んではならないという規範は知識としてだけではなく、感覚的にも理解されうる。

ウ　文明社会において、国家は国民に共通の知識や規範意識を身につけさせるだけでなく、無知である自由を保障すべきである。

エ　言葉によらず、実力行使によって怒りや愛を表現することは、文明的な行為とはいえない。

［　　］

らくらく
マルつけ
Ja-22

OUTPUT! 23 人物の心情①

① 次の文章を読んで、あとの問いに答えなさい。

おやじが死んでおふくろが、それまでいっぺんも外で働いたことのないおふくろが、いくら知り合いの会社とはいえ、会社勤めをするってことになったとき、ぼくは中二で、妹はまだ小学生だった。

仕事を始めるにあたってのおふくろの最大の心配事というのは、これから始める仕事のことではなく晩ご飯のことで、心配だからこそことさらなんでもないみたいに、「朝ご飯のしたくといっしょに晩ご飯の準備もしちゃうから心配しないでね。七時くらいに帰ってくるとして、七時半、うーん、七時四十分にはご飯になるからね」とおふくろは言ったのだ。（中略）おふくろにまで倒《たお》れられたりしたら、ぼくは泣いちゃうぞ。

それでぼくは慎重《しんちょう》に、だからといってけっして深刻にならないように、「おかあさんが仕事に慣れるまでは、できあいのお惣菜《そうざい》とかでいいよ」と、言った。

「あらだめよ、そんなの。洋《ひろし》も美砂《みさ》も育ち盛《ざか》りじゃない。育ち盛りの子は、ちゃんと手作りのものを食べなくちゃ」

案の定、おふくろはそう答えた。

「だからね、ずっとじゃなくて、おかあさんが仕事に慣れるまで」

「でもねえ」

「あのさあ、できあいのお惣菜だってね、だれかが愛情をこめて作ってるんだよ」（中略）

「ああいうお弁当屋さんはね、全部手作りなの。駅前の弁当屋なんて、低農薬野菜とか素材にもこだわってるし、おいしいんだよ」

「ねえ、洋、どうしてそんなこと知ってるの？」

「常識だよ」

そう答えた瞬間《しゅんかん》、ぼくは、キャベツ！と思ったんだ。

おふくろが仕事に慣れて、さあご飯のしたく、なんて言い出さないうちに、ぼくがご飯を作れるようにならなくちゃいけないんだって。

それでどうしてキャベツって思ったかと言うと、たぶんとんカツが好きだったからじゃないかな。

とんカツとくればキャベツの千切り。

（石井睦美《いしいむつみ》『キャベツ』より）

問 ——線部「キャベツ！」には、「ぼく」のどのような心情が表れているか。五十字以内で説明しなさい。

ヒント 「ぼく」の心情が、くわしく説明されている部分を探そう。

ちょこっとインプット
Ji-23

答えと解き方⬇別冊9ページ

❷ 次の文章を読んで、あとの問いに答えなさい。

広一《こういち》くんが、

「伊山《いやま》君、ピアノ弾《ひ》ける?」

と聞いてきた時は、ちょっとオーバーすぎるほど、ぶんぶんとかぶりをふってしまった。

「ほんとに十本の指で弾いているのかなって思うほど、音がいっぱい出てくるんだ、母さんのピアノ。なんか、こう、きらきらと降ってきて、下からもずんずんわいてきて、部屋が音でわあっとふくらむんだ。そりゃあ、いいんだ!」

広一くんは、また鍵盤《けんばん》をたたきだした。ぼくはしだいにそのメロディーを覚えていった。胸にしみる感じがした。悲しいメロディーだ。楽しくて楽しくて、あんまり楽しさが満ちあふれてしまった時、ふいにわけもなく悲しくなる。そんな胸のきしみに似ていると思う。

(中略)

「うまいね」

ぼくは心からそう言った。彼《かれ》は単純にメロディーをなぞるだけではなく、和音にしたり、トリルをいれたり、右手一本で、ずいぶん華《はな》やかな演奏をしていたのだ。ぼくの耳にはそれがひどくきれいに響《ひび》く。少なくとも*佳奈《かな》の雨だれピアノよりは、聞いていてずっと気持ちが良かった。

「三歳《さんさい》の時から、クラシック・ピアノをやってたんだ。嫌《きら》いじゃなかった」

広一くんは、ふっと言葉をきった。ぼくは思わず、彼の左側のぴくりとも動かない義手に目がいってしまった。彼はぼくの視線を感じたかのように言った。

「これね、事故。自動車事故。左腕《ひだりうで》がめちゃくちゃになっちゃった。でも、ぼくはこれでも運がいい方。運転していた父さん、体中めちゃくちゃで、死んじまったからね。四年前だよ」

ぼくが、ああ、とも、うう、とも言えないうちに、広一くんはふりむいてにやっとした。

「好きな曲をぼくが右手のパートだけ弾くと母さんが伴奏《ばんそう》つけてくれる。知らない曲でもぼくの勝手な思いつきの節でも、ぜんぜん平気。最高、気分いいんだ。キセキみたい」

そうして立ったまま、片手でまたピアノを弾き出した広一くんのノッポの後ろ姿は、冷たい霧《きり》にしんと包まれているように、底知れず静かだった。ぼくは、役に立たない、自分の左手を握《にぎ》りしめた。ピアノなんて、さわったこともないけれど、せめて佳奈ほどでも弾けたらなあ、とつくづく思った。

(佐藤多佳子《さとうたかこ》『サマータイム——四季のピアニストたち 上』より)

*佳奈 「ぼく」の姉。

問 ——線部「ぼくは、役に立たない、自分の左手を握りしめた」とあるが、このときの「ぼく」の心情を五十字以内で説明しなさい。

らくらくマルつけ

Ja-23

OUTPUT! 24 人物の心情②

1 次の文章を読んで、あとの問いに答えなさい。

案の定、その電車は、駅の混雑ぶりからすれば不自然なほど、乗客がすくなかった。よ志《し》は、容易に窓ぎわの席を取ることができた。やがて、向かいの座席に、まだ幼い子供を二人連れた小肥《こぶと》りの若い母親がきた。膨《ふく》らんだ布製のバッグを手に提《さ》げて、角張った紙袋《かみぶくろ》を小脇《こわき》に抱《かか》えていた。よ志は、窓の上の網棚《あみだな》に横たえて置いた水仙《すいせん》と帯締《おびじ》めの包みが、重そうな布製のバッグに押《お》し潰《つぶ》されそうで、頭上からすこし遠ざけたが、それは取り越《こ》し苦労であった。母親は、バッグを網棚に押し上げるにはいささか背が低すぎたのである。彼女《かのじょ》は、窓ぎわに子供たちを坐《すわ》らせ、自分は通路側の座席のはずれにバッグを置いて、それにもたれた。紙袋は、無言で会釈《えしゃく》をして、よ志の隣《となり》の席に置いた。

(中略)

子供は、四つぐらいと二つぐらいで、どちらも女の子であった。電車に乗り馴《な》れていないとみえて、動き出すと、驚《おどろ》いたように歓声《かんせい》を上げ、しばらくは窓ぎわを争うようにしながら走り去る風景に見入っていた。よ志は、どちちかが座席から転げ落ちそうな気がして、はらはらしながら両手を出した。

「一人、こっちへいらっしゃい。おばちゃんが抱《だ》っこしてあげる。」

「いいんですよ。」

と母親が、薄《うす》く笑いながら気怠《けだる》そうにいった。子供たちは、きょとんと、よ志の顔を見詰《みつ》めていたが、やがて姉の方が母親を仰《あお》いで、

「おばちゃんだって。お婆《ばあ》ちゃんなのに。」

といって笑った。

母親は、微笑《びしょう》したまま、これ、といったきりだった。よ志は、憮然《ぶぜん》として手を引っ込《こ》めた。実際、よ志の頭にはちかごろ白髪《しらが》が増えている。夫に死なれてから、染める習慣を捨てたのである。よ志は、まだ還暦《かんれき》の一歩手前で、孫もいないが、よその子に婆さんだと思われても仕方がなかった。

(三浦哲郎《みうらてつお》「やぶいり」より)

問 ——線部「よ志は、憮然として手を引っ込めた」とあるが、このときの「よ志」の心情の説明として適切なものを、次の中から一つ選び、記号で答えなさい。

ア 自分が老人であることに気付かされて落胆《らくたん》している。
イ 失礼な子供を叱《しか》らない母親に怒《いか》りを感じている。
ウ 幼い子供に抱くのを拒《こば》まれたことを悲しんでいる。
エ 二人の子供に恵《めぐ》まれた若い母親のことを羨《うらや》んでいる。

[　　　]

ヒント 「よ志」が「憮然と」した原因を、できごとなどから考えてみよう。

ちょこっとインプット Ji-24

答えと解き方⬇別冊10ページ

❷ 次の文章を読んで、あとの問いに答えなさい。

大森貞一郎《おおもりていいちろう》とはいったいどんな人だろう？

まずなんとあいさつして話を切り出したらいいだろう？

六助《ろくすけ》は考えていた。

大学を出て百合書房《ゆりしょぼう》に勤めるようになってから、まだ二年足らずの桜田《さくらだ》六助には、この仕事が、自分の全責任でやらされるほとんど最初の大きな仕事であったから、緊張《きんちょう》した気持ちでいたのだ。（中略）

さがしあてた大森貞一郎氏の家は、手入れのあまり行き届いていない生垣《いけがき》にかこまれた、古くさい小さな平屋で、いかにも落葉のにおいのふさわしいような家であった。

「ごめんください」

声をかけても、家の中は森閑《しんかん》として、返事がない。

「ごめんください」

「ごめんください」

三、四回呼ぶと、

「なんだ」

とつぶやく声がして、やっと玄関脇《げんかんわき》のふすまががらりと開き、洗いざらしのような木綿《もめん》の着物に帯をきつく結んだ眉《まゆ》の濃《こ》い、五十年配の男が、老眼鏡をはずしながら、手にペンを持ったまま、ぬっとあらわれた。

「大森先生ですか？　百合書房の編集部の桜田という者ですが……」

「ああ。ご用聞きかと思った。失敬。上がりたまえ」

大森先生は無造作に言った。

察するに、あまりたずねてくる編集者もいないらしい。

言われるまま、靴《くつ》をぬいで書斎《しょさい》にはいったが、大森先生はけやきの一枚板の書きもの机に背を向けてすわり、それきり六助の顔を見ているだけで何も言わない。六助の方ではあいさつに困ってしまった。

（中略）

それで六助は、もう一度お辞儀《じぎ》をして、

「百合書房の編集部の桜田という者です」

と、くりかえした。

「それはもう聞いたよ」

大森氏はにこりともせずに言った。

六助はすっかりドギマギしてしまい、

「アッハハハ、先生はせっかちですね」

と、へんなことを言って急に大声で笑い出した。そして、すぐ自分で気がついて一層ドギマギした。

（阿川弘之《あがわひろゆき》『カレーライスの唄《うた》』より）

問　――線部「一層ドギマギした」とあるが、なぜか。その理由を、文中のことばを用いて六十字以内で説明しなさい。

らくらくマルつけ

Ja-24

OUTPUT! 25 裏腹な心情

答えと解き方⬇別冊10ページ

ちょこっとインプット Ji-25

❶ 次の文章を読んで、あとの問いに答えなさい。

「(中略) 突然《とつぜん》やけど、十和田《とわだ》さんに、その、漫研《まんけん》に入ってもらわれへんやろか、思て……」

「まんけん?」(中略)

「漫研ってな、人数はまあまあおるんやけど、アニメおたくとか、コミケ向きにパロディ漫画描《か》いてる人とか、単に漫画読んで批評するだけの人とか、いろんなジャンルの人がいてはって、純粋《じゅんすい》にオリジナル漫画描いてる人って少ないんよ。一年じゃ私と弥生《やよい》の二人だけ、全学年でも五人くらいやねん」

麻衣《まい》の言葉を引き継《つ》いで、弥生が続けた。

「十和田さんが仲間に入ってくれたら、すっごく心強い思うねん。それに……十和田さんに頼《たの》んでもろたら、*岩本光《いわもとひかる》先生に作品読んでもらえるかもしれへんしぃ……」

弥生はそう言いながら、胸の前でもみしだいていた両手を、祈《いの》るように組み合わせた。

ああ、そういうことか、と風希子《ふきこ》は唇《くちびる》の片端《かたはし》を軽く噛《か》んだ。風希子が岩本光の弟子《でし》だと*太一《たいち》が言ったもんだから、もし入部すればプロの漫画家先生とのつながりが出来ると、この子たちはきっと思ったのだ。そもそも、風希子の作品を読んだこともないのに「入ってくれたら心強い」だなんて純粋にそんなこと思うわけがない。

太一やその友達とばかりしゃべっていて、クラスの女子とあまり交流のない風希子だったが、声を掛《か》けられて内心少し嬉《うれ》しかった。だがそれが、自分の背後にあるものを期待してのことだと知った落胆《らくたん》は大きかった。

(風野潮《かぜのうしお》『明日は晴レカナ曇《くも》リカナ』より)

＊岩本光　クラスで人気のある漫画家。

＊太一　風希子のクラスメート。岩本光の息子《むすこ》で、風希子とは幼いころから交流がある。

問 ——線部「ああ、そういうことか、と風希子は唇の片端を軽く噛んだ」とあるが、このときの「風希子」の心情を説明した次の文の ① ～ ③ に入ることばを文中から抜《ぬ》き出しなさい。ただし、①は十字以内、②は十五字以内、③は三字以内で抜き出すこと。

> 漫研に誘《さそ》われたことが ① 反面、それが ② をつくるためであったとわかり、大きく ③ した。

①

②

③

ヒント　「風希子」の心情がくわしく説明されている部分を探そう。

2 次の文章を読んで、あとの問いに答えなさい。

〔「僕《ぼく》」の父が経営する問屋の店員であるふくちゃんは、農場を経営するためブラジルに渡《わた》りたいという願いを皆《みな》に伝えた。〕

父と祖父と、お店の古い番頭さんが二人、ふくちゃんを囲んで夜遅《おそ》くまで話し合っていた。酒は飲んでいたが、誰《だれ》も酔《よ》っている様子はなく、ことにふくちゃんはずっと正座をしていた。

兄と二人で、奥座敷《おくざしき》の襖《ふすま》のすきまに顔を並べて様子を窺《うかが》った。

ふくちゃんは人々のかわるがわるの説得を、抗《あらが》わずに聞いていた。「はい、わかってます」「おっしゃる通りです」と答えていたが、それは説得されているというふうではなく、揺《ゆ》るがぬ決心を表明しているように、僕には聞こえた。

祖父は、「生《うま》れ育った国を捨て、親兄弟を捨てる薄情者《はくじょうもの》」というような一貫《いっかん》した論理で責め続けていたと思う。

父は、「これからの日本は急速に復興して豊かになる。おまえの選《せん》択《たく》はまちがっている」というようなことを言っていた。

番頭さんのひとりは、さんざ恩義を蒙《こうむ》った家に何の相談もなく、いきなり間際《まぎわ》になって告白をしたふくちゃんの身勝手さをなじっていた。そんな心がけではブラジルに移民などしてもうまくいくはずはない、というわけだ。（中略）

話し合いは夜更《よふ》けまで続いた。何度も子供部屋に戻《もど》って、また偵察《ていさつ》に出てきても、話は終わってはいなかった。

そのうち話し合いは、なごやかな酒宴《しゅえん》になった。急にみんなが笑い出したので、いったいどうなったのだろうと気を揉《も》んだ。

「日本男児の誇《ほこ》りを忘れるなよ」と祖父が言い、「だめだと思ったら意地を張らずに、いつでも戻ってこい。帰りの船賃ぐらいは送ってやる」と、父が大笑した。

それで、僕にも結論がわかった。ホッとしたと同時に、とても悲しい気持ちになった。

大好きなふくちゃんが遠いところに行ってしまう。そして——＊すみ子は捨てられてしまう。

（浅田次郎《あさだじろう》「ふくちゃんのジャック・ナイフ」より）

＊すみ子　ふくちゃんと交際している女性。ふくちゃんは彼女《かのじょ》をブラジルに連れて行かず、別れるつもりでいる。

問　——線部「とても悲しい気持ちになった」とあるが、その理由を、文中のことばを用いて五十字以内で説明しなさい。

らくらくマルつけ
Ja-25

複雑な心情

答えと解き方⬇別冊11ページ

① 次の文章を読んで、あとの問いに答えなさい。

〔「オレ」は同級生の和美《かずみ》とともに高校の授業をずる休みした。家を出た父親を恨《うら》んでいるという和美に、「オレ」は父親に会いに行くことをすすめた。〕

「あたしさあ、意外とパパ、幸せなんじゃないかと思って。もし会いに行って、パパが幸せそうな顔してたら悔《くや》しいじゃん」

「幸せなわけ、ねーだろ」

「わかんないよお」

「わかるって、そんなの、どー考えたって不幸じゃんよ」

あきれて、半分逃《に》げるように笑うと、和美はにこりともせずにオレをまっすぐ見つめたままつづけた。（中略）

「パパはあたしやママといた頃《ころ》は、幸せじゃなかったの。ずーっと我《が》慢《まん》してたんだと思う。ママとかあたしとかが幸せだと感じてた生活が、パパにとっては不幸だったから、幸せになるために家を出ていっちゃったの。ってことは、いま幸せになってるのよ。幸せじゃないとアタマに来る。ビンボーしようがコドクだろうが、ぜったいに昔よりいまのほうが幸せだって言ってくれないと、ママとあたしがバカみたいじゃん」

言葉の途中《とちゅう》で腰《こし》を浮かせた。オレもあわてて席を立とうとしたら、「ポテト、まだ残ってるよ」と言われた。声は軽かったし顔も笑っていたけど、文句や反論を許さないような迫力《はくりょく》があった。しかたなく椅《い》子《す》に座《すわ》り直すと、和美はなにかを宣言する口調で言った。

「いま、ママとあたしはパパがいないからちょっと不幸で、パパは、どこかで、一人で、幸せなの。悔しいけど、それでいいの」

オレにはよくわからない。ただ、もう反論する気はなかった。

（重松清《しげまつきよし》「かたつむり疾走《しっそう》」より）

問 ——線部「悔しいけど、それでいいの」とあるが、このときの「和美」の心情を説明した次の文の□に入ることばを二十字以内で答えなさい。

> 父が家を出ていき、残された自分と母が不幸になっていることを不満に思う一方で、□気持ちも抱《いだ》いている。

ヒント 「それでいい」が何を指しているのか考えてみよう。

2 次の文章を読んで、あとの問いに答えなさい。

私は、子守歌の似合う年齢《ねんれい》までは、母の歌声を聞いていた。ある時は彼女《かのじょ》の膝《ひざ》の上で。ある時は、布団《ふとん》の中で。そして、妹たちが生まれた後は、彼女たちのための母の歌声を隣室《りんしつ》で聞いたりしていた。そして、それを聞くたびに、叫《さけ》び出したい発作《ほっさ》と、それをこらえるために瞳《ひとみ》に滲《にじ》んで来てしまう涙《なみだ》をどうすることも出来なかった。（中略）

本当の恐怖《きょうふ》と本当の孤独《こどく》。私の内で、この二つは切り離《はな》せないものだ。私は多分、あの少女の頃、幸福過ぎたのだ。私はいつだって不安だった。父を見て、母を見て、そして、二人が愛し合う姿を見て来た。二人は若くて、決して、お金持ではなかったけれども、幸福だった。そして、彼《かれ》らのその幸福には、しばらくの間唯一《ゆいいつ》の子供だった私も含《ふく》まれているのだった。

私は小さな頃から、孤独というものを知っていた。それを孤独と呼ぶことは知らなかったけれども、所詮《しょせん》、人間はひとりなのだということを知っていた。それ自体、私には少しも嫌《いや》なことではなかった。人間社会の法則のようなものとして、静かに受け止められる程に冷静な子供だった。

ところが、その孤独を愛情の中から見つけ出してしまうと、私は気が狂《くる》いそうになってしまうのだ。暖かさに包まれると、冷静なものである筈《はず》の孤独が急に熱を持ち、私の心を痛ませるのだ。

母の子守歌や、呑気《のんき》な父と母の会話を全身に浴びながら、もし、私を取り巻くこれらの物が突然《とつぜん》失《な》くなってしまったら、どうしたら良いのだろうと私は途方《とほう》に暮れていたのだ。そして、もしも、私自身が、その中から突然いなくなってしまったら、ひとつの形を持つ幸福がいったいどんなふうに存続して行くのだろうと思うと、いてもたってもいられなかった。重要な要素を欠いた幸福は、ただの不幸よりも、もっとはるかに不幸なのだと子供心に察知していたのだと思う。

（中略）

あの頃、幸福は、いつも私の孤独を刺激《しげき》した。本当の孤独は、暖かいものにくるまれると、いつも私の心を疼《うず》かせるのだ。その暖かいものが取り払《はら》われた後の孤独は、もうどうにもならないであろうと予感していたのだ。

（山田詠美《やまだえいみ》「こぎつねこん」より）

問 ――線部「叫び出したい発作と、それをこらえるために瞳に滲んで来てしまう涙をどうすることも出来なかった」とあるが、その理由の説明として適切なものを、次の中から一つ選び、記号で答えなさい。

ア 母の子守歌から感じられる妹たちへの愛情が、両親からないがしろにされている「私」の孤独感を増幅《ぞうふく》させたから。

イ 母の子守歌から感じられる妹たちへの愛情が、母の愛情を独《どく》占《せん》したいという欲求と妹たちへの嫉妬心《しっとしん》を喚起《かんき》したから。

ウ 母の愛情のこもった子守歌から感じる幸福が、かえってそれが失われたときの孤独や不幸の大きさを想像させたから。

エ 母の愛情のこもった子守歌から感じる幸福が、かえってその幸福が次第《しだい》に失われていく未来を予感させたから。

［　　］

らくらく
マルつけ
Ja-26

心情の変化

ちょこっと インプット
Ji-27
答えと解き方⬇別冊11ページ

❶ 次の文章を読んで、あとの問いに答えなさい。

桜の咲《さ》いた日、リンが死んだ。

首輪も餌鉢《えさばち》も遊び道具もみな棺桶《かんおけ》に入れて焼いてしまったのは、かたみの品を手元に残すのが辛《つら》かったからなのだが、供養《くよう》をおえて寺を出たとたん鈴子《すずこ》はそのことを悔《く》いた。郊外《こうがい》の桜並木は夕空を被《おお》って、まっすぐに駅まで続いていた。

たったひとりの家族を喪《うしな》ってしまった。この悲しみを誰《だれ》にうちあけても、同情はされまい。きっと人は、たかが猫《ねこ》だと笑うだろう。二人きりで過ごした九年間の暮らしを、つぶさに見ていた人は誰もいないのだから仕方ないが。（中略）

獣医《じゅうい》が言うには、鈴子が与《あた》えていたドライフードに含《ふく》まれているマグネシウムが小さな体の中に蓄積《ちくせき》して、腎臓《じんぞう》を壊《こわ》してしまったのだそうだ。（中略）

ドライフードを与え続けたのは、リンの好物だったからだ。他の餌にはあまり興味を示さず、ドライフードと水さえあればリンはいつもご機嫌《きげん》だった。

煙草《たばこ》のパッケージにだって「あなたの健康を損《そこ》なうおそれがありますので吸いすぎに注意しましょう」と書いてあるのに、ドライフードの袋《ふくろ》にはどうして何の説明もなかったのだろう。

桜並木を歩きながら涙《なみだ》が涸《か》れてしまうと、怒《いか》りが滾《たぎ》ってきた。自分はそうとは知らず、リンに毒を与え続けていたのだと思った。リンを殺してしまった。

（浅田次郎《あさだじろう》「獬《シエ》（xiè）」より）

問 ――線部「怒りが滾ってきた」とあるが、その「怒り」の内容について説明した次の文の［①］・［②］に入ることばを、文中のことばを用いてそれぞれ三十字以内で答えなさい。

鈴子は、［①］ことに不満を抱《いだ》き、［②］に対して怒りを感じている。

①

②

ヒント ――線部の前後から、鈴子が何に対して「怒り」を感じているのか読み取ろう。

❷ 次の文章を読んで、あとの問いに答えなさい。

〔昨日の夜、「わたし」は、クラスメートの苺《いちご》が神社の杉《すぎ》の木に何かを打ちつけている様子を目撃《もくげき》した。〕

ゆうべの苺の姿が頭に浮《う》かんだ。

夜に神社に来るわけをゆうべのうちに調べ、そして見つけていた。

――丑《うし》の刻参り……丑の刻といわれる午前二時ごろ、呪《のろ》いたい相手に見立てた藁人形《わらにんぎょう》を神社の御神木《ごしんぼく》にくぎで打ちつける儀式《ぎしき》。痛めたい相手の身体の箇所《かしょ》にくぎを打つ。日本古代から伝わる呪術《じゅじゅつ》。民間信仰《みんかんしんこう》の呪いの方法。

呪い。

それを読んだ時、まさか、と思った。そんなおそろしいことがあの苺にできるはずはない。砂糖がけの苺のように甘《あま》ったるく子どもっぽいあの子に。

いや子どもっぽいからこそ呪いなんてものを信じたのかもしれない、そう疑う気持ちもおさえこんだ。（中略）

夕方、スマホに知らせが入った。

苺からだった。

*リョウがオーディションに合格したという知らせだった。たったひとりの難関をみごとにくぐり抜《ぬ》けたという。苺は待っていられなくなって、会場にかけつけたらしい。

画面を見たとたん、わたしは「やったー」と片手をつきあげ、すぐにお祝いスタンプを大量に送りつけた。

でも、次に返ってきた言葉を読んで、冷たい水をかけられた気になった。

――ライバルの子が欠場！　ラッキー！

ネコがクラッカーを鳴らしているスタンプ。

しばらく、じっと画面をながめていた。するとまた苺からの報告が来た。今度はもっと詳《くわ》しく書いてある。

――ライバルの子、おなかがいたくなったとか。リョウにおそれをなして、てきぜんとうぼう？

わたしは、りょうかいとだけ打ち、イスにどさりとすわりこんだ。

（安東《あんどう》みきえ「鬼ケ守神社」より）

*リョウ　「わたし」のクラスメートで親友。ミュージカルの舞台《ぶたい》に立つことを夢見ており、苺は彼女《かのじょ》を熱心に応援《おうえん》している。

問　――線部「冷たい水をかけられた気になった」とあるが、その理由を、文中のことばを用いて六十字以内で説明しなさい。

らくらく
マルつけ
Ja-27

OUTPUT!

28 まとめのテスト④

／100点

答えと解き方⬇別冊12ページ

❶ 次の文章を読んで、あとの問いに答えなさい。 〔100点〕

〔「僕《ぼく》」の所属するオーケストラ部は、新入部員を集めるために、学校の正門前で野外コンサートをしている。〕

帰宅する生徒達の波がピークに達するころ、松代先輩《まつしろせんぱい》のタクトが振《ふ》り下ろされ、正門前にオーケストラの音色が響《ひび》き渡《わた》った。（中略）

予想以上の大盛況《だいせいきょう》に高揚《こうよう》していくオケ全体の雰囲気《ふんいき》とは逆に、僕個人的な演奏クオリティとしては最悪の状態にあった。

絆創膏《ばんそうこう》を貼《は》ってはいるが、左手の甲《こう》の、ちょうど指の付け根あたりを横一直線に擦《す》り剝《む》いた傷がじわじわと痛む。いや、痛みだけなら我《が》慢《まん》するのだが、絆創膏のガーゼ面と擦り剝けた皮膚《ひふ》がひっついて固まり引き攣《つ》れているせいで、指が思うように動かないのだ。

バイオリンを習い始めてから約十年、小さなコンクールでは入賞経験もある。中等部入学当初から、高等部の先輩を差し置いて、ずっとファーストバイオリンを弾《ひ》き続けてきた。

なのに！ 新入部員勧誘《かんゆう》の大事なコンサートなのに、①こんなぶざまな演奏しかできないなんて！

歯を食いしばりながら、最後の曲『ファランドール』の速いテンポに必死でついていく。

チラッと見えた*廉太郎《れんたろう》の顔が、なんだか心配そうに見えて、眉間《みけん》に寄せたシワが深くなる。

たぶん、廉太郎にはわかるのだろう。怪我《けが》のせいで上手《うま》く指が動かないことも、上手くいかないことに焦《あせ》って、技術面だけでなく曲に込《こ》めなきゃいけない心まで失っていく、僕の弱さも。

こんなとき、「なんでそんなじっと見てんねん！」「はよ、帰ってまえ」「お前なんかに心配されたないわ！」等々、逆ギレ同然の気持ちしか湧《わ》いてこない自分の心の弱さに、また腹が立つ。

②思わず泣きそうになってしまったそのとき、人垣《ひとがき》の前列がいっそうざわついてきているのに気づいた。

じっと曲を聴《き》いている人垣の前で、誰《だれ》か一人だけ異質な動きをしている。

前列の奴《やつ》らが半円形に後ずさって距離《きょり》を取っている、その真ん中で、*葵《あおい》が踊《おど》っていた。『ファランドール』の後半、フルートのメロディーとタンバリンのリズムに乗って、軽やかなステップを踏《ふ》んでいるのだ。

ときどき、芝生《しばふ》の上で垂直に飛び上がったりもして、そのたびに観《み》ている生徒達の間から歓声《かんせい》があがっている。よくわからないけど、三回転ぐらいしてるんじゃないだろうか。

いつの間にか、目の前にある楽譜《がくふ》や、痛んでいた手の怪我から注意がそれていく。意識の中にあるのは、自分の奏《かな》でている音とぴったり調和している、葵の踊りだけになっていた。

自分でも知らないうちに、僕は、飛び跳《は》ねる葵を支える音になりたいと思いながら、バイオリンを弾いていた。すると、譜面づらだけを追っていたときよりも、音に力がこもってくるような気がした。

芝生を囲む人垣の向こうに、何千人もの観客が見えてくる。それは、ちっぽけな部活のコンサートなんかじゃなくて、何か大きなイベントで、僕の音に合わせて葵が踊っているという妄想《もうそう》だった。

今まで、コンクールでもコンサートでも、誰かに自分を見られている、自分の音を聴かれていると思うだけでプレッシャーを感じ、思いどおりに弾けなくなることが多かったけれど。

今の僕には、自分の奏でる音楽と葵の演技に大勢の人達が熱狂《ねっきょう》している――そんな妄想も、逆に音に勢いをつけてくれる要因になっていた。

いつの間にか僕は、手の甲の痛みも指の引き攣れも忘れて、③久しぶりにバイオリンを弾くことを「楽しい」と感じながら、音を奏で続けていたのだった。

（風野《かぜの》潮《うしお》『レントゲン』より）

＊廉太郎　「僕」の兄。
＊葵　「僕」のクラスメートで、フィギュアスケートの選手。

問1 ――線部①「こんなぶざまな演奏しかできないなんて!」とあるが、このときの「僕」の心情を、文中のことばを用いて四十字以内で説明しなさい。（30点）

問2 ――線部②「思わず泣きそうになってしまった」とあるが、その理由を、文中のことばを用いて六十字以内で説明しなさい。（35点）

問3 ――線部③「久しぶりにバイオリンを弾くことを『楽しい』と感じながら、音を奏で続けていた」とあるが、「僕」が「楽しい」と感じた理由を、文中のことばを用いて六十字以内で説明しなさい。（35点）

らくらく
マルつけ
Ja-28

ちょこっとインプット
Ji-29

答えと解き方⬇別冊12ページ

1 次の文章を読んで、あとの問いに答えなさい。

「ねえ、波橋《なみはし》くん、ケガしたの？」

星菜《ほしな》は一番廊下《ろうか》側の前から四番目にある自分の机にカバンを置いて、斜《なな》め前の小春《こはる》に声をかけた。彼女《かのじょ》が、声をひそめて答える。

「なんかねー、他校の男子たちとケンカしたんだって。波橋くんとか井川《いかわ》くんって、身体デカイわりにやさしい性格って思ってたけど、やっぱ怖《こわ》いね。あんま近づきすぎないほうがいいかも」

井川くんは、別にケンカするタイプじゃないよ、きっと。そう言いたかったけれど、*昇《のぼる》が気になっていることは、まだ小春には話していない。だから、星菜は黙《だま》ってふたりの様子を見ていた。

「おい、*大介《だいすけ》、いるか」

廊下からひびいてくるのは下山《しもやま》先生の声だ。日頃《ひごろ》、よく始業時刻直前に出勤して生徒たちにからかわれている先生が、まだベルが鳴る十分前なのに、後ろのドアから入ってきた。

「どうした？　ケガしたって聞いたから」

「いやぁ、そんなたいしたことないっス。ご心配いただいちゃってぇ～」

大介がおどけて答える。（中略）

「察しはつくよ。男ばっかの荒《あら》くれもんの多いあの学校だろ。もう相手にするんじゃねーぞ」

「それは……約束できないっス」

「なんでだ！」

「ナメられるからです。オレが、っていうよりも、この学校が」

「いいんだよ、ナメさせとけ」

「先生はわかってない。そうするとやつら、他の生徒たちにも絡《から》んでくるんスよ。カツアゲとか」

語気が荒くなってきた大介の横で、昇までうんうんとうなずいている。教室内は冷房《れいぼう》がきいているのに、下山先生のひたいに汗《あせ》がぽつぽつと浮《う》かんできた。

（吉野万理子《よしのまりこ》「運命の白い糸」より）

＊昇　井川の下の名前。
＊大介　波橋の下の名前。

問 この文章を二つの場面に分けるとき、二つ目の始まりの五字を抜《ぬ》き出しなさい。

ヒント 新たに登場する人物に注目しよう。

❷ 次の文章を読んで、あとの問いに答えなさい。

〔小学四年生の耀《あきら》は、母がお産で里帰りしている間、父の実家に預けられることになった。〕

[1] 足りないものは後で送るから、と父に言われ、耀は終業式の翌々日、パジャマと絵の道具を詰《つ》めたリュックを背負い、午後一時二十一分発の「のぞみ」で京都に向かった。ホームで父と別れ、初めて一人で乗る列車だった。禁煙車輌《きんえんしゃりょう》のほぼ真中《まんなか》の窓際の座席に坐《すわ》ると、隣《となり》は父より若いサラリーマン風の男で、ノート型パソコンを開き、液晶《えきしょう》の画面に向《む》かって小声で一言二言、何か言っていた。

[2] 富士山は見えず、いつの間にか耀はうとうとまどろみはじめた。夢の中に、祖母の家の庭があった。そこには、今は涸《か》れてしまったという小さなせせらぎが流れており、水を求めてか、繊《ほそ》い影《かげ》をその上に投げかけながら、漆黒《しっこく》の翅《はね》の蜻蛉《とんぼ》が数羽、群れ飛んでいた。

[3] あれは、死んだひとのたましいだから、決して捕《とら》えたり傷つけたりしてはならないよ、と声がした。祖母の声のようでもあり、そうではないようでもあった。

[4] 「次は名古屋、名古屋です」

[5] 車内のアナウンスの声に目が覚めた。目が覚めて、隣の座席を見た耀は驚《おどろ》いた。知らぬ間にそこには金髪《きんぱつ》の幼女が眠《ねむ》っていた。月のように白い顔に唇《くちびる》は薄紅色《うすべにいろ》で、わずかに真珠《しんじゅ》のような歯がのぞいている。仏蘭西《ふらんす》人形そのままの長い巻き毛が、ほっそりとした首にまとわり揺《ゆ》れていた。こんなに真近《まぢか》で西洋人の女の子を見たのは初めてのことだ。耀は座席から立ち上がって、車内を見回した。そのあたりに、彼女の家族らしき者の姿は見られなかった。

[6] どこから来たんだろう、この子。

[7] 耀は少しばかり胸がドキドキした。喉《のど》が乾《かわ》き、彼《かれ》は窓枠《まどわく》に立てかけておいたペットボトルの水を三口ほど飲んだ。そのとき、隣から小さな白い手が伸《の》びてきて、ボトルを奪《うば》い去った。あっ、と思う間もなく、眠っていたはずの女の子が、碧《あお》い大きな目で真直《まっす》ぐに耀を見つめながら、それを飲みはじめた。度肝《どぎも》を抜《ぬ》かれたような彼の顔を、女の子はにこりともせず見据《みす》えている。ほんの一、二分の出来事だった。彼女は何も言わずボトルを彼の手に返し、立ち去っていった。

（浅山泰美《あさやまひろみ》「精霊蜻蛉《しょうらいとんぼ》」より）

問 この文章を三つの場面に分けるとき、三つ目の始まりとなる段落の番号を、算用数字で答えなさい。

［　　］

らくらく
マルつけ
Ja-29

OUTPUT! 30

回想シーン

ちょこっとインプット
Ji-30
答えと解き方⬇別冊12ページ

❶ 次の文章を読んで、あとの問いに答えなさい。

翌日の学校帰り、ゴンの餌《えさ》があるのかどうか心配になって、そっと門のあいだからのぞきこんだ。

生垣《いけがき》の中から、ゴンが小さくうなった。

鼻づらには白髪《しらが》がまじり、歯もすきまがあいて、すっかりしょぼくれた年寄り犬だ。

生垣のすきまから庭をながめて、ゴンのボウルにたっぷりの水と餌の残りが入っているのを見て安心した。

その時、庭のすみに花が咲《さ》いているのに気がついた。こんなところに、花のあるのがおどろきだった。

「スノードロップ」と、思わず声が出た。

その花の名前がスノードロップと教えてくれたのは、ここのおばあさんだった。ドロップというアメのような名前がおもしろくて、すぐにおぼえた。

まわりに咲く植物がほとんどない、こんな季節でなければ目につかないほどの小さな花だ。

もう雑草がのび放題になり、今はそれも枯《か》れて荒《あ》れ地のように見える場所も、おばあさんがいたころは花壇《かだん》のあるきれいな庭だった。

花壇から花を切って「ママにあげてね」と手渡《てわた》されたこともあった。

いつもピンクのイチゴ柄《がら》のウエストバッグを身につけていて、そこからとりだした小さなハサミで切ってくれるのだ。

そのバッグからはアメも出てきたし、絆創膏《ばんそうこう》も出てきた。絆創膏を、なぜか痛くもない場所に貼《は》ってもらったこともおぼえている。

花壇のそばには甘《あま》いカキやビワも植わっていて、手のとどく低い枝にできた実は、とらずに待ってくれた。とらせてもらった大きいカキは宝石みたいにぴかぴかで、惜《お》しくてなかなか食べられなかった。

ぼんやりとおばあさんとのことを思い出していたら、ゴンが生垣のあいだから、またうーとうなった。

（安東《あんどう》みきえ「スノードロップ」より）

問 主人公がおばあさんのことを思い出している場面の最初と最後の五字を文中からそれぞれ抜《ぬ》き出しなさい。

□□□□□ ～ □□□□□

ヒント
「思い浮《う》かんだ」「思い出した」などのことばに注意しよう。

❷ 次の文章を読んで、あとの問いに答えなさい。

それでいつだって、あとになって後悔《こうかい》する。一番見なきゃいけないことから目をそむけて、きかなければいけないことばに耳をふさいで、大切なものを置き去りにして、①弱さを盾《たて》にして自分を守ったのだといいわけをする。いいわけをしながら、あたしのなかのもうひとりのあたしが、それでよかったのかと喉元《のどもと》に刃《やいば》をつきつける。

——音羽《とわ》ちゃん。

依里子《よりこ》ちゃんの悲しそうな声が、いまも耳にのこっている。

②依里子ちゃんとは、保育園のころから仲がよかった。おっとりとした性格で、給食を食べるのも、お昼寝《ひるね》のお支度《したく》も、帰りの用意も、みんなよりワンテンポ遅《おそ》いけど、いつもにこにこしていて、優《やさ》しい女の子だった。保育園で飼っていたチャボが死んじゃったとき、あたしはかわいそうというより、気持ちが悪くてそばに近づけなかったけど、依里子ちゃんは先生が「もうさよならはおわりにしようね」っていうまで、死んだチャボをなでながら、泣いていた。園庭の隅《すみ》に作ったお墓にも、依里子ちゃんは、毎日欠かさずタンポポやヒメジョオンやシロツメクサを持っていった。

小学校も依里子ちゃんとは同じクラスだった。あたしたちはふたりとも学校のあと学童クラブにいっていたし、四六時中一緒《いっしょ》にいた。なのに、三年生のとき、清美《きよみ》ちゃんが転校してきてから変わってしまった。（中略）

あたしは依里子ちゃんとあそばなくなって、口もきかなくなった。依里子ちゃんと一緒にいると、清美ちゃんはすごく機嫌《きげん》が悪くなるからだ。依里子ちゃんのことがきらいになったわけじゃない。でも、清美ちゃんの機嫌をそこねたくなかったから、あたしは依里子ちゃんをさけるようになった。学童クラブにいくときも、あたしは依里子ちゃんを待たず、ひとりでいくようになった。「音羽ちゃん、待って」と背中からきこえても、きこえないふりをした。

あの、雨の日も……。

小さくかぶりをふる。

（いとうみく『トリガー』より）

問1 ——線部①「弱さを盾にして自分を守ったのだといいわけをする」とあるが、「あたし」が依里子ちゃんとあそばなくなった「いいわけ」を、「から。」につながる形で、文中から十八字で抜き出しなさい。

から。

問2 ——線部②「依里子ちゃんとは、保育園のころから仲がよかった」とあるが、「保育園のころ」のことが書いてある部分の終わりの五字を文中から抜《ぬ》き出しなさい。

らくらくマルつけ
Ja-30

OUTPUT! 31 人物像をつかむ①

① 次の文章を読んで、あとの問いに答えなさい。

上条《かみじょう》は、茶の間に坐《すわ》っていた。

貫太郎《かんたろう》は、ブスッとして、腕《うで》を組んだまま、一言もしゃべらず、静《しず》江《え》も、一点を見つめて何も言わない。里子《さとこ》だけが、張りつめた空気をほぐそうと、茶をすすめる。

「夜に入って一段と蒸《む》しますわねえ」

「余計なことは言わんでいい」

「お父さんときたら——時候の挨拶《あいさつ》ぐらいしたって——ねえ」

「お前は黙《だま》ってろ」

上条はいきなり切り出した。

「寺内《てらうち》さん、改めてお願いします。静江さんとの結婚《けっこん》を許して下さい」

貫太郎が何か言いかけたが、静江が、

「待って！」

鋭《するど》く叫《さけ》んで、先を言わせまいとする。

「お父さん、あたしに言わせて」

「娘《むすめ》の分際で、親を差し置いて何を言うか」

「だってお父さん」

「オレがいなきゃ、お前なんぞこの世に生《うま》れていないんだ。生意気いうな！」

「お父さん、なに言ってんですよ」

さすがの里子もあきれかえった。

「上条さん、お断《こと》わりします」

静江は、上条の目を正面から見据《みす》えて言った。

「上条さん、せっかくですけど、ご辞退します。わたし、自信がなくなったの。結婚しても、とてもやってゆけない。そう思ったの」

「今日はすまないことをした。謝《あやま》るよ」

上条は、静江に頭を下げ、貫太郎に向《むか》って両手をついた。

（向田邦子《むこうだくにこ》『寺内貫太郎一家』より）

問 上条・貫太郎・里子・静江の人物像を表すことばとして適切なものを、次の中からそれぞれ一つ選び、記号で答えなさい。

ア 温厚《おんこう》　イ 横柄《おうへい》　ウ 誠実　エ 率直《そっちょく》

上条［　　］　貫太郎［　　］

里子［　　］　静江［　　］

ヒント 登場人物の発言や行動に注目しよう。

答えと解き方➡別冊13ページ

ちょこっとインプット

Ji-31

❷ 次の文章を読んで、あとの問いに答えなさい。

「パパもどうかと思うわ。こんなものを曾根《そね》さんにもたせてよこすなんて……」

「専務は、これはたいへん大切なものだから、必ず奥《おく》さんかあなたに手渡《てわた》しするようにとおっしゃったんですが……、カビの生えたその靴《くつ》は、専務にとって、何か思い出のあるものなんでしょうか……」

そう尋《たず》ねる健助《けんすけ》の真面目くさった表情を見て、ふさ子はもう一度、声をあげて笑い出した。上体を少しのけぞらせ、白い歯並びをあからさまにみせて、まったくこだわりのない笑い方だった。

「そんなドタ靴、大切なものである筈《はず》がないじゃありませんか。靴でなくて何でもいいんです。大切なのは……その品物を、あなたが私に手渡してくださるということなんです……」

「はあ。それはどんな意味なのでしょうか……」

「つまり、あなたと私が、顔を合わせる機会をつくるということなんですわ」

「それでしたら、ボロ靴の包みを届けさせなくても……専務がここにぼくをよびさえすればいい筈です……」

「それでは不自然になると思ったんでしょう。……曾根さん、なんにも御存知《ごぞんじ》ないらしいのね？」

「はあ、何でしょうか？」

「ガッカリするわね。……私はここの家の一人娘で、去年ごろから、両親が、私のためにお婿《むこ》さんを探しはじめてるってこと、御存知ないんですか？」

「それはおめでとうございます」

と、健助はすなおにお祝いを述べた。

（もしかすると、このあいさつは的外れかナ）と思わないわけではなかったが、つい、そう口走ってしまったのである。

ふさ子は苦笑しながら、健助の顔を眺《なが》めて、

「おめでとうはまだ早いと思いますけど……。父はね、この男ならどうだ、という含《ふく》みで、あなたをここによこしたんですわ……」

「それは……どうも……」

健助は、細い鞭《むち》でピシリとたたかれたように、はじめてある感じをもった。

（石坂洋次郎《いしざかようじろう》『若い川の流れ』より）

問 ふさ子の人物像として適切なものを、次の中から一つ選び、記号で答えなさい。

ア 快活な人柄《ひとがら》で、健助に婿候補としての自覚がないことを愉快《ゆかい》に思っている。

イ 率直な人柄で、父親のおせっかいで無駄足《むだあし》をふまされた健助を気の毒に思っている。

ウ 皮肉な人柄で、父親のねらいも知らずにやってきた健助を小ばかにしている。

エ 謙虚《けんきょ》な人柄で、健助が父親から何も知らされていなかったことを申し訳なく思っている。

［　　］

らくらく
マルつけ
Ja-31

人物像をつかむ②

ちょこっとインプット
Ji-32
答えと解き方⬇別冊13ページ

❶ 次の文章を読んで、あとの問いに答えなさい。

沖縄で開催《かいさい》された闘牛《とうぎゅう》大会で、牛に車を傷つけられたと飼い主に怒《おこ》る外国人の男に対し、マンスフィールドさんが英語で仲裁《ちゅうさい》に入った。牛が入退場する付近の場所に車をとめた男にも非があると指摘《してき》している様子だった。

何か異様なものを少年は次第《しだい》に感じた。確かに、英語ではなしまくっているマンスフィールドさんは別人のようではある。それよりも何よりもマンスフィールドさんが怒っているのだ。マンスフィールドさんが怒っている。顔いっぱいに湯気のしずくのような汗《あせ》をにじませ、ぽたぽたたらしながら怒っている。これは少年が信じがたいことだった。

近隣《きんりん》村内の闘牛大会に常時、巨大《きょだい》な姿を見せ、闘牛開始前、終了《しゅうりょう》後、少年達を集め、頭上高くさし上げたり、肩車《かたぐるま》をしたり、腕《うで》にぶらさげたり、珍《めずら》しいおもちゃをくれたりする、あの時の赤ら顔のマンスフィールドさんとは違《ちが》う。顔に肉がのりすぎ、目が小さく、小さい口に白い歯をみせ、終始にこやかな、あの顔は今、微塵《みじん》もない。少年はあのマンスフィールドさんを懸命《けんめい》に想起した。闘牛場で、マンスフィールドさんはよく大きなポケットから、少年達が初めて見る芳《かんば》しいアメリカ菓子《がし》を出し、少年達にあたえたので、少年達はしょっちゅうマンスフィールドさんに群れた。そして、てれ笑いをしながらよくせびったものだ。マンスフィールドさんは顔おぼえがよく、少年達が一度、菓子をもらい、知らんふりをして三度手を出すと、オー、アンタ、ニカイネなどと言い、おおげさに顔をしかめ、太い人指し指で額を押《お》すのだ。それは妙《みょう》に愛嬌《あいきょう》のある、親しみやすい顔で、少年達は調子にのり、ますます、何度も手をさし出すのだった。やはり、別人のようだ。少年は思う。同一人物とはどうしても思えない。

（又吉栄喜《またよしえいき》「カーニバル闘牛大会」より）

問 ――線部「同一人物とはどうしても思えない」とあるが、なぜ少年はマンスフィールドさんに対してそう感じたのか。文中のことばを用いて五十字以内で説明しなさい。

ヒント 「マンスフィールドさん」の普段《ふだん》の人物像を読み取ろう。

❷ 次の文章を読んで、あとの問いに答えなさい。

〔鬱病《うつびょう》で休職中の「わたし」は那須《なす》の別荘《べっそう》で療養《りょうよう》している。〕

そのまま引き返して、わたしは別荘に逃《に》げ込《こ》んだ。それから一週間、わたしは一歩も外へ出ずに、家の中でうずくまっていた。うずくまっていたというのは比喩《ひゆ》ではない。わたしは昼間は黒い革《かわ》張りのソファーの上で、夕方から夜にかけては布団《ふとん》の上で、膝《ひざ》を抱《かか》えてじっとうずくまっていた。

よく鬱病《うつびょう》の人は自分を怠《なま》け者だと思っていると言われるが、それは半分当たっていて、半分外れている。たしかに鬱病患者はコアラやナマケモノのごとく、一日の大半を動かずに過ごす。しかしながら気持ちは休むことなく動き続けていて、怠けているどころか、神経の使い過ぎで疲労困憊《ひろうこんぱい》しているのである。

鬱病を患《わずら》ったことのない人に、この状態を説明するのは難しい。医学書の説明に拠《よ》れば、鬱病になると何事につけ悲観的になり、疲労感が強く、行動も遅《おそ》い。一つの物事にばかり執着《しゅうちゃく》し、視野が狭《せま》くなりがちで、普通であれば当然おかしいと思わなければならないことも、簡単に信じてしまう。強い劣等感《れっとうかん》を抱《いだ》き、自分の将来、能力、体力など、すべてに自信を持てなくなる。

朝、職場で同僚《どうりょう》と顔を合わせて、「やあ、おはよう」と挨拶《あいさつ》される。そこに深い意味などなく、ごく普通のやりとりである。相手もそのつもりなのだから、こちらも「おはよう」と応えて、自分の机に着けばいい。ところが鬱病になると、「おはよう」というただ一語の挨拶の中に、相手がわたしを嫌《きら》い、軽蔑《けいべつ》する気配を感じ取り、返事もできないほど怯《おび》えてしまうのだ。そこまで悪意を感じない場合でも、自分と相手のあいだに常に透明《とうめい》な膜《まく》があって、気持ちが通い合うのを妨《さまた》げていた。

おそらく現在も、わたしは透明な膜に覆《おお》われている。以前に比べれば遥《はる》かに薄《うす》いし、ときには膜の存在を感じないこともある。だからかえってわかるのだ。気持ちが沈《しず》みかけると、とたんに膜が厚くなって、気持ちが通わない悲しさから孤独感《こどくかん》に襲《おそ》われる。こんなに悩《なや》んでいるのに、どうして気づいてくれないのだろうと、相手に八つ当たりをして、それがさらなる自己嫌悪《けんお》を誘発《ゆうはつ》する。

約束どおり、わたしは毎晩妻にメールを送っていたが、そのメールが本当に彼女《かのじょ》に届いているとは思えなかった。ただし返信はいつも必ず五分以内に戻《もど》って来た。「今日はこちらもいいお天気でした」「お兄ちゃんが日曜日にデートするんだって」「阪神《はんしん》、勝てないね」「お煮《に》染めを作ったので、クール便で送ります」

今なら、そのときどきの妻の気持ちや家の様子までわかるが、那須《なす》の別荘に引きこもっていたときは、間違《まちが》って届いた他人宛《たにんあて》のメールを読まされているようだった。

（佐川光晴《さがわみつはる》「崖《がけ》の上」より）

問 ——線部「間違って届いた他人宛のメールを読まされているようだった」とあるが、この時と同様の状態を表している四十字以内の部分の最初と最後の五字を、文中からそれぞれ抜《ぬ》き出しなさい。

□□□□□ ～ □□□□□

らくらく
マルつけ
Ja-32

❶ 次の文章を読んで、あとの問いに答えなさい。

その家の前に立った時、表札を見なくてもこれが*K君の家だとすぐに感じ取ることができた。どこかで一度見たことがある、という気持ちにさせてくれる不思議な懐《なつか》しさがあった。（中略）

とにかくそれは、古い家だった。①小柄《こがら》な白髪《しらが》の老女が、無口に目を伏《ふ》せて正座しているような家だった。

しかし決して、古臭《ふるくさ》くはなかった。白いペンキで塗《ぬ》られた窓枠《まどわく》や、玄関《げんかん》の把手《とって》の黒ずみや、花壇《かだん》のれんがの古さには、丁寧《ていねい》さと静けさがあった。②家がゆったり呼吸するように、一筋の風が通りすぎていった。（中略）

ベルを押《お》して最初に出てきたのが、K君ではなく女の人だったことに、わたしは何故《なぜ》かほとんど動揺《どうよう》しなかった。初対面のあいさつと招待のお礼を、きちんとつかえずに喋《しゃべ》っている自分が不思議だった。彼《かれ》の歳《とし》なら結婚《けっこん》していても不自然ではないし、別に動揺する必要などないのだが、それでももう少しどぎまぎしたり、吃《ども》ったりしてもよさそうな気がした。それなのにわたしは、まっすぐ彼女《かのじょ》の目を見ることができた。

それは彼女が、③にじむように美しかったからだと思う。手に取って確かめようとすると、④溶《と》けてしまうような美しさだった。瞳《ひとみ》の奥《おく》には澄《す》んだ一点のきらめきが映り、束ねた髪《かみ》の一本一本はしなやかに揺《ゆ》らめき、指先には⑤バレリーナのように優雅《ゆうが》な表情があった。そしてその美しさには、手付かずの清らかさがあった。彼女はお化粧《けしょう》もせず、アクセサリーもつけず、ただ木綿《もめん》の白いエプロンをまとっているだけだった。⑥積もったばかりの雪のように、飾《かざ》り気がなかった。

（小川洋子《おがわようこ》「冷めない紅茶」より）

＊K君　「わたし」の中学生時代の同級生。

答えと解き方⬇別冊13ページ

ちょこっとインプット
Ji-33

問1　——線部①〜⑥の比喩から、擬人法《ぎじんほう》が用いられているものをすべて選び、番号で答えなさい。

［　　　　］

問2　——線部②「家がゆったり呼吸するように」という比喩がたとえているものの説明として適切なものを、次の中から一つ選び、記号で答えなさい。

ア　家屋の古めかしさ
イ　家の玄関先の静けさ
ウ　冷たく吹《ふ》きつける風
エ　穏《おだ》やかに吹き抜《ぬ》ける風

［　　　　］

ヒント　人でないものを人にたとえる比喩を擬人法という。

❷ 次の文章を読んで、あとの問いに答えなさい。

〔沙樹《さき》と真由美《まゆみ》は、人気男性アイドルグループ《ルミナス》のライブに来ている。〕

「いつかは解散するんだよね、《ルミナス》も」

沙樹が呟《つぶや》くと、すかさず真由美が肘《ひじ》で突《つ》き、

「こんな、い、い、い、ルミナーだらけのとこで、何言いだすの。怒《おこ》られるよ、ヤバイよ」

「だって、どんなものにも、終わりは来るよ」

「そんなの、まだずっとずっと先のことだよ。これからが、《ルミナス》の時代なんだから」

真由美はまくしたて、口を尖《とが》らせた。

けれど、空を飛ぶ鳥たちがいつかは地上で死を迎《むか》えるように、①「人気」という大きな翼《つばさ》を得た者たちも又《また》、やがてはそれを失い、重力のままに落下する日がくるはずだ。その宿命からは、どんなスターであれ逃《のが》れることはできまい。

次第《しだい》に場内が暗くなりはじめる。二階席のあちらこちらで灯《とも》り始めた青や緑のペンライトが、②洞窟《どうくつ》に瞬《またた》く土螢《ツチボタル》の光のように幻想的《げんそうてき》に見える。少女たちが身に付けている、サイリウムの腕輪《ブレスレット》が、妖《あや》しい燐光《りんこう》を発している。

ふいに場内が暗闇《くらやみ》になった。スクリーンが青く輝《かがや》き出し、そこに、LUMINUSの文字が銀色に浮《う》かんだ。③耳をつんざくような大歓声《だいかんせい》が上がり、観客たちはいっせいに椅子《いす》から立ち上がった。凄《すさ》まじい電子音が場内に響《ひび》き渡《わた》った。④プラネタリウムのような星空がスクリーン一面に映し出され、それが銀河になり、さらにアンドロメダ大星雲となったかと思う間もなく、最後に巨大《きょだい》な彗星《すいせい》が画面いっぱいに現《あら》われた。それが消えると、ステージ上に、九人の黒衣の男のダンサーたちが背を向けて立っているのがわかった。天井から白い紗《しゃ》の幕が切って落とされると、そこに《ルミナス》の三人の姿があった。

一瞬《いっしゅん》のうちに、ステージは⑤真昼のように明るくなり、⑥眩《まばゆ》い光の洪水《こうずい》の中、銀色の衣裳《いしょう》に身を包んだ彼らは、⑦遠い異空間からの使者達のように見えた。

（浅山泰美《あさやまひろみ》『エンジェルコーリング』より）

問1 ——線部①～⑦の比喩から、隠喩《いんゆ》が用いられているものをすべて選び、番号で答えなさい。

［　　　　］

問2 ——線部⑦「遠い異空間からの使者達のように」という比喩がたとえている様子として適切なものを、次の中から一つ選び、記号で答えなさい。

ア この世のものとは思えないほど奇怪《きかい》な装《よそお》いをしている様子。
イ 同じ世界の人間には見えないほど美しく輝いている様子。
ウ 人間業《にんげんわざ》とは思えないほど巧《たく》みな動きで踊《おど》っている様子。
エ 別の世界から迷い込《こ》んだかのように困惑《こんわく》している様子。

［　　　　］

らくらくマルつけ

Ja-33

情景描写《びょうしゃ》

ちょこっとインプット
Ji-34
答えと解き方⬇別冊14ページ

1 次の文章を読んで、あとの問いに答えなさい。

〔高校二年生の「わたし」は、交際していた「あの人」と別れてから、バイト先が同じ男子高校生「ムック」と親しくなり、一緒《いっしょ》に動物園に来ている。〕

たぶんあの人の背中に呼びかけたさよならは、本当は一年間あの人に合わせて、無理をしてがまんをしてすり切れてしまった自分に対する、さよなら。

「ね、コアラ見に行かない？」

「いいね。ちょうどカバ以外も見たいと思ってたとこ」

ムックを振《ふ》り向くと、ムックもちょうどかばんから園内の地図を取り出したところだった。そしてムックの額に汗《あせ》がにじんでいることに気がつく。折りたたんだタオルを返そうとして、やめる。

「これ、家で洗ってくるね。代わりにわたしの使って」

「え、いいよ。汗ふいたら嫌《いや》でしょ」

「いいって。わたし、鼻水つけちゃったかもしれないし。使ってよ、ね」

半ば強引《ごういん》に、ムックに自分のハンカチを渡《わた》した。ムックが自分のハンカチで汗をふこうがなにをしようが別にかまわないと、そう思うようになっていた。

「ねえコアラ見たい。行こう」

別にコアラを今すぐに見たくてたまらないわけではなかった。ただ、わがままを言ってみたいような気分だった。

ムックと並んで歩きながら、ふとコアラ舎までたどり着いたら、次は花火を見に行きたいと伝えよう、そう思った。（中略）

普通《ふつう》のお出かけがしたい。背伸《せの》びした服じゃなく、お気に入りの服で、ぺたんこの靴《くつ》で、言いたいことを言って、いっぱいしゃべって、いっぱい笑って。できれば、ムックの隣《となり》で。

梅雨《つゆ》なんて、もうとっくの昔に明けていたんだ、とわたしは思う。

見上げた空は、雨などふりそうにない、快晴だった。

（片川優子《かたかわゆうこ》「スパイラル&エスケープ」より）

問 ――線部「見上げた空は、雨などふりそうにない、快晴だった。」とあるが、この一文が暗示する「わたし」の心情として適切なものを、次の中から一つ選び、記号で答えなさい。

ア 過去の未練を断ち切り、「あの人」の幸せを願う心情。

イ 「ムック」と過ごす幸せな将来を予感する心情。

ウ 恋人《こいびと》に束縛《そくばく》されない解放感をしみじみと喜ぶ心情。

エ つらかった思い出も美しいものとして懐《なつ》かしく思い出す心情。

［　　］

ヒント 情景描写の中には、登場人物の心情が表れていることが多い。

❷ 次の文章を読んで、あとの問いに答えなさい。

　母と作並《さくなみ》くんは幼馴染《おさななじ》みだ。去年の春、私の高校入学が決まるのを待って両親が離婚《りこん》した時、彼《かれ》に出会った。母の実家に身を寄せることになった私たちの引っ越《こ》しの際の作業責任者が彼《かれ》だった。偶然《ぐうぜん》ではなかった。見積書の依頼人名《いらいにんめい》と転居先を見て驚《おどろ》いた、と彼は言った。操配係に頼《たの》んで自分を優先してもらったのだそうだ。（中略）

「作並くんて、ちっとも変わらないわ」

　まるで、その言葉が合図のように、作並くんの足は動き始める。空気のほころびを縫《ぬ》うように、彼は縁側《えんがわ》に戻《もど》り、腰《こし》を下ろして、言う。

「吉田《よしだ》だって、ちっとも変わらない」

　私は呆気《あっけ》に取られた。そんなわけないじゃないか。二人が、この庭で遊ばなくなって三十年もたっているというのに。彼らは、①この庭の魔法《まほう》で目を見えなくされたのか。

　幼《おさな》い頃《ころ》、この家を訪《おとず》れるたびに、お化け屋敷《やしき》のようだ、と私は怯《おび》えた。夏は緑の濃淡《のうたん》が陰《かげ》を落として、あたりを湿《しめ》らせていた。冬は、すべてのものが土の中に息を潜《ひそ》めているようだった。人以外の何か沢《たく》山《さん》の生き物が棲《す》みついているように思われた。春と秋が、それらをなだめていた。季節の移り変わりが、この庭を操《あやつ》っていた。そこで、花は咲《さ》かされ、草木は育てられ、やがて眠《ねむ》りにつかされる。虫たちは生まれ殺され、また生まれる。今の私が人との出会いと、それに端《たん》を発する関係に対して感じている漠然《ばくぜん》とした大きな力。似たようなものが、ここにはあった。けれども、いつのまにか、それは消えた。半分大人になりかかった私の目には、単に情緒《じょうちょ》あふれる風景が広がるばかりだ。②この庭に君臨していた筈《はず》の何かは、もう存在していない。

　それなのに母と作並くんを見ていたら、幼ない頃の感覚が蘇《よみがえ》ってきたような気になる。二人で露草《つゆくさ》の色水を作ったと言っていた。彼らの指先が青紫《あおむらさき》に染まるさまを想像する。そこから始まる物語が、この庭に、すっぽりと収まる。父も私も存在しない濃縮《のうしゅく》された時間。彼らは還元《かんげん》して味わっている。まるで庭なしで過ごしてきた長い年月がなかったかのように。

（山田詠美《やまだえいみ》「海の庭」より）

問1 ——線部①「この庭の魔法」とあるが、どういうものか。その説明として適切なものを、次の中から一つ選び、記号で答えなさい。

ア　幼馴染みと過ごした昔の感覚をまざまざと蘇らせる作用。
イ　季節の移り変わりを通じて、つらい過去を忘れさせる作用。
ウ　自然の美しさを通じて、身近な美を気づかせる作用。
エ　古き良き時代の風情《ふぜい》を通じて郷愁《きょうしゅう》をかきたてる作用。

［　　］

問2 ——線部②「この庭に君臨していた筈の何か」とは、どのようなものか。文中のことばを用いて三十五字以内で説明しなさい。

らくらく
マルつけ
Ja-34

OUTPUT! 35 テーマをとらえる

❶ 次の文章を読んで、あとの問いに答えなさい。

以前ある頃《ころ》、自分自身のこと、仕事のこと、仲間のことなどなどですっかりいきづまりなにもかも嫌《いや》になって、といっても大事な仲間が勝手に自殺なんぞしてしまった後のことだったからこちらは死ぬ気にもなれず、思いあまって見知りの、これはまあかなり信用できる坊主《ぼうず》の寺にいって座禅《ざぜん》を組んだことがあった。一緒《いっしょ》につき合って座《すわ》ってくれた彼《かれ》が、

「あなたは日頃*偉丈夫《いじょうぶ》かと思っていたが、こうして座りながら後ろから眺《なが》めてみたら、実はしょぼいんだねえ」

といってくれた。そして、

「ま、人生にはいろいろな時があるが、あなたにとっては今もその一つなんでしょう。しかしそんなときは座禅なぞ組んだって駄目《だめ》ですよ。お経《きょう》を読んでみたって駄目ですな」

「じゃあいったいどうしたらいいんです」

いったら、

「まあどこか、自分が無くなってしまうくらい広い所へいってぼんやりしているんですな。あなたはヨットに乗るんでしょう。なら海においきなさい。最近はあまりいっていないのじゃないかな。その方がずっと早いですよ」

いってくれたものだ。

で、私は卒然として次の週末の約束をすっぽかしクルーを集めて船を出し丸二日海の上にいた。そのせいかどうか気がついたら、陸での気分もなんとか峠《とうげ》をこしていたものだった。あの坊主は多分名僧《めいそう》の類いなのだろう。

つまりそれは、おのおのの人間にとっての存在の*光背をどこに見つけるかということなのだろう。

またつまり、どこにいたら一番居心地《いごこち》がいいかということだ。どこにいたら自分に、お互《たが》いに、無理せず気負わず嘘《うそ》もつかず、自分を素《す》に晒《さら》していられるかということだろう。

そして私にとってそれは海ということだ。海しかありはしない。

（石原慎太郎《いしはらしんたろう》「風についての記憶《きおく》」より）

*偉丈夫　体が立派な優《すぐ》れた男子。　*光背　神仏の背後の光明を表したもの。

問　――線部「なら海においきなさい」とあるが、「海」は「私」にとってどのような場所か。文中のことばを用いて三十五字以内で説明しなさい。

答えと解き方⬇別冊14ページ

ちょこっとインプット
Ji-35

ヒント 「私」が考えたことが書かれている部分を探そう。

2 次の文章を読んで、あとの問いに答えなさい。

この島にきて、私は、はじめて素朴《そぼく》な、生活に密着した、まるで潮の干満のような感情の動きを眼《ま》のあたりにしたような気がします。ここでは、感情の動きに――悲しみや歓《よろこ》びに――なんら人工的な味わいも加える必要もなく、また抑制《よくせい》する心理の屈折《くっせつ》もなく、どこか蒼古《そうこ》の悠久《ゆうきゅう》な感じ、太古の人々の健康な率直《そっちょく》さなどを呼びおこすような自然らしさで、それらは動いているように思えるのです。それは潮の干満、風の動き、雲の流れに似た何か大きな自然の動きなのです。先日の夕方のことでしたが、夕焼けが次第《しだい》に色あせて、空には樺《かば》色の雲や菫《すみれ》色の雲が帆《ほ》をおろした船のように連なる頃、私はエルスと港を出はずれて、しばらく海岸の平坦《へいたん》な砂地を散歩しておりました。海は暮れかけていて、さっきまで薔薇《ばら》色に染まっていた鷗《かもめ》の翼《つばさ》も刻々に闇《やみ》のなかにまぎれてゆくのでした。そのとき私は、はるか遠くに、何か黒いつみ藁《わら》のようなものが、点々と十幾《いく》つか並んでいるのを眼《め》にしました。私は思わず傍《かたわ》らに歩いていたエルスの方をふりかえりました。彼女《かのじょ》のいうところによると、難破した身内をもつ女たちがその命日に浜《はま》に出て供養《くよう》しているのだということでした。黒衣の女たちは低く単調な憂鬱《ゆううつ》な歌をうたっていました。私は彼女たちのそばを通りながら、その単調な歌になんという悲しみがこもっているのだろうと、胸をつかれました。ここでは事件はあまりに少《すくな》く、住民の数もわずかで、時間はのろのろと這《は》うようにしか進んでゆきませんから、死んでいった者たちは、つねに、彼女らのかたわらに濃《こ》い現存感をもって残っているにちがいありません。良人《おっと》や親の難破した日、彼女たちは浜辺《はまべ》でそうやって死者と悲しい対話をかわすのでしょう。あるいは死者たちは、死者となって、かえって彼女たちの心のなかに、よりはっきりと生きはじめたと言ってもいいのです。そして、ただ愛する者だけが死者をこうして生かすことができるのでしょう。私はかつて祖母が死んで、その土色をした肌《はだ》や、深く内側へくびれた唇《くちびる》や、組みあわされた手の蝋《ろう》のような蒼黒《あおぐろ》さをみたとき、それを、なにか生からの脱落《だつらく》、喪失《そうしつ》という風に感じました。その死が一切《いっさい》を終《おわ》りにしてしまう。死はあらゆるものにもまして暴力的で、その前では、いかなる言葉も無意味だ、と思ったものでした。祖母の死が、祖母を愛する人にとって、たとえばあの端正《たんせい》な父にとって、祖母が、より身近《みぢか》に、心の中に生きることだ、などとは思いも及《およ》びませんでした。

（辻邦生《つじくにお》「夏の砦《とりで》」より）

問 ――線部「ただ愛する者だけが死者をこうして生かすことができる」とあるが、どういうことか。文中のことばを用いて五十字以内で説明しなさい。

らくらくマルつけ

Ja-35

表現の特色

1 次の文章を読んで、あとの問いに答えなさい。

竹谷《たけたに》と初子《はつこ》は他にすべがないので、そのセキセイインコを飼うことにした。結婚《けっこん》して家を出た、娘《むすめ》の真理子《まりこ》の身がわりにやってきたように思えたからである。こうして黄色の三代目ターチは、伝来の鳥籠《とりかご》の主となった。（中略）

真理子の部屋へ出入りするのは初子だけだった。竹谷は、そこが娘の私室であることを盾《たて》に取って、ドアのノブに手をかけさえもしなかった。しかし、あるときこんなことがあった。

竹谷は妻が留守だったので、やむを得ず無断入室をした。「ニューヨーカー」のバックナンバーを点検していると、一冊が抜《ぬ》けている。ボストンへ単身赴任《たんしんふにん》したころ、購読《こうどく》した記念品である。少し考えて、それは真理子に貸したままになっていたことを思い出した。

雑誌ならば、おおよそ簡単に目に触《ふ》れるところ、マガジンラックに置かれているに違《ちが》いない、と判断した。（中略）

「ニューヨーカー」一九八三年十一月七日号定価一ドル五十セントは、サイドテーブルの下、思った通りのマガジンラックにあった。（中略）

我を忘れて座《すわ》り込《こ》み、ページを繰《く》っていると、目の隅《すみ》に輝《かがや》くものがある。そばの本棚《ほんだな》の最下段には、ワガノワ・バレエ学校のスタジオビデオが詰《つ》まっていた。真理子は十二歳《じゅうにさい》までバレエを習っていた。タンポポ色のレオタード姿の写真が額に収められて立っている。その前にクリスタルの香水瓶《こうすいびん》が飾《かざ》られていた。それが室内灯を反射して、光っている。

知らず知らずに手にとった。空瓶と分かっての気のゆるみがあった。うっかり栓《せん》を抜くと、たちまち、草原の風のような匂《にお》いが漂《ただよ》ってきた。真理子の匂いだった。

竹谷達治《たつじ》は激しく後悔《こうかい》した。

次の瞬間《しゅんかん》、鳥籠の中のターチと目がひたと合った。その目はつやつやと黒く光って、竹谷の内心の動揺《どうよう》を見透《みす》かしていた。それは神の目だった。

（森内俊雄《もりうちとしお》「ジェニエ爺《じい》さんの馬車」より）

問 この文章の表現の特色として適切なものを、次の中から一つ選び、記号で答えなさい。

ア 固有名詞を用い、竹谷達治の記憶力《きおくりょく》の優秀《ゆうしゅう》さを表現している。

イ 鳥の様子の描写《びょうしゃ》を通じ、間接的に竹谷達治の心情を示している。

ウ 嗅覚的《きゅうかくてき》な描写を通じ、竹谷達治の心情の変化を表現している。

エ 色彩《しきさい》にまつわる比喩《ひゆ》を通じ、竹谷達治の複雑な心情を示している。

［　　　］

ヒント 情景の描写のしかたが変わった箇所《かしょ》に注目しよう。

ちょこっとインプット
Ji-36

答えと解き方⬇別冊14ページ

❷ 次の文章を読んで、あとの問いに答えなさい。

まぶしい光の放列に、南条拓《なんじょうたく》は眼《め》を細めた。充血《じゅうけつ》した涙目《なみだめ》に、車のヘッドライトがぼやけた光の輪に滲《にじ》んで見えた。秋分の日の休日を前にして、ほうぼうの工場を二時間の残業を終えて午後七時であがった若い工員たちの乗用車が、一刻を争うとでもいうように制限速度二十キロの構内道路を飛ばし、走り去って行く。皆《みな》、退社時刻の五分前にはエンジンをかけておき、タイムレコーダーの表示が「19：01」に変わる瞬間を待ち構えてタイムカードを押《お》し、一目散に車に乗り込む。県道への出口で少しでも滞《とどこお》ると、運転している者の苛立《いらだ》ちをあらわすように、ひっきりなしにクラクションが鳴り交《か》った。

（中略）

車の群れをやり過ごしてから、拓は構内道路を渡《わた》った。静かさが戻《もど》ると、遠く近く何種類もの虫の声が聞こえた。低い柵《さく》を跨《また》いで植込《うえこみ》の芝生《しばふ》の中に足を踏《ふ》み入れる。サクサク、と草が鳴った。眼をつぶって、柔《やわ》らかい草の感触《かんしょく》をズック靴《ぐつ》の足の裏で味わうようにゆっくり歩いた。少しの間でも、疲《つか》れている眼を休ませたかった。深く息を吸いながら痛みのある眼窩《がんか》の奥《おく》に力をこめると、頭がくらくらした。一瞬、どこにいるのか、居場所の感覚を失った足元が、頼《たよ》りなくふらついた。ふと、埋立地《うめたてち》の工事現場の高い足場の上で、荒《あら》い風に吹《ふ》かれている心地がした。再び目を開けた拓は、水銀灯に照らし出されている周りを見回しながら薄笑《うすわら》いを浮《う》かべて息をついた。

いま拓がいるのは、茨城県西部の町に配電盤《はいでんばん》の製造に関連した工場が二十社あまり集まっている工業団地の広い敷地《しきち》のほぼ中央だった。

（中略）

拓が穿《は》いている作業ズボンは、両腿《りょうもも》の脇《わき》にもファスナー付きのポケットがある、五つポケットの通称《つうしょう》ヴェトナムズボンと呼ばれているやつだ。入社にあたって工場から支給された、両脇と尻《しり》の三つポケットの作業ズボンには、一度も足を通さず、拓は自分で用意したそればかりを穿いていた。拓は、ここの工場で働くようになる前、八年間東京で電気工をやっていたときから、このタイプの作業ズボンを愛用していた。

（佐伯一麦《さえきかずみ》『渡良瀬《わたらせ》』より）

問1 この文章の表現の特色として適切なものを、次の中から一つ選び、記号で答えなさい。

ア　若い工員たちの姿を一人ひとりていねいに描写することを通じ、現実感を高めている。

イ　拓が古い作業ズボンを捨てられずにいる描写を通じ、拓の未練や心残りを間接的に示している。

ウ　車のヘッドライトの幻想的《げんそうてき》な描写を通じ、拓の心情の変化を表現している。

エ　拓の眼の疲労《ひろう》の描写を通じ、拓が働く環境《かんきょう》の様子を生々しく示している。

［　　］

問2 ――線部「埋立地の工事現場の高い足場の上で、荒い風に吹かれている心地」とはどのような気持ちか。文中のことばを用いて三十字以内で説明しなさい。

らくらく
マルつけ
Ja-36

OUTPUT! 37 まとめのテスト⑤

答えと解き方⬇別冊15ページ

／100点

❶ 次の文章を読んで、あとの問いに答えなさい。［100点］

太平洋戦争中の比島《ひとう》（フィリピン諸島）で、肺病にかかった日本兵の「私」は、食糧《しょくりょう》不足を理由に野戦病院への入院を拒否《きょひ》され、さまよい歩いていた。

林の中は暗く道は細かった。樫《かし》や櫟《くぬぎ》に似た大木の聳《そび》える間を、名も知れぬ低い雑木が隙間《すきま》なく埋《う》め、蔦《つた》や蔓《つる》を張りめぐらしていた。

（中略）

①奇怪《きかい》な観念がすぎた。この道は私が生《う》まれて初めて通る道であるにも拘《かかわ》らず、私は二度とこの道を通らないであろう、という観念である。私は立ち止《ど》まり、見廻《みまわ》した。

なんの変哲《へんてつ》もなかった。そこには私がその名称《めいしょう》を知らないというだけで、色々な点で故国の木に似た闊葉樹《かつようじゅ》が（直立した幹と、開いた枝と、垂れた葉と）静まり返っているだけであった。それは私がここを通るずっと前から、私が来る来ないに拘らず、こうして立っていたであろうし、いつまでもこのままでいるであろう。

これほど当然なことはなかった。そして近く死ぬ私が、この比島の人知れぬ林中を再び通らないのも当然であった。奇怪なのは、その確実な予定と、ここを初めて通るという事実が、一種の矛盾《むじゅん》する聯関《れんかん》として、私に意識されたことである。

もっとも私は内地を出て以来、こういう不条理な観念や感覚に馴《な》れていた。例えば輸送船が六月の南海を進んだ時、ぼんやり海を眺《なが》めていた私は、突然《とつぜん》自分が夢の中のように、整然たる風景の中にいるのに気がついた。

紺一色《こんいっしょく》の海が拡《ひろ》がり、水平線がその水のヴォリュームを押《お》し上げるように、正しい円を画《えが》いて取り巻いている。海面からあまり離《はな》れていない一定の高さに、底部が確然たる一線をなしたお供餅《そなえもち》のような雲が、恐《おそ》らくは相互《そうご》に一定に距離《きょり》を保って浮《う》かんでいる。そしてそれが船が一律の速度で進むにつれ、任意の視点を中心に、扇《おうぎ》を廻すように移って行く。舷側《げんそく》をすぎて行く規則正しい波の音と、単調なディーゼルエンジンの音に伴奏《ばんそう》されて、この規則正しい風景は、その時私に甚《はなは》だ奇怪に思われた。

偶然《ぐうぜん》安定した気圧の下に、太陽が平均した熱を海面に注ぎ、絶えず一定量の水蒸気を蒸発させる以上、一定の位置に、同形の雲を生じるのになんの不思議はなかった。そして機械によって一定した速度で進む船から眺める以上、風景が一様の転移を見せるのも当然であった。

（中略）

もしこの時私が一遊覧客であったならば、帰国後自国の陸に繋《つな》がれた哀《あわ》れな友人に、②大洋の奇観を語る場面を空想したろう。私の昂奮《こうふん》と苦痛は多分、敗戦と死の予感に冒《おか》されていた私が、その奇怪な経験を人に伝えることを、予想出来ないことに基《もと》いていたろう。

比島の林中の小径《こみち》を再び通らないのが奇怪と感じられたのも、やはりこの時私が死を予感していたためであろう。我々はどんな辺鄙《へんぴ》な日本の地方を行く時も、決してこういう観念には襲《おそ》われない。好む時にまた来る可能性が、意識下に仮定されているためであろうか。してみれば我々の所謂《いわゆる》生命感とは、今行うところを無限に繰《く》り返し得る予感にあるのではなかろうか。

　比島の熱帯の風物は私の感覚を快く揺《ゆす》った。マニラ城外の柔《やわ》らかい芝《しば》の感覚、スコールに洗われた火焔樹《かえんじゅ》の、眼《め》が覚めるような朱《しゅ》の梢《こずえ》、原色の朝焼《あさやけ》と夕焼、紫《むらさき》に翳《かげ》る火山、白浪《しらなみ》をめぐらした珊瑚礁《さんごしょう》、水際《みずぎわ》に蔭《かげ》を含《ふく》む叢《くさむら》等々、すべて私の心を恍惚《こうこつ》に近い歓喜《かんき》の状態においた。こうして自然の中で絶えず増大して行く快感は、③私の死が近づいた確実なしるしであると思われた。（中略）

　明らかにこうした観念と感覚の混乱は、私が戦うために海を越《こ》えて運ばれながら、私に少しも戦う意志がないため、意識と外界の均衡《きんこう》が破れた結果であった。歩兵は自然を必要の一点から見なければならない職業である。土地の些細《ささい》な凸凹《でこぼこ》も、彼《かれ》にとって弾丸《だんがん》から身を守る避《ひ》難所《なんじょ》を意味し、美しい緑の原野も、彼にはただ素速《すばや》く越えねばならぬ危険な距離と映る。作戦の必要により、あなたこなた引き廻される、彼の眼に現《あら》われる自然の雑多な様相は、彼にとって、元来無意味なものである。この無意味さが彼の存在の支えであり、勇気の源泉である。

　もし臆病《おくびょう》或《ある》いは反省によって、この無意味な統一が破れる時、その隙間《すきま》から露呈《ろてい》するのは、生きる人間にとってさらに無意味なもの、つまり死の予感であろう。

（大岡昇平《おおおかしょうへい》『野火』より）

問1 ――線部①「奇怪な観念」を「私」が感じた理由として適切なものを、次の中から一つ選び、記号で答えなさい。（30点）

ア　歩兵としての職業意識に影響《えいきょう》されていたから。
イ　異国の見知らぬ風景に圧倒《あっとう》されたから。
ウ　死を身近なものとして感じていたから。
エ　戻《もど》れない故郷の美しさを思い出したから。

［　　］

問2 ――線部②「大洋の奇観」とはどういうものか。「水平線上の風景。」につながる形で文中から十五字以内で抜《ぬ》き出しなさい。（30点）

［　　　　　　　　］水平線上の風景。

問3 ――線部③「私の死が近づいた確実なしるしである」とあるが、「私」がそう思ったのはなぜか。文中のことばを用いて五十字以内で説明しなさい。（40点）

らくらくマルつけ
Ja-37

友情・仲間がテーマの文章

ちょこっとインプット
Ji-38
答えと解き方⬇別冊15ページ

❶ 次の文章を読んで、あとの問いに答えなさい。

商社で働く幸代《さちよ》は、友人の英里子《えりこ》や実咲《みさき》とともに、毎年夏コミ（夏開催《かいさい》の同人誌即売会《そくばいかい》）で同人誌を発行していた。しかし、今年の夏コミに実咲は参加しなかった。

例年よりも大幅《おおはば》に疲労《ひろう》して、幸代の夏コミは終わった。楽々亭《らくらくてい》で英里子と二人だけの打ち上げをする。（中略）

英里子は玉子スープを飲んだ。「それにね、実咲がやめるって言いだしたのには、理由があると思う」

「だから、結婚《けっこん》でしょ！」

「それもあるけど、それだけじゃない。『月間企画《げっかんきかく》』は幸代と実咲の小説と、私の漫画《まんが》で、ずっとやってきた。幸代と実咲だったら、幸代のほうが本数を書いてるし、読者の人気もある。たぶん実咲は悔《くや》しかったんだよ」

読者からの人気度など考えたこともなかったので、幸代は英里子の指摘《してき》に、なんと言っていいかわからなかった。いや嘘《うそ》だ。幸代は知っていた。実咲のコピー本と幸代のコピー本だったら、幸代のもののほうが売れることを。実咲が参加していなくても、今日の合同誌の売り上げはいつもとさして変化がなかったことを。

知っていて、一度もいい気にならなかったと言えば嘘になる。しかし、実咲が自身の作品の人気や売り上げを気にしているとは、考えていなかった。実咲がそんなそぶりを見せたためしはない。

幸代は、自分の作品に自負を持ち、実咲の作品より人気があることにいい気になると同時に、心のどこかで思っていた。「とはいえ、これは趣味《しゅみ》だから。楽しみで書いているものだから」と。昼には「使命」などと、えらそうなことを英里子に言ったが、実際は「趣味」を口実に逃《に》げていた。

実咲のプライドから。書く楽しさの裏にひそむ、表現する行為《こうい》自体が引き起こす、なにかどろどろしたものから。

（三浦《みうら》しをん『星間商事株式会社社史編纂室《へんさんしつ》』より）

問 幸代の心情を説明した次の文章の□に入ることばを、文中から八字以内で抜《ぬ》き出しなさい。

実咲の気持ちや□が生み出す、みにくいものから逃げていた自分に嫌悪感《けんおかん》を感じている。

□□□□□□□□

ヒント 心情が読み取れる表現に着目しよう。

❷ 次の文章を読んで、あとの問いに答えなさい。

九月の終わり頃《ごろ》、又野《またの》君は急に勉強を始めた。

「ナオ、勉強教えてくれよ」

又野君は夜、吉田《よしだ》くんの家にやってきた。

最初は何かの気まぐれだろうと思って、適当に付き合っていた。勉強を教えるといっても、さすがに今からでは限界がある。何から教えていいのかもわからなかった。

だけどあるとき又野君は、勉強する理由を教えてくれた。まずは大前提として家庭の事情があった。何としても公立高校に入学しなきゃならないらしい。それから松井《まつい》とか山下《やました》とかの話にもなった。

松井とか山下とかいうのは、吉田くんから見ても嫌《いや》な男だった。奴《やつ》らは又野君に対しては、あからさまに媚《こ》びるくせに、吉田くんのような者を鼻で笑っている感じだった。そのくせ女子には人気があって、可愛《かわい》らしい後輩《こうはい》と付き合っていたりする。（中略）

彼《かれ》らは一年の頃から補習塾《ほしゅうじゅく》に通っていて、成績もそこそこよかった。山下は今年から、家庭教師からも教わっているらしい。あいつらには勝ちたいんだよ、と、又野君は言う。

それを聞いて、吉田くんも本気になった。インテリヤンキーだかなんだか知らないが、そんなイイトコ取りみたいな不良に又野君が負けていいわけはない。だいたいあんな奴らに後輩の彼女《かのじょ》がいることが納《なっ》得《とく》できなかった。（中略）

二人は毎晩、一緒《いっしょ》に勉強した。吉田くんが教えれば、又野君はスポンジのように吸収し、すぐに忘れた。だけど又野君は本気だった。土日には朝から家にやって来て、問題集を解く。おかげで吉田くんもかつてないほど勉強した。

又野君は二次関数の「傾《かたむ》きの割合」を完璧《かんぺき》に理解する、珍《めずら》しい不良になった。数学だけだったら、クラスのかなり上位だったと思う。

素行《そこう》が悪いということもあり、又野君は安全圏《あんぜんけん》の高校を受験した。御殿場線《ごてんばせん》沿いにあるその県立高校は、倍率が１・０２倍だったけど、それでも合格したのは又野君が頑張《がんば》ったからだと思う。

「ナオ、受かったよ」

又野君から電話があったとき、吉田くんは泣きそうになってしまった。

（中村航《なかむらこう》『あなたがここにいて欲《ほ》しい』より）

問 ――線部「吉田くんは泣きそうになってしまった」とあるが、その理由として適切なものを、次の中から一つ選び、記号で答えなさい。

ア　又野君が受験を終えたことで、彼と楽しく勉強できなくなってしまうことを寂《さび》しいと思ったから。

イ　不良で勉強が苦手な又野君に勉強を教えるという苦労から、ようやく解放されると思ったから。

ウ　一緒に勉強してきた又野君の努力が実り、彼が無事に県立高校に合格できたことがうれしかったから。

エ　自分が頑張って勉強を教えた又野君が、安全圏の高校にしか受からなかったことが悲しかったから。

［　　　］

らくらく
＼マルつけ／
Ja-38

家族がテーマの文章

ちょこっとインプット
Ji-39
答えと解き方⬇別冊15ページ

1 次の文章を読んで、あとの問いに答えなさい。

かつて、「私」は、母の妹の嫁《とつ》ぎ先の旅館・山本屋《やまもとや》の離《はな》れに母と二人で住んでいた。父には母とは別の妻がいたためである。妻と離婚《りこん》した父は母と再婚し、「私」と父母は東京で暮らし始めた。そして、山本屋が閉業することを知った「私」は夏を山本屋で過ごすことにした。

まっすぐ東京へ向かう急行バスに乗って父が帰るのを、翌日見送った。

「お母さんによろしく」

と言った私に、日焼けした父がうなずいた。父はやはり両手には抱《かか》えきれない、いったい誰《だれ》がそんなに食べるのかと思うような海産物を持っていた。きっと母が苦労して近所の人々に配るのだろう。今はもう、その光景は私の胸にくっきりと根づいていた。東京の街並《まちな》み、妙《みょう》に静かな夕食や、帰ってくる父の足音も。

夕方の光に満ちたバス停に、オレンジの光が反射してまぶしかった。バスは行きと同じにゆっくりと入ってくると、父を乗せてまたゆっくりと道路へ出ていった。父はいつまでも手を振《ふ》っていた。

ひとり、山本屋へ向かって黄昏《たそがれ》の中を歩きながら私は少し淋《さび》しかった。夏の終わりには失われるふるさとの道を行き来する確かな気だるさを心にとめておきたかった。まるで刻々と姿を変える夕方の空のように、いろいろな種類の別れに満ちたこの世の中を、ひとつも忘れたくないと思った。

（吉本《よしもと》ばなな「TUGUMI」より）

問 本文全体から読み取れる「私」の心情の説明として適切なものを、次の中から一つ選び、記号で答えなさい。

ア ふるさとと感じられる唯一《ゆいいつ》の場所と別れなければならないことを淋しく思い、そうした別れが避《さ》けがたい世の中に悲しみを感じている。

イ ふるさとと感じる場所が父母と自分で異なってしまったことを淋しく思いながらも、自分だけの場所ができたことを誇《ほこ》らしく感じている。

ウ ふるさとと感じる場所が一つ失われることを淋しく思いながらも、そう思える場所があることを確かめ、大切なものと感じている。

エ ふるさとと感じられる場所の自然の豊かさに感銘《かんめい》を受けながらも、そこを離れざるをえなかった家庭の複雑な状況《じょうきょう》に憂《うれ》いを感じている。

［　　］

ヒント 「ふるさと」と「別れ」ということばに着目して、「私」の心情を考えよう。

❷ 次の文章を読んで、あとの問いに答えなさい。

港で羽二重餅《はぶたえもち》を売っていた少女・鶴代《つるよ》は、偉《えら》い役人が乗る船に上がって餅を売りに行ったことを巡査《じゅんさ》に咎《とが》められた。その結果、母親のみねが分署《ぶんしょ》に呼び出されてしまった。


「お前、巡査さまになにか咎められてたな。なんかしたのか」

案の定、待ちかまえていたみねは、おびえた表情で娘《むすめ》の顔を覗《のぞ》き込《こ》んだ。まだ四十にもならないのに、はげしい労働で痛めつけてきたみねの体は、不自然に枯《か》れてみえた。

「あとで母ちゃんに、分署さこいと」

みねは息が詰《つま》ったような顔つきになった。

「ほんとか。なんでだ？」

「しらん」

「お前、なんか人さまのご迷惑《めいわく》になるようなことでも、したんじゃあるまいの」

「なんもせん」

鶴代は舌を出して、勢いよく平手で頭のてっぺんを叩《たた》いていた。なにかしたときの癖《くせ》であった。

「鶴……」

みねは詰《つ》め寄ろうとしたが、もう鶴代は敏捷《びんしょう》な身ごなしで、二三歩後ろへ飛び退《の》いて駆《か》けだしていた。

「心配ないよ、母ちゃん。心配すると頭禿《は》げるぞ」

走りながら、声をはりあげた。

みねはつい二年前まで、生《うま》れ故郷の新潟の山村で、百姓《ひゃくしょう》をしていた。父祖代々、百姓はみんな、村方見廻《みまわ》りの役人はもちろん、役人の従者なら足軽小者にも、土下座をして生きてきた。

明治になって十四年経《た》ついまでは、かたちの上では侍《さむらい》も土下座もなくなったが、官吏《かんり》が侍にとってかわり、土下座を求める精神も、そこに引継《ひきつ》がれて生残《いきのこ》っている。まして、何百年も土下座してきた人間の心は、そう急には変《かわ》らない。巡査でも戸長でも、少しでも支配層に属する人間にたいしては、たちまち心が萎《な》えてしまうみねの性質にしても、彼女《かのじょ》の気の弱さのせいばかりではなかった。

しかし、そんなことは、もちろん鶴代にわかる筈《はず》もなかった。他人に頭のあがらない母親が歯痒《はがゆ》くもあり、不平でもあったが、またそういうみねが好きでもあった。

分署で米つきバッタのように頭を下げるみねの様子が、眼《め》に見えるようであったが、走りだすと、もう忘れた。いまの彼女《かのじょ》には自分の失敗を自分でなんとか始末するという仕事があった。


（船山馨《ふなやまかおる》『石狩平野《いしかりへいや》（上）』より）

問 ——線部のときの「鶴代」の心情の説明として適切なものを、次の中から一つ選び、記号で答えなさい。

ア　母に迷惑をかけてしまった罪悪感で苦しんでいる。
イ　母に厳しい叱責《しっせき》を受けることへの恐怖《きょうふ》でおびえている。
ウ　母が権威《けんい》に対して卑屈《ひくつ》な態度をとることに反発している。
エ　母のために事態を収拾《しゅうしゅう》しようと意気込《いきご》んでいる。

［　　　］

らくらく
マルつけ
Ja-39

❶ 次の文章を読んで、あとの問いに答えなさい。

並んで歩くことはあっても、長谷川《はせがわ》がb-bingと二人きりで向き合うのは初めてだった。

「カズオ」と呼ばれて、長谷川は顔を上げた。「きみは恋人《こいびと》がいないって言ってたけど、あれは本当かい？」

話の筋の見えない質問に戸惑《とまど》いながら、「そうだよ。今は恋人どころか、ガールフレンドもいない」と長谷川は正直に答えた。

「それなら、もしよかったら、ここで僕《ぼく》らと一緒《いっしょ》に暮らさないか。今いた娘《むすめ》はきっといい奥《おく》さんになるよ。もちろん、きみが大学を卒業してからのことだけど」

唐突《とうとつ》な申し出に、聞き間違《まちが》いかと思いながらも、長谷川は動揺《どうよう》を隠《かく》せなかった。b-bingは胸の前にギターを抱《かか》えたまま長谷川を見つめていた。そして返事を聞くのをためらうかのように、天井《てんじょう》に目をやってから再びギターを弾《ひ》き出した。（中略）

札幌《さっぽろ》の神父や池内《いけうち》さんたちのように、日本にいながらフィリピンの苦況《くきょう》を伝えて、善意の輪を広げていこうとする人たちの努力には、素《す》直《なお》に頭が下がった。長谷川にしても、そうした活動に関わっていきたい気持ちがないわけではない。ところがb-bingが彼《かれ》に求めてきたのは、一緒に暮らそうという、最も単純でありながら、人生そのものを賭《か》けた決断だった。（中略）

いくら考えてもフィリピンに移り住めるとは思えなかった。住むこと自体は難しくないだろうが、b-bingだけを頼《たよ》りに見知らぬ場所に来ても、遠からず手詰《てづ》まりになるのは見えている。しかし日本に戻《もど》ったからといって、するべきことがあるわけではなかった。胸に穴が空いたようで、長谷川が右手を当てると、そこには思いの外《ほか》厚い胸板《むないた》があった。

長谷川は仰向《あおむ》けに寝《ね》たまま右手を握《にぎ》ったり開いたりした。するとナタの柄《え》の感触《かんしょく》が甦《よみがえ》り、背丈《せたけ》を越《こ》えるサトウキビの重なりまでもが目に浮《う》かんだ。

まだ汗《あせ》をかき足りないのだ。それが何に繋《つな》がってゆくのかはわからなかったが、長谷川は再び刃《やいば》を握り、筋肉を軋《きし》ませて、立ちふさがる大きなものに挑《いど》みかかりたいと思い始めていた。

（佐川光晴《さがわみつはる》「八月」より）

問 ──線部の長谷川の心情として適切なものを、次の中から一つ選び、記号で答えなさい。

ア　フィリピンへの移住に対してうまくいく可能性を感じている。
イ　フィリピンへの移住という選択肢《せんたくし》に不安を感じている。
ウ　フィリピンへの移住という賭けにおじけづいている。
エ　フィリピンへの移住を考えるほど現地に愛着を感じている。

［　　　］

ちょこっとインプット
Ji-40

答えと解き方⬇別冊16ページ

ヒント 最終段落に書かれていることをふまえて心情を推測しよう。

2 次の文章を読んで、あとの問いに答えなさい。

〔 達一郎《たついちろう》は海炭市《かいたんし》で、路面電車の運転手として働いている。〕

信号が青になって、車が次々と追い抜《ぬ》いて行く。電車の脇《わき》をすれすれに掠《かす》めて行く車もある。彼は正面の駅を見て、ゆっくりと発車する。娘が子供を産もうとしているのだ。ささいなミスも、こんな日こそ起こしてはならない。時代遅《おく》れの路面電車。（中略）

グリーンプラザを過ぎ、原市場町と古新開町に入る。その時、左手に、建設中の市役所の建物が視界を掠めた。あの建設現場で敏子《としこ》の夫の洋二《ようじ》が働いている。敏子より三歳《さんさい》上の*トビ職の青年だ。彼もまた、子供が産《う》まれる報《しら》せを待って、鉄骨の上を渡《わた》り歩き、汗《あせ》みずくになって働いているだろう。（中略）

敏子が結婚《けっこん》の話を持ちだした時、洋二と一度会った。彼は自分の父の話を、何のこだわりもなく話した。

親父《おやじ》は海炭市の旧《ふる》い市街地なら、どんな道でも知っています。俺《おれ》はビルの鉄骨の上から街を眺《なが》めていますよ。

その言葉の中に、結婚に反対しても無駄《むだ》だ、という強い意志を、達一郎は敏感《びんかん》に察した。洋二の父はリヤカーを引き、街中の道を歩いたのだ。それがわかれば、充分《じゅうぶん》だ。（中略）

結婚話の時、彼は一日ですべてのことを考えぬいて、結論を出したが、何故賛成したか薄々《うすうす》だが彼にはわかるのだ。われわれの誰《だれ》が、それを彼以上に理解することができるだろうか。彼が、正しく保守的な人間だったからこそだということを。もし彼が幾《いく》らかでも進歩的な人間だとすれば、彼に一片《いっぺん》でも中産階級だという意識があれば、今日のこの日はなかっただろう。そのことを本当に理解することが、どうしたらできるだろうか。彼はこの街のどんな革新政党よりも先を歩んでいる。彼は三十四年間電車に乗り続け、十年ごとに表彰《ひょうしょう》され、実はこの海炭市の新しい歴史を歩いているひとりなのだ。

（佐藤泰志《さとうやすし》『海炭市叙景《じょけい》』より）

*トビ職　建設現場で、高所作業を担《にな》う職人。

問 ――線部「それがわかれば、充分だ」とあるが、「それ」が指す内容の説明として適切なものを、次の中から一つ選び、記号で答えなさい。

ア 娘の結婚相手もその父親も、自分のように海炭市を客観的な視点でとらえて柔軟《じゅうなん》に行動できる人間だということ。

イ 娘の結婚相手もその父親も、自分と同様に海炭市の中で懸命《けんめい》に働き、穏健《おんけん》な立場を守っている人間だということ。

ウ 娘の結婚相手もその父親も、自分が知らない海炭市の一面をよく知っており、保守的な現実感覚があるということ。

エ 娘の結婚相手もその父親も、海炭市の中で重要な役割を果たしており、海炭市の発展に必要な人間だということ。

〔　　〕

らくらく マルつけ

Ja-40

OUTPUT! 41

悩《なや》み・葛藤《かっとう》がテーマの文章

1 次の文章を読んで、あとの問いに答えなさい。

テレビ局で報道番組のプロデューサーとして働いている戸田《とだ》には、不登校の息子《むすこ》・拓人《たくと》がいる。戸田が担当する番組で、渋谷《しぶや》にたむろする女子中学生について、ゲスト・コメンテーターの作家・酒名圭三《さかなけいぞう》が「事件をおこしたり不登校や引きこもりになったりする子供は、ほとんどの場合、親子関係に問題がある」という考えを述べた。

戸田は作家の言葉にショックを受けていた。（中略）

拓人のことも、おれたち親のせいだというわけだ。

しかし、戸田はその考え方に反論することができなかった。

渋谷で取材した夜、あの女子中学生たちを見て戸田が思ったのも、まさにそういうことだったのだ。

この子たちは悪い子じゃなくて、可哀《かわい》そうな子じゃないか。どう考えてもこの子たちは親に捨てられている。だから一晩中こんなところにいるしかないのだ。

家で親といっしょにいるのが幸せならば、どうしてこんなところにたむろするだろう。そう思ったのだ。

そして、まさしく同じことが拓人についても言えるのだ。

拓人の心が何かに押《お》しつぶされそうになり、心だけではなく体も身動きがとれないのだ。体調がおかしくなり、幻覚《げんかく》を見るようになり、つぶれてしまいそうなほどゆがんでいる。

その原因が、おれと＊今日子《きょうこ》にないはずがないのだ。（中略）

拓人を、全寮制《ぜんりょうせい》の特殊《とくしゅ》な学校へ入れてしまおうかと考えている。

そうすれば、目の前の面倒《めんどう》がなくなってホッとするような気がしているのだ。

（清水義範《しみずよしのり》『冬至祭』より）

＊今日子　戸田の妻。

問 ——線部「戸田はその考え方に反論することができなかった」とあるが、その理由として適切なものを、次の中から一つ選び、記号で答えなさい。

ア　作家の考えが、子供達の親の心理を鋭《するど》く見抜《みぬ》いていたから。
イ　作家の考えが、子供達への深い献身《けんしん》に裏づけられていたから。
ウ　作家の考えが、自分と息子の関係にもあてはまっていたから。
エ　作家の考えが、妻に言われていたことと一致《いっち》していたから。

［　　］

ヒント　戸田が自分の息子とのかかわり方で気づいたことを読み取ろう。

ちょこっとインプット Ji-41

答えと解き方⬇別冊16ページ

❷ 次の文章を読んで、あとの問いに答えなさい。

山中商会《やまなかしょうかい》の古美術商として活躍《かつやく》する青年・愛作《あいさく》は、実業家・大倉喜八郎《おおくらきはちろう》に見込《みこ》まれて、帝国《ていこく》ホテルの支配人になり、新館の建設に力を貸してほしいと要請《ようせい》された。悩む愛作に山中《やまなか》商会の重役・山中定次郎《やまなかさだじろう》がことばをかけた。

「大倉はんみたいに成功しはったお人は、よう美術品を集めはる。上《うえ》村松園《むらしょうえん》の絵も、偉《えら》い人たちが買わはる。なぜかわかりまっか」

愛作は考えたこともなかった。黙《だま》っていると山中は絵から目を離《はな》さずに続けた。

「責任のある立場やし、大きな仕事をしはって、疲《つか》れて家に帰りますやろ。それで、ゆっくりと美しいものを眺《なが》める。そうすると疲れを忘れますのや」

美しいものには人を癒《いや》す力があるという。

「それでいて美しいものには、人をわくわくさせる力もある。せやさかい、どないに高価でも、胸を高鳴らせて買わはりますのや」

愛作を振《ふ》り返った。

「これから建てはるゆう新館と同じでっしゃろ。そう思えば、あんさんにもできるんとちゃいまっか。いや、あんさんだからこそ、できるんやないですか」

愛作は、なるほどとは思う。だが、あまりに責任が重くて、なおも決断はできない。

山中は頬《ほお》を緩《ゆる》めた。

「けど赤字のホテルに新館なんて、実際のところ、いつ建つかわからへんし、やっぱり断った方がええ。遠慮《えんりょ》せんでええし」

その夜、愛作は眠《ねむ》れなかった。山中が指摘《してき》したように、新館を建てるという点には心惹《こころひ》かれる。だが自分はものの作り手ではない。あくまでも、できたものを評価して、作り手と使い手との間を取り持つ立場なのだ。

だが何度目かに寝返《ねがえ》りを打った時に、ふと思いついた。新館の設計をフランク・ロイド・ライトに依頼《いらい》したら、どうだろうかと。

西洋人が癒されて、それでいて、わくわくと胸が高鳴る建物。ライトなら造れそうな気がする。いやライトこそ適役だ。そう思いつくと、今度は次から次へと考えが湧《わ》き出して、また眠れなくなった。

（植松三十里《うえまつみどり》『帝国ホテル建築物語』より）

問 ――線部「愛作は、なるほどとは思う」とあるが、山中のどのような考えに対して「なるほど」と思ったのか。その説明として適切なものを、次の中から一つ選び、記号で答えなさい。

ア 美術品の優《すぐ》れた目利《めき》きである愛作なら、ホテルの支配人として美しい新館を設計できそうだという考え。

イ 美術品を通じて人を癒したりわくわくさせたりしてきた愛作なら、ホテルの新館建設の役に立てそうだという考え。

ウ 美術品売買の中で地位ある人々の好みを知り尽《つ》くした愛作なら、ホテルの支配人としての接客に向いているという考え。

エ 美術品の作り手の気持ちを汲《く》み取ることに長《た》けた愛作なら、ホテルの設計者とうまく意思疎通《いしそつう》できそうだという考え。

［　　］

らくらくマルつけ

Ja-41

古い時代がテーマの文章

ちょこっとインプット
Ji-42
答えと解き方⬇別冊16ページ

❶ 次の文章を読んで、あとの問いに答えなさい。

〔＊特攻隊《とっこうたい》の隊員達が乗る戦闘機《せんとうき》の整備士である「私」は、軍の少尉《しょうい》が出撃《しゅつげき》から三度も引き返してきたことを受けて物思いにふける。〕

自分が少尉の身だったら、果たしてどちらを選ぶかと、さらに考える。

恥辱《ちじょく》を受け、苦痛と後悔《こうかい》に押《お》し潰《つぶ》されそうになりながらも、生き延びるのを望むか、それともすべての未練を断ち切り、仲間のあとを追う道を選ぶか……。

しかし、私にはわからなかった。

どちらの道が苦痛なのか私にはわからないし、おそらく少尉にもわからないことだろう。

そこで私はひどく嫌《いや》な気分に陥《おちい》った。整備将校である自分には、その選択《せんたく》すら許されていない。そればかりか、実際に自分がしていることは、ひとり、またひとりと、新たな死者を造り出しているのと同じだ。

この戦争に勝てると信じることができれば、どれほど楽かと思う。

（中略）

しかし、私には無理だ。人間爆弾《ばくだん》を仕立て上げての特攻などという馬鹿げた作戦を思いつくような、国の指導者を信じることなどできない。そして、いまの私には守るべき家族もいない。父も母も、そしてひとりずつの姉と妹も、焼夷弾《しょういだん》で焼け野原となった東京で命を落としている。

私から家族を奪《うば》った米兵を心から憎《にく》めればよいのに、とも思うが、それすらできそうになかった。

（熊谷達也《くまがいたつや》『翼《つばさ》に息吹《いぶき》を』より）

＊特攻隊　第二次世界大戦中、爆弾を積んだ飛行機などに乗って、敵艦《てきかん》に体当たり攻撃をしかけた部隊。

問 「私」の心情の説明として適切なものを、次の中から一つ選び、記号で答えなさい。

ア 自分が特攻隊員だとしたら、恥辱や苦痛を受けることになろうとも、生き延びることを優先するだろうと思っている。

イ 戦争に勝つ見込《みこ》みは薄《うす》いと感じつつ、命をかけて戦う特攻隊員たちに報《むく》われてほしいと勝利への希望を捨てられずにいる。

ウ 家族を殺した米兵を憎みたいが、命令を遂行《すいこう》しているだけの彼《かれ》らを憎むのは筋違《すじちが》いであると自分を落ち着かせている。

エ 整備将校としての職務を全《まっと》うすることが特攻隊員を死地に送り込む結果になっていることに対して、罪悪感を覚えている。

［　　］

ヒント
本文の内容と選択肢《せんたくし》の内容を照らし合わせよう。

❷ 次の文章を読んで、あとの問いに答えなさい。

今年の正月帰郷した時、長兄《ちょうけい》の秋弘《あきひろ》に、今の様子だと早晩自分にも召集《しょうしゅう》が来る。満蒙開拓団《まんもうかいたくだん》に参加して*満州に移住すれば、兵隊に引っ張られないで済むらしいが、どうしたものかと相談されたのを秋幸《あきゆき》は憶《おぼ》えていた。（中略）

「秋幸は東京にいて、いろんな世の中の動きを知っているだろう。偉《えら》い人にも会う機会があるだろうが」

と聞かれて彼は答えに窮《きゅう》した。兄のほうが自分より現実の変化には敏感《びんかん》だ、という気さえする。

「東京にいるといったって、僕《ぼく》の会うのは俳句の関係者とか印刷所の人ばっかりだから、そういうことは分《わか》らないよ。兄さんのほうが消息通だと思うよ」

黙《だま》って秋幸を見返した兄の顔には、家長になる立場の俺《おれ》が真剣《しんけん》に悩《なや》んでいるのに、という不満の色があった。

「ごめん。でも僕は自分が満州に移住するっていうの、実感として想像できないんだ。広くて、見渡《みわた》すかぎり山もなくて、そういうところへ行ったら多分俳句は作れそうにない。作れても全く違った俳句になってしまいそうな気がするんだ」

秋弘はぷいと横を向いて、

「俺のは俳句の問題じゃあないんだよ」

と言い、秋幸は兄を怒《おこ》らせてしまったのを知った。

東京に戻《もど》った彼は、兄とのそんな会話が気になっていたので、中退してからははじめて大学の同県人の会に顔を出してみた。（中略）

結局、その日の大学の同県人の集まりでも、それから気を付けていろいろな人から聞く話からも、戦争の実態は決して新聞やラジオが報《しら》せてくれるようなことではないらしいことが分った。とすれば、やはり秋弘が言っていたように彼にはやがて召集令状が来るのであろうか。それは時間の問題で自分の身の上でもある。僕が戦場で死ねば、僕の俳句はなくなるのだ、と秋幸は思った。それは運命ということだろうが、生きようとする意志と運命とのぎりぎりのせめぎ合いの場で俳句を作ってこそ、俳人としてのいのちは花開くのではないか。

秋幸はどうしても自分の頭が、満州に移住するという方向に向《む》かっていかないのを知り、いつの間にか兄とは異質の人間になってしまったのだと思った。それは少し淋《さび》しいことであった。

（辻井喬《つじいたかし》『命あまさず』より）

＊満州　現在の中国東北部にあたる地域。

問 ――線部「自分の頭が、満州に移住するという方向に向かっていかない」とあるが、その理由について説明した次の文の□に入ることばを、文中から二十五字以内で抜《ぬ》き出しなさい。

秋幸は、俳句の創作に向いていない満州に移住するよりも、戦場に身を置いて、□を体験することのほうが、俳人として生きる自分の人生を花開かせるのではないかと考えたから。

らくらく
マルつけ
Ja-42

／100点

答えと解き方⬇別冊17ページ

❶ 次の文章を読んで、あとの問いに答えなさい。〔100点〕

彩子《あやこ》が父の晋作《しんさく》の髪《かみ》を切るのは、彼女《かのじょ》が一瞬《いっしゅん》の惑《まど》いのようなアイドル歌手をやめた直後からで、もう二十年近くになる。月に一度か、二月に三度といった頻度《ひんど》で、父とのこういう時間を持つことが、彼女の楽しみでもあり、安らぎにもなっていた。

正面から見る父は、どことなく全てを見透《みす》かされる［ ① ］というものがあり、愛情を感じていながら身を竦《すく》ませているようなところがあったが、背後から、あるいは、真上から見る父にはそれはなく、折々に年齢《ねんれい》の変化もはっきりと見て取れる、ただの父であった。

白髪《しらが》の比率がずいぶん大きくなり、髪の量が減ったわけでもないのに、量感の乏《とぼ》しさを感じるようになっていた。

「私と隆平《りゅうへい》さんの仲が、どうにかなっているとお思いなんですの？　それとも、隆平さんが、私に隠《かく》れて何かをしているとか、そういうことですの？　私のことを危《あぶな》っかしいとおっしゃったり、今また、隆平さんに何かありそうなことを云《い》いかけて、おやめになったり、変ですわ」

「まぁ、仲良くしなさい。それだけだ」

「仲良くしてますわ」

「それならいい。それならいいんだ。いや、そうじゃないな。はっきり云っておいた方がいいかもしれない。私が何を云おうとしたかというと、隆平君だけじゃない。きみも、そう、二人とも、嘘《うそ》つきの顔をしている。嘘つきの顔って、きみにはわかるまいが、私にはわかる。ただ、どういう嘘かはわからない。画家的な云い方をさせて貰《もら》うなら、寒々とした微笑《びしょう》というやつだよ」

それだけ云うと、晋作は、手を後頭部にまわして、刈《か》り上げられた髪の長さを確かめながら、もういい、このくらいがちょうどいい、これ以上短くなると本当に風邪《かぜ》をひく、どうもありがとう、と首に巻きつけていた白布を自分ではずした。

彩子は黙《だま》っていた。

いや、返す言葉がなく、嘘つきの顔とは一体どのような表情の顔のことをいうのだろうと思いながら、十二月の、クリスマスの雨が降る庭を見つめていた。

からうめと呼ばれる蠟梅《ろうばい》が、小さな黄色い花を咲《さ》かせていた。名前の通り、②蠟細工のような艶《つや》が雨滴《うてき》とともに光っている。

津野《つの》晋作は、一日の共同生活ですっかり馴染《なじ》んだ*アントンを抱《だ》き上げ、煙草《たばこ》を喫《す》っている。彩子が沈黙《ちんもく》してしまったのが気になるのか、よけいなことを云ってしまったねと呟《つぶや》き、でも、本当にそう見えるんだよ、彩子、と掠《かす》れた声で云った。

「嘘つきの顔なんて、そんなおぞましいことをおっしゃって。私、どうすればよろしいの？」

彩子は、泣き出しそうになっていた。

そして、それは、厭《いや》な顔に見えるっていうことですの？　と訊《たず》ねると、晋作は、③心持ち苦しそうな顔で首を振《ふ》り、

「④厭なところが一つもない顔をしてるってことだよ。そういうことってあるかな。三十七歳《さい》の女が、四十五歳の男が、結婚《けっこん》して十一年にもなる妻と夫が、シミ一つない感じの顔でいられるというのは、たがいに嘘が習い性《しょう》となっているってことじゃないか。嘘にも気がつかないくらい身について、顔になってしまっているってことだよ。死ぬまでそれがつづいたら、きみたちは立派な夫婦だが、それはどうかな。どうして行くかは、きみたちが選びなさい」

言葉の途中《とちゅう》で、晋作は腰《こし》を上げ、話の終わりにはアントンを彩子にさし出して、アトリエに入る、ちょっと絵を描《か》くからと云った。


（阿久悠《あくゆう》『絹婚式《きぬこんしき》』より）

＊アントン　晋作が飼っているペルシャ猫《ねこ》。

問1　［　①　］に入ることばとして適切なものを、次の中から一つ選び、記号で答えなさい。（20点）

ア　畏怖感《いふかん》　イ　孤独感《こどくかん》　ウ　倦怠感《けんたいかん》　エ　喪失感《そうしつかん》

［　　］

問2　――線部②「蠟細工のような艶が雨滴とともに光っている」とあるが、この情景に暗示されている「彩子」の心情として適切なものを、次の中から一つ選び、記号で答えなさい。（20点）

ア　晋作の「嘘つきの顔」という表現に困惑《こんわく》して気まずさを感じ、その場から逃《に》げ出したくなっている気持ち。

イ　晋作の「嘘つきの顔」という表現に画家らしい美意識を感じ、父親への尊敬を新たにしている気持ち。

ウ　晋作の「嘘つきの顔」という表現の意味に心当たりがあり、具体的にイメージを描《えが》き始めている気持ち。

エ　晋作の「嘘つきの顔」という表現の意味を理解する糸口を求めようと、必死に思考を巡《めぐ》らせている気持ち。

［　　］

問3　――線部③「心持ち苦しそうな顔」とあるが、このときの晋作の心情として不適切なものを、次の中から一つ選び、記号で答えなさい。（30点）

ア　罪悪感　イ　無力感　ウ　抵抗感《ていこうかん》　エ　疲労感《ひろうかん》

［　　］

問4　――線部④「厭なところが一つもない顔」とあるが、このことばを言い換《か》えている部分を、本文中から六字以上八字以内で抜《ぬ》き出しなさい。（30点）

［　　　　　　　　］

らくらく
マルつけ
Ja-43

OUTPUT! 44

エピソード＋主張

答えと解き方⬇別冊17ページ

ちょこっとインプット
Ji-44

❶ 次の文章を読んで、あとの問いに答えなさい。

いなかの家は日本海の浜辺《はまべ》といっていいところに、ぽつんとある。この夏帰省した。数日、母と二人で、ごはんを食べ、テレビを見る。夜、母は、早めに眠《ねむ》る。ぼくは夜明けまで仕事だ。

まわりは、静かな夜の松林。物音ひとつしない。仕事はあまりの静けさに、はかどる。そしてときどき退屈《たいくつ》になる。部屋には、ぼくひとりしか人間はいないから。

するすると、音がする。なんだろうと畳《たたみ》の上を見たら、小さなカニが歩いている。一円玉ほどの小さなものだ。よくあるような普通《ふつう》のかたちをしているが、体は、淡《あわ》い茶色一色である。子供ではなく、おとなのカニだろう。こきざみに動きながら、どこか落ち着いていて、こちらを見ているような気もする。（中略）

川も海も近いので、カニがいるのかもしれない。家は木造で、すきまがあるので、いろんなものが入ってくる。ヤモリ、ムカデ、カナブン、コオロギ、*スイッチョなど。あと、知らない名前の虫。昔からわが家は、それが当たり前だった。こういう「すきまのある家」は、わが国ではだんだん少なくなっているだろう。

すきまから入る、こういう生き物を見ていると、思う。家の外側で生きてきたこの生き物たちは、この世界について、ぼくのあまり知らないことについて知っているのではないか。こちらが想像している以上に、知っているのではないか。すきまから入るところを見ると、その知っていることをこちらに伝えたいらしい。「たいしたことではないのだけれど。それほどのことではないのだけれど。こちらとあなたはちがうのだけれど」というような、そんな歩調でカニは部屋を横切っていくのだ。

ものごとがゆきづまる。見えなくなる。あるいは人間のための空気がうすまる。そんなときにすきまを見つけて、ふらりと入り、ことばを置いて消えるような。そういうものに見えなくもない。

（荒川洋治《あらかわようじ》「すきまのある家」より）

*スイッチョ　バッタの仲間の昆虫《こんちゅう》。

問 この文章の筆者の主張として適切なものを、次の中から一つ選び、記号で答えなさい。

ア 独自の魅力《みりょく》がある古い家を後世に残すようにすべきである。
イ カニのような小さな存在にしか気づけないことがある。
ウ 自分の外部の存在を受けいれる心のゆとりは大切である。
エ さりげない風景の中に、状況《じょうきょう》のゆきづまりを示す警告がある。

［　　］

ヒント エピソード部分と筆者の主張の部分を区別しよう。

❷ 次の文章を読んで、あとの問いに答えなさい。

大体、世の中というものは不公平に出来ています。血縁《けつえん》、容貌《ようぼう》、知能、力量、環境《かんきょう》、性別。この世に生まれ出たときから、人間にはいわゆる「格差」がつきまといます。この「格差」という言葉にもずいぶん慣れてきました。今の世の中には庶民《しょみん》と庶民じゃない人との二種類が生息していることも、残念ながら了解《りょうかい》しています。

庶民とは、いろいろな掟《おきて》でがんじがらめになり、せっかく得た物まで剝《は》ぎ取られてもなお働きつつ、ふと見つけた小さな花に幸せを見出《みいだ》すタイプ。庶民じゃない人は、権力と権勢と富と地位を抱《かか》え込み、それを傲慢《ごうまん》な態度でちょいちょいと動かして、さらなる権威《けんい》を得ることだけが人生だと信じ込んでいるタイプ。

いえ、どうぞお構いなく、あなたはあなたのお好きな道を歩いて行ってください。ご遠慮《えんりょ》には及《およ》びません。ただこれだけはいえます。でこぼこの道を歩いて行こうと、広々とした舗装道路《ほそうどうろ》を進もうと、行き着くところは一緒《いっしょ》だということ。

終着点で迎《むか》えてくれるもの。それは庶民でも庶民じゃない人でも同じ。『死』です。

『死』は誰《だれ》の身の上にも例外なく必ず訪《おとず》れます。

格差は通用しません。『死』は極《きわ》めて［　　］なのです。

以前、「人間は生まれたときから死に向かって歩み始める」と軽い気持《きもち》でいいましたら、変人扱《あつか》いされたことがありました。会話の中に『死』の話題が混じると「縁起《えんぎ》でもない」と制止されることもあります。

そうでしょうか、『死』はタブー扱いされるべきものなのでしょうか。『生』は善で『死』は悪なのでしょうか。

『死』があるから『生』を大切に思えるのではありませんか。いつか死ぬと決まっているから一所懸命《いっしょけんめい》に生きていられるのではありませんか。死ぬからこそ、一生は貴重なのではないでしょうか。

考えてもみて下さい。もし人間が未来永劫《みらいえいごう》死ねないように創られているとしたら、人類の歴史は存在しなかったでしょう。なんの刺激《しげき》もないままどんどん退化して*ミトコンドリアに戻《もど》り、混沌《こんとん》とした創世の彼方《かなた》に消え去っていったに違《ちが》いありません。

どうぞ『死』を差別なさらないでください。『死』は、人間が一生をかけて付き合う友達なのです。

（竹田真砂子《たけだまさこ》『美しき身辺整理 〝先片付けのススメ〟』より）

*ミトコンドリア　生物の細胞内《さいぼうない》にある小器官。

問1 ［　　］に入ることばとして適切なものを、次の中から一つ選び、記号で答えなさい。

ア 公平　イ 厳格　ウ 寛大《かんだい》　エ 傲慢

［　　］

問2 この文章の筆者の主張を、文中のことばを用いて四十字以内で説明しなさい。

らくらく マルつけ

Ja-44

❶ 次の文章を読んで、あとの問いに答えなさい。

私はむやみに布を集める趣味《しゅみ》がある。旅先でもついつい布を買う。そして家に戻《もど》って、広げたり、畳《たた》んだり、しまったり、挙句《あげく》はしまい場所に困り果てたりしながら、ふと、どうしてこんなことになってしまったのだろうと考える。思い当たるのは小さいころくり返し読んだ、フランシス・バーネット作の『小公女』である。講談社《こうだんしゃ》が出した「少年少女世界文学全集」のうちの一冊でもあった。（中略）

読んでいて悲しい場面は急いで頁《ページ》をくる。たとえば、あまりのつらさにセーラの「想像の世界」が崩《くず》れてしまい、常に自分を見守ってくれていると思っている人形が、「現実」にはガラス玉の目をした物でしかないのに腹を立て、椅子《いす》からたたき落とす場面。

そのかわりに楽しい場面はくり返し読む。ある晩目が覚めると、「想像の世界」が「現実」となり、あたかも魔法《まほう》にかけられたように、暖《だん》炉《ろ》に火が燃え、テーブルに食物が並び、ベッドに絹布団《きぬぶとん》がかかっている場面。不幸に屈《くっ》しない精神をした小さい女の子をやはり誰《だれ》かが見守っていてくれたのであった。隣《とな》りの館に住むインド帰りの紳士《しんし》の親切だが、やがてその紳士がセーラの死んだ父親の親友であることや、セーラが実は以前の十倍もの金持《かねもち》になったことがわかってゆく。

そして、その場面で私が一番心を惹《ひ》かれたのが布の効用である。

「きたないむきだしのものは、みんな布でかくされて、きれいになっていた。かべには美しい色どりのふうがわりな布がさきのとがったピンでとめられていた」。その文章に来ると、急転したセーラの部屋の様子が目の前にありありと浮《う》かび、羨《うらや》ましさで息がとまった。家具も買わず、工事もせず――すなわち、大してお金もかけず、布だけで部屋が美しくなりうるとは。

思えば、布こそ「現実」に魔法をかけ「想像の世界」に変えることができる、もっとも有効なモノである。人に物そのものを変える力がなくとも、布一枚で物が変わってしまう。当時すでに自分は将来お金持にはならないのを知っていたのであろうか、その場面の印象は深く永く心に残った。そして、長じて親の家を出たあと、自分で自由になる部屋を借りるたびに、あちこちに布をかけては安上がりに満足の行く空間に住む喜びを知った。

（水村美苗《みずむらみなえ》「布の効用――バーネット『小公女』」より）

問 ――線部「私はむやみに布を集める趣味がある」とあるが、なぜか。文中のことばを用いて五十字以内で説明しなさい。

ちょこっとインプット
Ji-45
答えと解き方⬇別冊18ページ

ヒント エピソード部分が筆者の心情に与《あた》えた影響《えいきょう》を考えよう。

2 次の文章を読んで、あとの問いに答えなさい。

女学校に入って一番期待したのは割烹《かっぽう》の時間だった。正式には家政科実習の一つだったが、昔の女学生は「お」の字をつけて「おかっぽうの時間」と、甘《あま》やかな大人っぽい感動をもってよんでいた。

運わるく戦争がしだいに悪化してゆく時代の女学生だった私たちは、上級生がしていたように颯爽《さっそう》とした出立《いでた》ちで肉や卵をつかった料理を習うことができず、本当は挽肉《ひきにく》にまぜる玉ねぎをじゃが芋《いも》とまぜ合《あわ》せ、本当はバターを使うところをシラシメ油でまに合せ、というぐあいで、しだいに割烹の材料はなくなってしまった。それでも私たちは割烹に執着《しゅうちゃく》し、春は摘草料理《つみくさりょうり》としゃれこんで、野草を摘《つ》んできては調理したりした。

最後の実習は忘れもしない代用食の作り方であった。家庭から一椀《ひとわん》分《ぶん》のごはんを持ち寄り、蓬《よもぎ》やあかざのような野草を摘んできて、擂《す》り鉢《ばち》で擂りつぶし、搗《つ》きまぜるのにたいへんな時間をかけた。(中略)

今にして思えば先生もつらかったろうが、その日の代用食はこうして野草を沢山《たくさん》入れてこねまわしたごはんの餅《もち》を、油で焼くというしろものだった。それに同じく野草のすまし汁《じる》を作った。ところが乏《とぼ》しい油を分け合って焼いた野草餅は、苦心の甲斐《かい》もなく各グループともべたべたに焦《こ》げついたり、つなぎが弱くて裏返すこともできず、しまいには泣きたいような気分でお焦げになったごはん餅を掻《か》きあつめた。私たちは得体のしれぬ油くさい代用食の出来そこないを皿に分けあい、この上なくみじめな思いになって、ふしぎな、まずいものを食べた。このことによって、割烹に期待する少女の夢は絶望的に崩壊《ほうかい》したが、これが、じつに代用食日常化のはじまりであった。それから徐々《じょじょ》に、ごはんには半分おからがまじり、豆粕《まめかす》がまじり、蕎麦《そば》の小さな折れ屑《くず》がまじり、ごそごそとして嚥下《えんげ》が困難な主食になった頃《ころ》には学徒動員で飛行機工場の寮《りょう》に入れられていた。

憧《あこが》れの割烹の時間が、次々に幻滅《げんめつ》を重ね、極限の代用食を食べて育った私たち世代は、そのせいか戦後、いちはやく料理学校に通った人が少なくない。私なども昭和二十三年に教職に就《つ》くと焼け跡《あと》に復興した料理学校の夜間部に通い、戦争で失った割烹の夢を叶《かな》えようと心を弾《はず》ませた。はじめてオーブンを使ってクッキーを焼いた時の心もとろけるようなやさしい香りは、さながら輝《かがや》かしい「あす」につながっているような文化の香りであった。

はるかな時間がたったいま思うそれは、回顧《かいこ》や思い出というようなものでもなく、ふしぎなみずみずしさで、ずうっと存在している異次元の空間のように明るんでいる。

(馬場《ばば》あき子《こ》「代用食」より)

問 ——線部「それ」が指し示す内容を、文中のことばを用いて五十字以内で説明しなさい。

らくらくマルつけ

Ja-45

日常の出来事がテーマの文章

❶ 次の文章を読んで、あとの問いに答えなさい。

何十年もお隣《となり》に住んでいるが、生活の中にまで踏《ふ》み込《こ》んでいくようなおつきあいはない。それは御近所《ごきんじょ》のどのお宅とも同じであるが、しかし私のような一人ぐらしのお宅はないので、みなさんが、それとなく見守っていて下さることはよくわかる。（中略）以前、夜更《よふ》けに私の家の塀《へい》に車をぶつけられたときなど、私は気がつかなかった。外がさわがしいので出てみたら御近所の方々が出ていて、車をぶつけた人の名や住まいをきいてメモしてくれていた。あと処理のことなどはお隣さんがきちんと話してくれていた。私はすっかり恐縮《きょうしゅく》してしまった。車をぶつけた青年が、

「猫《ねこ》をよけようと思って、塀にぶつかってしまって、すみません」

というのをきいて、やさしい人なのだと、ほっとしてしまって、ただぼんやり立っていたのだった。そのときの御近所の方々の親切は忘れられない。

ふだんは顔を合わせれば挨拶《あいさつ》を交《か》わすくらいだが、ごみ出しのための当番なども気をつかってもらうので、甘《あま》えてはならないと思って、いっしょうけんめいくらしている。

そんなことまで思い出させてくれる坊《ぼう》やの手紙だった。つかれも忘れ、帰宅したままの姿で私は懐中電灯《かいちゅうでんとう》を手に庭に出た。よくボールの入るあたりを探すと、サッカーボールは大きいからすぐ見つかった。そのままお隣の門でベルを押《お》した。

「サッカーボール見つかったので、持ってきました」

インターホンで伝えると、お母さんのあとから坊やがとび出してきた。ボールを渡《わた》すと、ニコッとした。お母さんは手紙のことは知らなかったようだ。

二、三日して、坊やのおばあちゃまに会った。

「坊や、大きくなったわね。とてもかわいいお手紙もらったのよ。うれしかった」

私は、手紙を読みながら思い出したことの一部分を話した。長年のおつきあいだから、くどくどいわなくてもお互《たが》いにすぐわかる。

私は、坊やの手紙を大事に文箱《ふばこ》にしまった。

（吉沢久子《よしざわひさこ》「御近所との長いおつきあい」より）

問 ——線部「坊やの手紙」はどのような内容だったと考えられるか。その説明として適切なものを、次の中から一つ選び、記号で答えなさい。

ア 「私」の生活や体調を気づかう見舞《みま》い。
イ 「私」に自分の成長を認めてほしいという要望。
ウ 「私」の敷地《しきち》でボールをなくしたお詫《わ》び。
エ 「私」との長年の思い出をつづった感謝。

［　　］

ちょこっとインプット
Ji-46
答えと解き方⬇別冊18ページ

ヒント 「手紙を読みながら思い出したこと」をヒントに推測しよう。

2 次の文章を読んで、あとの問いに答えなさい。

さて、笑うとうれしい。これはあたりまえです。だから「あやす」。ではあたりまえではないのに、不思議に快感を感じるのは何か。それは「しかる」。

「しかる」は成長にしたがってどんどん領分をひろげていきます。アカンボはほんとにぐちゃぐちゃです。親が、家族が、家庭の秩序《ちつじょ》が、そして他者が、やってほしくないことをどんどんする。それに対して親は、いけない、あぶないを教え込《こ》まねばならない。

わたしはときどきこわい顔をして、アカンボのてのひらをぴしっとやります。するとアカンボは泣く。はじめはハッとして泣くといった条件反射的な泣き方ですが、成長するにつれ、だんだん、「しかられる」がわかってき、すぐ泣かずに、一〇秒か二〇秒くらい唇《くちびる》をとがらせて泣きたいのを必死でこらえたあげくに泣くようになる。その瞬間《しゅんかん》の、複雑な、被害者然《ひがいしゃぜん》とした、被虐的《ひぎゃくてき》な、アナタはツヨイ、ワタシはマケタという表情と態度。それは「しかる」と言いつつなんかとても「いじめ」に近いぞとわたしは何度も思いました。いじめとは自分の力をもって他者をコントロールすることである、とも考えました。

しかも叱《しか》る親は、これはしつけで、わたしはこの子をそだてているのだという、①＊葵《あおい》のご紋《もん》を持ってるようなものだ。後ろめたく思う必要なんてないのだ、自分のしたいようにしつける……とかなんとか言っているうちに、歯止めがきかなくなるときがある。②気をつけましょう。

（伊藤比呂美《いとうひろみ》『良いおっぱい 悪いおっぱい』より）

＊葵のご紋　徳川《とくがわ》将軍家の家紋。

問1 ——線部①「葵のご紋を持ってるようなもの」とはどういうことか。その説明として適切なものを、次の中から一つ選び、記号で答えなさい。

ア　伝統を守る存在として、自らの正しさに疑いを抱《いだ》かないでいられるということ。

イ　自分の非を認めなくてもとがめる者のいない、特権的な立場にあるということ。

ウ　社会的な権威《けんい》を体現するものとして、丁重《ていちょう》な扱《あつか》いを要求できるということ。

エ　大義名分をふりかざして好きなようにふるまうことができるということ。

［　　］

問2 ——線部②「気をつけましょう」とあるが、筆者はどのようなことに気をつけるべきだと考えているか。文中のことばを用いて四十字以内で説明しなさい。

らくらくマルつけ
Ja-46

OUTPUT! 47

昔の出来事がテーマの文章

答えと解き方➡別冊19ページ

ちょこっとインプット

Ji-47

❶ 次の文章を読んで、あとの問いに答えなさい。

『原爆体験記《げんばくたいけんき》』を通読すれば、八月六日のあの当日のもようが、まざまざとわかる。一度、かるい空爆の飛行機がすぎていったあとで、まぎれ込《こ》んできたような一台が高空から原爆を投下した。その瞬間《しゅんかん》の印象は、スパークに似た強烈《きょうれつ》な光《ひか》りのあとで、地の芯《しん》にひびく落下の手ごたえがあり、意識を失い、気がついたときは周囲が崩壊物《ほうかいぶつ》の山でその下敷《したじ》きとなっていた。身をもって脱出《だっしゅつ》したときは阿鼻叫喚《あびきょうかん》で、全身のヒフが剝《む》けて垂れさがった、男とも女ともわからない人間が、おめきながらあるいていたという、凄惨《せいさん》な場面の描写《びょうしゃ》は、ほぼ一致《いっち》している。終戦後まもなく、一人の罹災《りさい》した画家がじぶんのみたものを画《えが》いたものをみせてくれたが、体験記とはちがった生々しく、*レアルなもので、また正視にはよほど勇気の要《い》る、むしろその画を見たことを早く忘れてしまいたくなるようなものであった。

むかし、*ゴヤの絵を見て、嘔吐《おうと》した男がいたが、そんなものではない。それから、腹立ちがわいてくる。しばらくは、それがなんに対しての憤《いきどお》りか見当がつかないがそれが、しだいに人間に対する怒《いか》りになってゆく。そんなものを画いた画家に対しての、エゴイスティックな腹立ちともおもえるが、それでもない。一個の爆弾《ばくだん》を命令によって投下していった一飛行士への焦点《しょうてん》のあてかたも、見当外れにすぎないとわかる。国家のボスたちの*ギニョールの泥《どろ》えのぐで塗《ぬ》った顔や、*シアンスそのものへの八《や》つ当《あた》りにも変《かわ》ってゆく。究極は国のせりあい、民族のいがみ合いで終始した、人間の歴史という奴《やつ》が、凶暴《きょうぼう》な正体をあらわしてくる。もっと内側の、憎《にく》しみをたがいに研《と》ぎあうもの、「他人に存在してほしくない非条理な本能」に辿《たど》りつく。そして、それは、「他人が存在しなくては生きてゆけない感情」の単純なうら返しなのである。

（金子光晴《かねこみつはる》「『八月六日』にあたって思うこと」より）

*レアル　現実的な。リアル。
*ゴヤ　スペインの画家（一七四六～一八二八）。
*ギニョール　操《あやつ》り人形。またそれによる人形劇。
*シアンス　科学や学問のこと。サイエンス。

問　――線部「人間に対する怒り」の説明として適切なものを、次の中から一つ選び、記号で答えなさい。

ア　他人の存在を利用しようとする人間の欲望に対する怒り。
イ　他人の存在を想像することができない人間に対する怒り。
ウ　他人の存在を否定しようとする人間の本能に対する怒り。
エ　憎しみをあおり合う国家を統治する人間に対する怒り。

［　　］

ヒント
「怒り」の対象を、――線部のあとの部分から読み取ろう。

❷ 次の文章を読んで、あとの問いに答えなさい。

＊クリント・イーストウッドの＊硫黄島《いおうじま》二部作の2にあたる「硫黄島からの手紙」を観《み》るために、武道館へ行った。（中略）

「硫黄島からの手紙」は「父親たちの星条旗」の続篇《ぞくへん》ではない。「父親たちの星条旗」はアメリカ軍の視点であるが、「手紙」はその裏側――アメリカ軍を迎《むか》えうつ日本軍側に視点をおいて、島での攻防戦《こうぼうせん》を描《えが》いている。一つの戦争をめぐって、米日双方《そうほう》の映画を一本ずつ作るというケースは今までにないと思う。

戦場のピリピリした、痛いような空気は、「父親たち」で充分《じゅうぶん》に表現されていた。

「手紙」は日本の兵士たちが硫黄島で米軍を待っているところで始まる。いくらイーストウッドに才能があっても、日本軍の複雑な内部事情、当時の日本国内の雰囲気《ふんいき》、大本営が硫黄島守備隊を見すてる非情さ、などが描けるのかと、いくらか不安に思っていたら、とんでもない。日本映画が描けなかった暗部までみごとに描ききっている。

（中略）

「父親たち」の戦闘《せんとう》シーンは文句なしに圧倒的《あっとうてき》だが、米本土での〈＊国債《こくさい》ツアー〉での三人の悩《なや》みには、いまひとつ、わかりにくい細部があった。

その点、「手紙」は、ぼく自身の生きてきた時代のことであり、〈＊銃後《じゅうご》〉の風景もなじみ深いものである。アメリカ映画でここまで深く描かれては、日本人として立つ瀬《せ》がないという気持《きもち》もある。わかりやすさ、という点では「手紙」の方が親しめるのは当然だろう。

原題は「硫黄島からの手紙たち」である。映画の発端《ほったん》で、硫黄島の洞穴《どうけつ》の中を掘《ほ》っていた日本人たちが袋《ふくろ》のようなものを見つけるのがプロローグで、エピローグでは袋が破け、日本兵たちが書いた手紙が飛び散る。そういえば、中将から若者まで、この映画では、何人かが絵入りやら何やらの手紙を書いていた。

イーストウッドの結論は、〈無念〉――これだろう。それにしても、二卵性双生児《にらんせいそうせいじ》のような反戦映画を作る彼《かれ》の意欲は、すさまじい。

（小林信彦《こばやしのぶひこ》『昭和が遠くなって　本音を申せば③』より）

＊クリント・イーストウッド　アメリカの俳優・映画監督《えいがかんとく》（一九三〇〜）。
＊硫黄島二部作　第二次世界大戦末期の硫黄島の戦いを描いた二つの反戦映画。
＊国債ツアー　戦争資金を得るための宣伝活動。
＊銃後　直接的には戦争に加わらない一般《いっぱん》国民や国内。

問　――線部「二卵性双生児のような反戦映画」という比喩《ひゆ》は、どのようなことをたとえているか。その説明として適切なものを、次の中から一つ選び、記号で答えなさい。

ア　硫黄島二部作は、同じ戦争を題材としながら、それぞれ異なるメッセージを伝えるということ。
イ　硫黄島二部作は、同じ戦争の風景を、対立する陣営《じんえい》それぞれの視点から描いているということ。
ウ　硫黄島二部作は、同じ戦争を扱《あつか》っていても、その完成度には大きな差があるということ。
エ　硫黄島二部作は、同じ戦争について、一方が良い面を、他方が悪い面を語っているということ。

［　　　］

らくらくマルつけ
Ja-47

まとめのテスト7

答えと解き方⬇別冊19ページ

／100点

1 次の文章を読んで、あとの問いに答えなさい。［100点］

小学校四年の時、クラスに片足の悪い子がいました。名前をIといいました。Iは足だけでなく片目も不自由でした。背もとびぬけて低く、勉強もビリでした。ゆとりのない暮らし向きとみえて、衿《えり》があかでピカピカ光った、お下がりらしい背丈《せたけ》の合わないセーラー服を着ていました。性格もひねくれていて、かわいそうだとは思いながら、担任の先生も私たちも、ついIを疎《うと》んじていたところがありました。

たしか秋の遠足だったと思います。

リュックサックと水筒《すいとう》を背負い、朝早く校庭に集まったのですが、級長をしていた私のそばに、Iの母親がきました。子供のように背が低く手ぬぐいで髪《かみ》をくるんでいました。かっぽう着の下から大きな風《ふ》呂敷包《ろしきづつ》みを出すと、

「これみんなで」

と小声で繰《く》り返しながら、私に押《お》しつけるのです。

古新聞に包んだ中身は、大量のゆでたまごでした。①ポカポカとあたたかい持ち重りのする風呂敷包みを持って遠足にゆくきまりの悪さを考えて、私は一瞬《いっしゅん》ひるみましたが、頭を下げているIの母親の姿にいやとは言えませんでした。

歩き出した列の先頭に、大きく肩《かた》を波打たせて必死についてゆく②Iの姿がありました。Iの母親は、校門のところで見送る父兄《ふけい》たちから、一人離《はな》れて見送っていました。

私は愛という字を見ていると、なぜかこの時のねずみ色の汚《よご》れた風呂敷とポカポカとあたたかいゆでたまごのぬくみと、いつまでも見送っていた母親の姿を思い出してしまうのです。

Iにはもうひとつ思い出があります。運動会の時でした。Iは徒競走に出てもいつもとびきりのビリでした。その時も、もうほかの子供たちがゴールに入っているのに、一人だけ残って走っていました。走るというより、片足を引きずってよろけているといったほうが適切かも知れません。Iが走るのをやめようとした時、女の先生が飛び出しました。

名前は忘れてしまいましたが、かなり年輩《ねんぱい》の先生でした。叱言《こごと》の多い気むずかしい先生で、担任でもないのに掃除《そうじ》の仕方が悪いと文句を言ったりするので、学校で一番人気のない先生でした。その先生が、Iと一緒《いっしょ》に走り出したのです。先生はゆっくりと走って一緒にゴールに入り、Iを抱《だ》きかかえるようにして校長先生のいる天幕に進みました。ゴールに入った生徒は、ここで校長先生から鉛筆《えんぴつ》を一本もらうのです。校長先生は立ち上がると、体をかがめてIに鉛筆を手渡《てわた》しました。

愛という字の連想には、この光景も浮《う》かんできます。

今から四十年もまえのことです。

テレビも週刊誌もなく、子供は「愛」という［　③　］な単語には

無縁《むえん》の時代でした。

私にとって愛は、ぬくもりです。小さな勇気であり、やむにやまれぬ自然の衝動《しょうどう》です。「神は細部に宿りたもう」ということばがあると聞きましたが、④私にとっての愛のイメージは、このとおり「小さな部分」なのです。

（向田邦子《むこうだくにこ》「ゆでたまご」より）

問1 ——線部①「ポカポカとあたたかい持ち重りのする風呂敷包み」を受け取ったときの「私」の心情として適切なものを、次の中から一つ選び、記号で答えなさい。（20点）

ア　Ｉの母親の思いがけない気づかいに驚《おどろ》きつつも、気の利《き》いた差し入れをうれしく思う気持ち。

イ　ゆでたまごの温かさにほっとして級長としての緊張《きんちょう》が解け、Ｉの母親のやさしさに感じ入る気持ち。

ウ　欲《ほ》しくない差し入れを迷惑《めいわく》だと思いつつも、Ｉをうとましく思っていたことに罪悪感を覚える気持ち。

エ　大きな風呂敷包みをもたされることを恥《は》ずかしく感じつつも、Ｉの母親の愛情に圧倒《あっとう》される気持ち。

［　　］

問2 ——線部②「Ｉの母親は、校門のところで見送る父兄たちから、一人離れて見送っていました」とあるが、このときの「Ｉの母親」の心情を、文中のことばを用いて四十五字以内で説明しなさい。（30点）

問3 ③ に入ることばとして適切なものを、次の中から一つ選び、記号で答えなさい。（20点）

ア　具体的　イ　西洋的　ウ　抽象的《ちゅうしょうてき》　エ　専門的

［　　］

問4 ——線部④「私にとっての愛のイメージ」とはどのようなものか。「のイメージ。」につながる形で、文中のことばを用いて四十字以内で説明しなさい。（30点）

のイメージ。

らくらくマルつけ

Ja-48

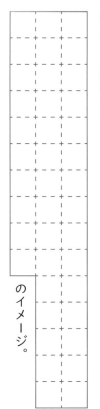

OUTPUT! 49 詩の種類・表現技法

ちょこっとインプット
Ji-49

答えと解き方⬇別冊20ページ

1 次の詩を読んで、あとの問いに答えなさい。

歌　　　　中野《なかの》重治《しげはる》

お前は歌うな
お前は*赤ままの花やとんぼの羽根を歌うな
風のささやきや女の髪《かみ》の毛の匂《にお》いを歌うな
すべてのひよわなもの
すべての*うそうそとしたもの
すべての物憂《ものう》げなものを撥《はじ》き去れ
すべての風情《ふぜい》を*擯斥《ひんせき》せよ
もっぱら正直のところを
腹の足しになるところを
胸先《むなさき》を突《つ》き上げて来るぎりぎりのところを歌え
たたかれることによって弾《は》ねかえる歌を
恥辱《ちじょく》の底から勇気をくみ来《きた》る歌を
それらの歌々を
咽喉《のど》をふくらまして厳しい韻律《いんりつ》に歌い上げよ
それらの歌々を
行《ゆ》く行く人々の*胸廓《きょうかく》にたたきこめ

（『少年少女日本文学館第八巻　明治・大正・昭和詩歌選』より）

*赤まま　赤紫色《あかむらさきいろ》の穂《ほ》をつける草。
*うそうそ　はっきりせず半端《はんぱ》なさま。
*擯斥　しりぞけること。
*胸廓　胸の中。

問1　この詩の種類として適切なものを、次の中から一つ選び、記号で答えなさい。

ア　口語定型詩　　イ　口語自由詩
ウ　文語定型詩　　エ　文語自由詩

［　　　］

問2　この詩で用いられている表現技法として適切なものを、次の中からすべて選び、記号で答えなさい。

ア　比喩《ひゆ》　　イ　対句《ついく》　　ウ　倒置法《とうちほう》　　エ　体言止め

［　　　］

ヒント　似た語句がならべられている部分に着目してみよう。

❷ 次の詩を読んで、あとの問いに答えなさい。

表札　石垣《いしがき》りん

自分の住むところには
自分で表札を出すにかぎる。

自分の寝泊《ねとま》りする場所に
他人がかけてくれる表札は
いつもろくなことはない。

病院へ入院したら
病室の名札には石垣りん様と
様が付いた。

旅館に泊っても
部屋の外に名前は出ないが
やがて焼場《やきば》の鑵《かま》にはいると
とじた扉《とびら》の上に
石垣りん殿《どの》と札が下がるだろう
そのとき私がこばめるか？

様も
殿も
付いてはいけない、

自分の住む所には
自分の手で表札をかけるに限る。

精神の在り場所も
ハタから表札をかけられてはならない
石垣りん
それでよい。

（石垣りん『石垣りん詩集』より）

問1 この詩の種類として適切なものを、次の中から一つ選び、記号で答えなさい。

ア　口語定型詩　　イ　口語自由詩
ウ　文語定型詩　　エ　文語自由詩

［　　　］

問2 この詩で用いられている「比喩」の表現技法について説明した次の文の ① ・ ② に入ることばを、詩の中からそれぞれ五字以上十字以内で抜《ぬ》き出しなさい。

① を ② にたとえている。

①［　　　　　　　　　　］
②［　　　　　　　　　　］

らくらく
マルつけ
Ja-49

OUTPUT! 50 詩のテーマ

答えと解き方➡別冊20ページ

ちょこっとインプット
Ji-50

❶ 次の詩と解説文を読んで、あとの問いに答えなさい。

退屈《たいくつ》　江國《えくに》香織《かおり》

1 遊びにいってきます
2 と　いって
3 おもてにでても
4 どうしていいかわからずに
5 へいにもたれて
6 立っていた。
7 せかいぜんぶをむこうにまわし
8 ひとりぼっちだった
9 あの日。
10 しじみちょうと　とかげだけは
11 すこし
12 仲間だった。

（江國香織『すみれの花の砂糖づけ』より）

【解説文】

この詩では文の区切り方によって独特の効果が生まれています。まず、［①］行目と［②］行目では、読点を使わずに一字空けることで、詩のリズムの中に読者が一呼吸おいてイメージをふくらませるゆとりが出ています。

次に、改行の位置に注目しましょう。6行目や9行目や12行目は、文が終わる直前の文節で改行した、短い一行です。

この改行によって、それぞれのことばが強調されます。所在なさげに立ち尽《つ》くしている様子や、「あの日」の［③］、そして「［④］」を見つけたうれしさがしみじみと思い浮《う》かびます。

つまり、この詩を読んでいると、詩人が生み出したペースに合わせて、自然とじっくりことばに向かい合うことになるのです。（書き下ろし）

問1 ［①］と［②］に入る行の番号を算用数字で書きなさい。

①［　　］　②［　　］

問2 ［③］に入ることばとして適切なものを、次の中から一つ選び、記号で答えなさい。

ア 歓喜《かんき》　イ 悲哀《ひあい》　ウ 困惑《こんわく》　エ 孤独《こどく》

［　　］

問3 ［④］に入ることばとして適切なものを、詩から三字以内で抜《ぬ》き出しなさい。

［　　　］

ヒント 強調されていることばから詩のテーマを読み取ろう。

❷ 次の詩と解説文を読んで、あとの問いに答えなさい。

秋の夜の会話　　草野心平《くさのしんぺい》

さむいね
ああ　さむいね
虫がないてるね
ああ　虫がないてるね
もうすぐ土の中だね
土の中はいやだね
痩《や》せたね
君もずいぶん痩せたね
どこがこんなに切ないんだろうね
腹だろうかね
腹とったら死ぬだろうね
死にたくはないね
さむいね
ああ　虫がないてるね

（『少年少女日本文学館　第八巻　明治・大正・昭和詩歌選』より）

【解説文】

草野心平は蛙《かえる》についての詩を多く残した詩人です。この詩の語り手も、明示はされていませんが、実は蛙なのです。蛙は寒さに弱く、冬《とう》眠《みん》する生き物ですが、この詩ではそんな蛙の生態が、「さむいね」や「①」ということばに端的《たんてき》に示されています。また、この詩ではすべての行が「ね」という語尾《ごび》で終わっています。この語尾は親しい間がらで用いられ、②の意味合いがありますが、それを繰《く》り返すことで、蛙たちへの親しみを感じさせ、冬を恐《おそ》れる彼《かれ》らの切実な状況《じょうきょう》をいっそう意識させています。（書き下ろし）

問1 ①に入ることばとして適切なものを、詩から五字以内で抜き出しなさい。

□□□□□

問2 ②に入ることばとして適切なものを、次の中から一つ選び、記号で答えなさい。

ア　疑問　イ　詠嘆《えいたん》　ウ　念押《ねんお》し　エ　限定

［　　］

問3 この詩で用いられている比喩《ひゆ》の種類として適切なものを、次の中から一つ選び、記号で答えなさい。

ア　隠喩《いんゆ》　イ　直喩

［　　］

らくらく マルつけ
Ja-50

OUTPUT! 51

短歌の鑑賞《かんしょう》

ちょこっとインプット
Ji-51

答えと解き方⬇別冊20ページ

❶ 次の短歌を読んで、あとの問いに答えなさい。

A しづかなる若葉のひまに*立房《たちぶさ》の橡《とち》の花さきて心つつまし　佐藤《さとう》佐《さ》太《た》郎《ろう》

B 宵々《よいよい》の露《つゆ》しげくしてやはらかき無花果《いちじく》の実に沁《し》みとほるらん　佐藤佐太郎

C ちる花はかずかぎりなしことごとく光をひきて谷にゆくかも　上《うえ》田《だ》三《み》四《よ》二《じ》

（『少年少女日本文学館　第八巻　明治・大正・昭和詩歌選』より）

*立房の橡の花　橡の花が直立の枝に房状に咲《さ》いている様子。

問1 字余りの短歌をA～Cの中から一つ選び、記号で答えなさい。　［　　］

問2 A～Cの短歌の句切れとして適切なものを、次の中からそれぞれ一つ選び、記号で答えなさい。

ア 初句切れ　イ 二句切れ　ウ 三句切れ
エ 四句切れ　オ 句切れなし

A［　　］　B［　　］　C［　　］

問3 A～Cの短歌の鑑賞文として適切なものを、次の中からそれぞれ一つ選び、記号で答えなさい。

ア 若葉の隙間《すきま》から垣間《かいま》見える花の様子を、心に重ね合わせて表現している。

イ 露と果実を重ねて描写《びょうしゃ》することで、果実のみずみずしさを表現している。

ウ 花が散るときの無数の花びらの軌跡《きせき》を想起させることで、その美しさを強調している。

A［　　］　B［　　］　C［　　］

ヒント
句切れを考えるときには、短歌の途中《とちゅう》に句点（。）を入れられるところを探そう。

❷ 次の短歌を読んで、あとの問いに答えなさい。

A　*飛騨《ひだ》びとは蕨《わらび》売るとし*国の秀《ほ》の若葉の山をひたすら行《ゆ》けり　木俣修《きまたおさむ》

B　われのみか悲しき虫等《むしら》森にゐて営み生きぬ土に這《は》ひつつ　宮柊二《みやしゅうじ》

C　接吻《くちづけ》をかなしく了《お》へしものづかれ八つ手団花《だまばな》に息吐《は》きにけり　宮柊二

D　耳を切りし*ヴァン・ゴッホを思ひ孤独《こどく》を思ひ戦争と個人を思ひて眠《ねむ》らず　宮柊二

E　勁《つよ》くして縋《すが》らぬものぞ一口に言はば慈悲《じひ》など乞《こ》はぬ者となれ　宮柊二

F　吾《わ》が前に靴《くつ》に紙幣《しへい》をしまひたる少女は去りぬ日食《にっしょく》の街　近藤芳美《こんどうよしみ》

G　唱《とな》ふごと鶏《とり》追ひて居る妻《つま》の声雪ぐもはれて行く夕ぐれに　近藤芳美

（『少年少女日本文学館　第八巻　明治・大正・昭和詩歌選』より）

＊飛騨びと　飛騨（今の岐阜県北部）の人。
＊国の秀　国の中でも景色などが最もすばらしい場所。
＊ヴァン・ゴッホ　オランダの画家（一八五三～一八九〇）。

問1　字余りの短歌をA～Gの中からすべて選び、記号で答えなさい。

［　　　　］

問2　A・F・Gの短歌の句切れとして適切なものを、次の中からそれぞれ一つ選び、記号で答えなさい。

ア　初句切れ　イ　二句切れ　ウ　三句切れ
エ　四句切れ　オ　句切れなし

A［　　］　F［　　］　G［　　］

問3　次の鑑賞文に合う短歌として適切なものを、A～Gの中からそれぞれ一つ選び、記号で答えなさい。

① 生活の中の風景の美しさに気づいた感動を表している。
② 強烈《きょうれつ》な印象の語を並べ、安らげない心情を表している。
③ 体言止めの句で、情景の描写《びょうしゃ》を俯瞰的《ふかんてき》なものに転換《てんかん》している。

①［　　］　②［　　］　③［　　］

らくらく マルつけ
Ja-51

OUTPUT! 52 まとめのテスト⑧

答えと解き方⬇別冊21ページ

／100点

❶ 次の詩と解説文を読んで、あとの問いに答えなさい。［50点］

愛について　　安藤一郎《あんどういちろう》

1 日々　私といっしょに
2 私の中から
3 一つの果実が熟《う》れてゆく——
4 その内部に　ひそむ
5 蜂《はち》の巣の蜜房《みつぶさ》のように
6 整然とした　構築
7 （あれも　私と共に形成されているのだ）
8 輪形にふくらむ世界
9 金いろの瞑想《めいそう》と　新しい官能を呼ぶ匂《にお》い
10 果実は　次第《しだい》に軟《やわら》かくなる
11 或《あ》るときは　あでやかに
12 あまりにも明るく
13 中空に懸《かか》り
14 或るときは　孤独《こどく》の*暈《くま》をめぐらし
15 地上に仰向《あおむ》く　私の額に
16 腫瘍《しゅよう》のように触《ふ》れる！
17 だが　私は
18 まだ　この果実の重さを測ったことがない

（『少年少女日本文学館　第八巻　明治・大正・昭和詩歌選』より）

＊暈　かげ。

【解説文】

この詩では愛が［①］にたとえられており、愛のもつさまざまな側面がさらなる比喩《ひゆ》を用いて描《えが》かれています。たとえば、14～16行目では、愛には［②］をもたらす側面があることが示されています。（書き下ろし）

問1 この詩で直喩《ちょくゆ》が用いられている行をすべて選び、算用数字で答えなさい。（完答・10点）
［　　　］

問2 ［①］に入ることばとして適切なものを、詩から三字以内で抜《ぬ》き出しなさい。（20点）
［　　　］

問3 ［②］に入ることばとして適切なものを、次の中から一つ選び、記号で答えなさい。（20点）
ア 幻想《げんそう》　イ 葛藤《かっとう》　ウ 苦悩《くのう》　エ 混乱
［　　　］

❷ 次の短歌を読んで、あとの問いに答えなさい。［50点］

A　ひた赤し落ちて行く日はひた赤し＊代掻馬《しろかきうま》は首ふりすすむ　結城哀草果《ゆうきあいそうか》

B　雪のうへに顔押《お》しつけし童《わらべ》らの面型《おもがた》ならぶ＊山峡《やまかい》のみち　結城哀草果

C　リラの花卓《はなつくえ》のうへに匂《にほ》ふさへ五月《さつき》はかなし＊汝《なれ》に会はずして　木俣修《きまたおさむ》

D　末黒野《すぐろの》にひとすぢ通るさざれ水この夕光《ゆうかげ》に声冴《さ》えにけり　木俣修

E　霜《しも》どけのいまだ凍《こほ》らぬゆふぐれに泪《なみだ》のごとき思ひこそ湧《わ》け　佐藤佐太郎《さとうさたろう》

F　たちまちに君の姿を霧《きり》とざし或《あ》る楽章をわれは思ひき　近藤芳美《こんどうよしみ》

G　滝《たき》の水は空のくぼみにあらはれて空ひきおろしざまに落下す　上田三四二《うえだみよじ》

（『少年少女日本文学館　第八巻　明治・大正・昭和詩歌選』より）

＊代掻馬　田植えのために田を平らにする作業で用いられる馬。

＊山峡　山と山の間。　＊汝　あなた。

問1　字余りの短歌をA～Gの中からすべて選び、記号で答えなさい。（完答・10点）

［　　　　］

問2　体言止めの短歌をA～Gの中から一つ選び、記号で答えなさい。（5点）

［　　　　］

問3　B・F・Gの短歌の句切れとして適切なものを、次の中からそれぞれ一つ選び、記号で答えなさい。（5点×3）

ア　初句切れ　イ　二句切れ　ウ　三句切れ

エ　四句切れ　オ　句切れなし

B［　　］　F［　　］　G［　　］

問4　次の鑑賞文に合う短歌として適切なものを、A～Gの中からそれぞれ一つ選び、記号で答えなさい。（10点×2）

①　姿が見えなくなった人への思いの強さを、音楽を想起させることで表現している。

②　花の香りに心動かされた様子を歌い、思う人に会えない切なさを表現している。

①［　　］　②［　　］

らくらく
マルつけ
Ja-52

OUTPUT! 53 歴史的仮名遣《かなづか》い

❶ 次の文章を読んで、あとの問いに答えなさい。

①あづま路《ぢ》の道のはてよりも、②なほ奥《おく》つかたに生《お》ひ出《い》でたる人、いかばかりかはあやしかりけむを、いかに思ひはじめけることにか、世の中に物語と③いふもののあんなるを、いかで見ばやと④思ひつつ、つれづれなるひるま、⑤よひゐなどに、姉、継母《ままはは》など⑥やうの人々の、その物語、かの物語、光源氏《ひかるげんじ》のあるやうなど、ところどころ語るを聞くに、いとどゆかしさまされど、わが思ふままに、そらにいかでかおぼえ語らむ。いみじく心もとなきままに、等身に薬師仏を造りて、手洗ひなどして、人まにみそかに入りつつ、「京にとくあげたまひて、物語の多く⑦さぶらふなる、あるかぎり見せ⑧たまへ」と、身をすてて額《ぬか》をつき祈《いの》り申すほどに、十三になる年、のぼらむとて、九月三日かどでして、いまたちといふ所にうつる。

年ごろあそび馴《な》れつる所を、⑨あらはに⑩こほちちらして、立ちさわぎて、日の入りぎはの、いとすごく霧《き》りわたりたるに、車にのるとて、うち見やりたれば、人まには参りつつ額をつきし薬師仏の立ちたまへるを、見すてたてまつる悲しくて、人知れずうち泣かれぬ。

（菅原孝標女《すがわらのたかすえのむすめ》『更級日記《さらしなにっき》』より）

問 ——線部①〜⑩を現代仮名遣いに直し、すべてひらがなで答えなさい。

① [　　]
② [　　]
③ [　　]
④ [　　]
⑤ [　　]
⑥ [　　]
⑦ [　　]
⑧ [　　]
⑨ [　　]
⑩ [　　]

答えと解き方➡別冊21ページ

ちょこっとインプット
Ji-53

ヒント
現代語ではどのように発音するか考えてみよう。

❷ 次の文章を読んで、あとの問いに答えなさい。

昔、①天竺《てんぢく》に一寺あり。住僧もつとも多し。達磨《だるま》②和尚《をしやう》この寺に入りて、僧どもの行ひを窺《うかが》ひ見給ふに、ある坊《ぼう》には念仏し、経を読み、さまざまに行ふ。ある坊を見給ふに、八九十ばかりなる老僧の、ただ二人ゐて囲碁《ゐご》を打つ。仏もなく、経もA見えず。ただ囲碁を打つ外《ほか》は他事なし。達磨件《くだん》の坊を出でて、他の僧にB問うに、答へて③曰《いは》く、「この老僧二人、若きより囲碁の外はする事なし。すべて仏法の名をだに聞かず。よつて寺僧、憎《にく》みいやしみて④交会《けうくわい》する事なし。むなしく僧《そう》供《ぐ》を受く。⑤外道《げだう》のごとくC思えり」と云々《うんぬん》。

和尚これを聞きて、「定めて様あらん」と思ひて、この老僧が傍《かたは》らにゐて、囲碁打つ有様を見れば、一人は立てり、一人は居りと見るに、忽然《こつぜん》として失せぬ。あやしく思ふ程に、立てる僧は帰りゐたりと見る程に、またゐたる僧失せぬ。見ればまた出できぬ。「さればこそ」と思ひて、「囲碁の外他事なしと承《うけたまは》るに、証果《しようくわ》の⑥上人《しやうにん》にこそおはしけれ。その⑦故《ゆゑ》を問ひ奉《たてまつ》らん」とDのたまうに、老僧答へて曰く、「年来《としごろ》この事より外他事なし。ただし、黒勝つ時は我が煩悩《ぼんなう》勝ちぬと悲しみ、白勝つ時は菩提《ぼだい》勝ちぬと悦《よろこ》ぶ。打つに随《したが》ひて、煩悩の黒をE失い、菩提の白の勝たん事を思ふ。この功徳《くどく》によりて証果の身となり侍《はべ》るなり」といふ。

和尚、坊を出でて、他僧に語り給ひければ、年来憎みいやしみつる人々、後悔して、みな⑧貴《たふと》みけりとなん。

（『宇治拾遺物語《うじしゅういものがたり》』より）

問1 ——線部①〜⑧を現代仮名遣いに直し、すべてひらがなで答えなさい。

①〔　　　〕
②〔　　　〕
③〔　　　〕
④〔　　　〕
⑤〔　　　〕
⑥〔　　　〕
⑦〔　　　〕
⑧〔　　　〕

問2 ＝線部A〜Eを歴史的仮名遣いに直し、すべてひらがなで答えなさい。ただし、現代仮名遣いと歴史的仮名遣いが同じ場合は、「×」と答えること。

A〔　　　〕
B〔　　　〕
C〔　　　〕
D〔　　　〕
E〔　　　〕

らくらく
マルつけ
Ja-53

OUTPUT! 54

係り結びの法則

ちょこっとインプット
Ji-54

答えと解き方⬇別冊22ページ

❶ 次の文章を読んで、あとの問いに答えなさい。

家居のつきづきしく、あらまほしき①こそ、仮の宿りとは思へど、興あるものなれ。

よき人の、のどやかに住みなしたる所は、さし入りたる月の色も、一きはしみじみと見ゆるぞかし。今めかしくきららかならねど、木だちものふりて、わざとならぬ庭の草も心あるさまに、簀子《すのこ》・透垣《すいがい》のたよりをかしく、うちある調度も昔覚えてやすらかなるこそ、心にくしとA見ゆれ。

多くの工《たくみ》の心をつくしてみがきたて、唐《から》の、大和の、めづらしく、えならぬ調度ども並べ置き、前栽《せんざい》の草木まで心のままならず作りなせるは、見る目も苦しく、いとわびし。さても②やは、ながらへ住むべき。又、時のまの烟《けぶり》ともなりなんと③ぞ、うち見るより思はるる。大方は、家居に④こそ、ことざまはおしはからるれ。

後徳大寺大臣《ごとくだいじのおとど》の、寝殿《しんでん》に鳶《とび》ゐさせじとて縄をはられたりけるを、西《さい》行《ぎやう》が見て、「鳶のゐたらんは、何⑤かはくるしかるべき。此《こ》の殿《との》の御《み》心《こころ》、さばかりにこそ」とて、その後は参らざりけると聞き侍《はべ》るに、綾《あやの》小路宮《こうぢのみや》のおはします小坂殿《こさかどの》の棟《むね》に、いつぞや縄をひかれたりしかば、かのためし思ひいでられ侍りしに、誠《まこと》や、「烏《からす》のむれゐて池の蛙《かへる》をとりければ、御覧じ悲しませ給ひてなん」と人の語りし⑥こそ、さてはいみじくこそと覚えしか。徳大寺にもいかなる故《ゆゑ》か侍りBけん。

（吉田兼好《よしだけんこう》『徒然草《つれづれぐさ》』より）

問1 ——線部①～⑥の係助詞の結びの語を文中から抜《ぬ》き出しなさい。

① 〔　　　〕
② 〔　　　〕
③ 〔　　　〕
④ 〔　　　〕
⑤ 〔　　　〕
⑥ 〔　　　〕

問2 ═線部A・Bの活用形を答えなさい。

A 〔　　　〕
B 〔　　　〕

ヒント
係助詞の結びの語は活用形が変化している。

❷ 次の文章を読んで、あとの問いに答えなさい。

翁《おきな》、かぐや姫《ひめ》にいふやう、「*我が子の仏。*変化《へんぐゑ》の人と申しながら、ここら大きさまでやしなひたてまつる心ざしおろかならず。翁の申さむこと、聞きたまひてむや」といへば、かぐや姫、「何事をか、のたまはむことは、うけたまはらざらむ。変化の者にてはべりけむ身とも知らず、親とこそ思ひ①たてまつる」といふ。翁、「嬉《うれ》しくものたまふものかな」といふ。

「翁、年七十に余りぬ。今日とも明日とも知らず。この世の人は、男は女にあふことをす。女は男にあふことをす。その後なむ門《かど》広くもなり②はべる。いかでかさることなくてはおはせ③む」。かぐや姫のいはく、「なんでふ、さることかしはべらむ」といへば、「変化の人といふとも、女の身持ちたまへり。翁の在らむかぎりはかうてもいますかりなむかし。*この人々の年月を経て、かうのみいましつつのたまふことを、思ひさだめて、一人一人にあひたてまつりたまひね」といへば、かぐや姫のいはく、「よくもあらぬかたちを、深き心も知らで、あだ心つきなば、後くやしきこともあるべきを、と思ふばかりなり。世のかしこき人なりとも、深き心ざしを知らでは、あひがたしとなむ④思へ」といふ。

翁のいはく、「思ひのごとくものたまふかな。そもそも、いかやうなる心ざしあらむ人にかあはむと思《おぼ》す。かばかり心ざしおろかならぬ人々にこそあめれ」。かぐや姫のいはく、「なにばかりの深きをか見むといはむ。いささかのことなり。人の心ざしひとしかんなり。いかでか、中におとりまさりは知らむ。五人の中に、ゆかしき物を見せたまへらむに、御心ざしまさりたりとて、仕うまつらむと、そのおはすらむ人々に申したまへ」といふ。「よきことなり」と受けつ。

（『竹取物語《たけとりものがたり》』より）

*我が子の仏　私の大切な人。
*変化の人　神仏や天人が仮の姿として人間になって現れた存在。
*この人々　かぐや姫に求婚《きゅうこん》している五人の男達のこと。

問1 ——線部①〜④を適切な活用形に直しなさい。ただし、変える必要がない場合は×と答えること。

① [　　　]
② [　　　]
③ [　　　]
④ [　　　]

問2 ══線部「いかでか、中におとりまさりは知らむ」の現代語訳として適切なものを、次の中から一つ選び、記号で答えなさい。

ア　どうすれば、その人たちの中での優劣《ゆうれつ》がわかるのでしょうか。
イ　どうしても、その人たちの中での優劣が知りたいのです。
ウ　どうして、その人たちの中での優劣がわかるでしょうか。
エ　どうやら、その人たちの中には優劣があるようです。

[　　　]

らくらく
マルつけ
Ja-54

重要古語と古文の読解

❶ 次の文章を読んで、あとの問いに答えなさい。

「花、紅葉《もみぢ》をもてあそび、月、雪に戯《たはぶ》るるにつけても、この世は捨てがたきものなり。情《なさけ》なきをも、あるをも嫌《きら》はず、①心なきをも、数ならぬをも分かぬは、かやうの道ばかりにこそはべらめ。それにとりて、夕月夜《ゆふづくよ》ほのかなるより、有明《ありあけ》の心細き、折も嫌はず、ところも分かぬものは、月の光ばかりこそはべらめ。春、夏も、まして秋、冬など、月明かき夜は、②そぞろに、心なき心も澄《す》み、情なき姿も忘られて、知らぬ昔、今、行く先も、まだ見ぬ高麗《こま》、唐土《もろこし》も、残るところなく、遥《はる》かに思ひやらるることは、ただこの月に向かひてのみこそあれ。されば、*王子猷《わうしいう》は戴安道《たいあんだう》を訪ね、簫史《せうし》が妻の月に心を澄まして雲に入りけむも、③ことわりとぞおぼえはべる。この世にも、月に心を深く染《し》めたる④ためし、昔も今も多くはべるめり。勢至菩薩《せいしぼさつ》にてさへおはしますなれば、暗きより暗きに迷はむしるべまでもとこそ、頼《たの》みをかけたてまつるべき身にてはべれ」と言ふ人あり。また、「かばかり濁《にご》り多かる末の世まで、いかで、かかる光のとどまりけむと、昔の契《ちぎ》りも⑤かたじけなく思ひ知らるることは、この月の光ばかりこそはべるを、同じ心なる友なくて、ただ独《ひと》り眺《なが》むるは、⑥いみじき月の光もいとすさまじく、見るにつけても、恋しきこと多かるこそ、いとわびしけれ」

（『無名草子《むみょうぞうし》』より）

*王子猷は……　王子猷・戴安道・簫史の妻のいずれも、中国の故事の中で月を愛《め》でた人物。

問1 ――線部①～⑤の本文中における意味を答えなさい。

答えと解き方⬇別冊23ページ

ちょこっとインプット
Ji-55

① ［　　　］
② ［　　　］
③ ［　　　］
④ ［　　　］
⑤ ［　　　］

問2 ――線部⑥の現代語訳として適切なものを、次の中から一つ選び、記号で答えなさい。

ア　美しい月の光がさらに美しく見えるものの、月を見るにつけて、人恋しいことが多いことだけは、残念なことです。
イ　美しい月の光がとてもすばらしいものの、月を見るにつけて、恋の悩《なや》みが多くなるのは、とてもつらいことです。
ウ　すばらしい月の光もたいそう興ざめで、月を見るにつけても、人恋しいことが多いのは、ひどくつらいことです。
エ　すばらしい月の光もまったく面白《おもしろ》くないうえに、月を見るにつけても、恋の悩みが多いことは、世知辛《せちがら》いものです。

［　　　］

ヒント
「すさまじく」は現代語と意味が大きく異なる。

❷ 次の文章を読んで、あとの問いに答えなさい。

後見《うしろみ》といふ、髪《かみ》長くをかしげなれば、三の君のかたにただ召《め》しに召し出づ。後見、いと本意《ほい》なくかなしと思ひて、「わが君につかうまつらむと思ひてこそ、親しき人の迎《むか》ふるにもまからざりつれ、何のよしにか、こと君どりはしたてまつらむ」と泣けば、君、「何か。同じ所に住まむ限りは、同じことと見てむ。衣《きぬ》などの見苦しかりつるに、①なかなかうれしとなむ見る」とのたまふ。②げにいたはりたまふこと③めでたければ、あはれに心細げにておはするをまもらへならひて、いと心苦しければ、常に入り居れば、*④さいなむこと限りなし。「落窪《おちくぼ》の君も、これを今さへ呼びこめたまふこと」と腹立たれたまへば、心のどかに物語もせず。後見といふ名いと便《びん》なしとて、「あこぎ」とつけたまふ。

かかるほどに、蔵人《くらうど》の少将の御方なる小帯刀《こたちはき》とて、いとされたる者、このあこぎに⑤文《ふみ》通はして、年経て後、⑥いみじう思ひて住む。かたみに隔《へだ》てなく物語しけるついでに、このわが君の御事を語りて、北方の御心のあやしうて、あはれにて住ませたてまつりたまふこと、さるは、⑦御心ばへ、御かたちのおはしますやうを語る。うち泣きつつ、いかで*思ふやうならむ人に盗《ぬす》ませたてまつらむと明け暮れ「あたらもの」と言ひ思ふ。

（『落窪物語《おちくぼものがたり》』より）

*さいなむ　主語は「君」の継母《ままはは》（＝北の方）。
*思ふやうならむ人　理想の殿方《とのがた》。

問1 ――線部①～⑤の本文中における意味を答えなさい。

① [　　　　]
② [　　　　]
③ [　　　　]
④ [　　　　]
⑤ [　　　　]

問2 ――線部⑥「いみじう思ひて住む」の現代語訳として適切なものを、次の中から一つ選び、記号で答えなさい。

ア　落窪の君を美しいと思って求婚《きゅうこん》した。
イ　落窪の君に同情して彼女《かのじょ》のもとに通った。
ウ　あこぎをすばらしい人だと思いながら暮らした。
エ　あこぎをたいそう愛して彼女と結婚した。

[　　　　]

問3 ――線部⑦「御心ばへ、御かたちのおはしますやう」の現代語訳として適切なものを、次の中から一つ選び、記号で答えなさい。

ア　お考えや、なさることがご立派でいらっしゃるご様子
イ　お気立てや、ご容貌《ようぼう》がすばらしくいらっしゃるご様子
ウ　お履《は》き物や、お着物がおきれいでいらっしゃるご様子
エ　ご趣味《しゅみ》や、お稽古事《けいこごと》でご多忙《たぼう》でいらっしゃるご様子

[　　　　]

らくらくマルつけ
Ja-55

和歌の読解

ちょこっとインプット
Ji-56
答えと解き方⬇別冊25ページ

❶ 次の和歌と現代語訳を読んで、あとの問いに答えなさい。

A　久方《ひさかた》の光のどけき春の日に静心なく花の散るらむ
紀友則《きのとものり》

【現代語訳】
日の光がのどかに照る春の日にもかかわらず、花はあわただしい気持ちで散っているのだろう。

B　ちはやぶる神奈備山《かんなびやま》のもみぢ葉に思ひはかけじ移ろふものを
詠《よ》み人知らず

【現代語訳】
神奈備の山の紅葉に思いを寄せることはしまい。どうせ色は変わってしまうのだから。

C　たらちねの親のまもりとあひそふる心ばかりはせきなとどめそ
小野千古《おののちふる》の母

【現代語訳】
親として、（遠方の任地に赴《おもむ》く）子の守りになるようにと添《そ》えてやる心だけは、関所の役人も堰《せ》き止めないでほしい。

（『古今和歌集』より）

問1　A～Cの和歌から、枕詞《まくらことば》とそれが導く語をそれぞれ抜《ぬ》き出しなさい。

A　枕詞［　　　］
　　導く語［　　　］
B　枕詞［　　　］
　　導く語［　　　］
C　枕詞［　　　］
　　導く語［　　　］

問2　Bの和歌は何句切れか、答えなさい。
［　　　］

問3　A～Cの和歌のうち、掛詞《かけことば》が用いられているものを記号で答え、掛詞が表す二つの意味を答えなさい。

和歌［　　　］
意味［　　　］
　　［　　　］

ヒント
句切れの位置や掛詞は現代語訳を参考にしよう。

❷ 次の和歌と現代語訳を読んで、あとの問いに答えなさい。

A　散り残る花もやあるとうち群れてみ山がくれを尋《たず》ねてしがな
藤原道信朝臣《ふじはらのみちのぶのあそん》

【現代語訳】
［　　］と期待しながら、みんなで一緒《いっしょ》に山の奥《おく》深く隠《かく》れたところを尋ねたいものだ。

B　来ぬまでも花ゆゑ人の待たれつる春も暮れぬるみ山べの里
藤原伊綱《ふじはらのこれつな》

【現代語訳】
実際には来ないとしても、花が咲《さ》いていたので自然と人を待つ気持ちになっていた、そんな春も終わってしまう山奥の里よ。

C　橘《たちばな》の花散る軒《のき》のしのぶ草昔をかけて露《つゆ》ぞこぼるる
前大納言忠良《さきのだいなごんただよし》

【現代語訳】
橘の花が散ってゆく軒のしのぶ草が昔を思い出させて、その露とともに、私の涙《なみだ》もこぼれてしまうことだ。

（『新古今和歌集』より）

問1　［　　］に入ることばとして適切なものを、次の中から一つ選び、記号で答えなさい。

ア　おそらく散らずに残っている花もまだあるだろう
イ　もしかしたら散らずに残っている花もまだあるだろうか
ウ　きっと散ってしまった花びらがまだ残っているだろう
エ　ひょっとすると散った花びらがまだ残っているだろうか

［　　］

問2　A・Bの和歌にある「花」は具体的には何の花を指すか。漢字一字で答えなさい。

［　　］

問3　Bの和歌に見られる表現技法として適切なものを、次の中から一つ選び、記号で答えなさい。

ア　掛詞《かけことば》　イ　倒置法《とうちほう》　ウ　体言止め　エ　見立て

［　　］

問4　Cの和歌に見られる表現技法を説明した次の文の［①］・［②］に入ることばをそれぞれ一字と二字で答えなさい。

Cの和歌の「しのぶ草」や「かけて」はともに「［①］」と意味上の関連が深く、このようなことばを［②］という。

①［　　］　②［　　］

らくらくマルつけ
Ja-56

答えと解き方⬇別冊25ページ

／100点

❶ 次の古文と現代語訳を読んで、あとの問いに答えなさい。〔100点〕

信濃《しなの》の国に更級《さらしな》といふ所に、男すみけり。若き時に、親は死にければ、をばなむ親のごとくに、若くよりそひてあるに、この妻の心憂《う》きこと①おほくて、この②姑《しうとめ》の、老いかがまりてゐたるを、つねに憎《にく》みつつ、男にもこのをばの御心《みこころ》のさがなくあしきことをいひ聞かせければ、むかしのごとくにもあらず、おろかなることおほく、このをばのためになりゆきけり。このをば、いといたう老いて、③ふたへにてゐたり。これをなほ、この嫁《よめ》、ところせがりて、今まで死なぬことと思ひて、よからぬことをいひつつ、「もていまして、深き山に捨てたうびてよ」とのみ責めければ、責められわびて、さしてむと思ひなりぬ。月のいとあかき夜、「嫗《おうな》ども、いざたまへ。寺に④たうときわざすなる、見せたてまつらむ」といひければ、かぎりなくよろこびて負はれにけり。高き山のふもとにすみければ、その山にはるはると入りて、高き山の峰《みね》の、おり来《く》べくもあらぬに、置きて逃《に》げて来ぬ。「やや」といへど、いらへもせで、逃げて家に来て思ひをるに、いひ腹立てけるをりは、腹立ちてかくしつれど、年ごろ親のごと養ひつつあひ添《そ》ひにければ、いと悲しくおぼえけり。この山の上より、月もいとかぎりなくあかくいでたるをながめて、夜ひと夜、いも寝《ね》られず、悲しうおぼえければ、かくよみたりける。

わが心なぐさめかねつさらしなやをばすて山に照る月を見て

とよみてなむ、またいきて迎《むか》へもてきに［A］。それよりのちなむ、をばすて山といひ［A］。なぐさめがたしとは、これがよしになむあり［A］。

【現代語訳】

信濃の国の更級という所に、男が住んでいた。若い時に、親は死んだので、伯母《おば》が親のように、若い時からそばについて世話をしていたが、この男の妻の心はたいそう非情なところが多くて、この姑が、年老いて腰《こし》が曲がっているのを、いつも憎らしく思っては、男にもこの伯母のお心が［Ⅰ］醜悪《しゅうあく》であるということを言い聞かせたので、昔とはちがって、この伯母に対しておろそかにすることが多くなっていった。この伯母は、とてもひどく年をとって、（腰が曲がって、）体が折れ重ならんばかりになっている。このことをやはり、この嫁は、［Ⅱ］と思って、いままでよくも死なずにいたものだと思って、（夫に）よからぬ告げ口をして、「引き連れていらっしゃって、深い山《やま》奥《おく》に捨てておしまいになってください」と、そのことだけを責めたてたので、（男は）責めたてられて困って、そうしてしまおうと思うようになった。月がとても明るい夜のこと、（男が、）「おばあさん、さあいらっしゃい。寺でとてもありがたい法会《ほうえ》をするということですから、それをお見せいたしましょう」と言ったので、（伯母は）このうえなく喜んで背負われてしまった。高い山のふもとに住んでいたので、その山に遥々《はるばる》入って、（男は、）高い山の峰にある、おりてくることができそうもない所に、（伯母を）置いて逃げて来てしまった。（伯母は、）「これ」と言うけれど、（男は）［Ⅲ］もせずに、逃げて家に帰って来て考え事をしていると、（妻が伯母の）悪口を言って自分の腹を立てさせたときは、腹を立ててこのようにしてしまったのだが、（伯母は、）長い間、親のように養いながら一緒《いっしょ》に暮らしていてくれたので、たいそう悲しく思われたのだった。この山の上から、月もたいそうこのうえなく明るく出ているのを物思いにふけりながらぼんやり見つめて、一晩中、寝ることもできず、悲しく思われたので、このように詠《よ》んだ。

　私の心を慰《なぐさ》めることはできなかったのだ。更級のおば捨て山に照る月を見ていても。

と詠んで、また山に行って（伯母を）迎《むか》えて連れ戻《もど》った。それからのち、（この山を）おば捨て山といったのである。なぐさめがたいというとき、（おば捨て山を引き合いに出すのは、）このような［Ⅳ］があったのだった。

（『大和物語《やまとものがたり》』より）

問1 ――線部①～④を現代仮名遣《かなづか》いに直し、すべてひらがなで答えなさい。（5点×4）

①［　　］
②［　　］
③［　　］
④［　　］

問2 ［Ⅰ］～［Ⅳ］に入ることばを、それぞれ答えなさい。（5点×4）

Ⅰ［　　］
Ⅱ［　　］
Ⅲ［　　］
Ⅳ［　　］

問3 ［A］に共通して入ることばとして適切なものを、次の中から一つ選び、記号で答えなさい。（20点）

ア　けり　　イ　ける　　ウ　けれ　　エ　けむ

［　　］

問4 ══線部の和歌について、次の問いに答えなさい。（20点×2）

(1) この和歌は何句切れか、答えなさい。

［　　］

(2) この和歌に用いられている表現技法として適切なものを、次の中から一つ選び、記号で答えなさい。

ア　縁語《えんご》　　イ　掛詞《かけことば》　　ウ　体言止め　　エ　倒置法《とうちほう》

［　　］

らくらく
マルつけ
Ja-57

OUTPUT!

58 漢文の読み方

答えと解き方⬇別冊26ページ

ちょこっとインプット

Ji-58

❶ 次の漢文と書き下し文を読んで、あとの問いに答えなさい。

人主立《テテ》レ難《がたキヲ》爲《なシ》、而罪《セバ》レ不《ざルヲ》レ及《およバ》、則《すなはチ》私《し》怨《えん》生《ゼム》。

人主爲し難きを立てて、及ばざるを罪せば、則ち私怨生ぜむ。

人臣失《ヒテ》レ所《ヲ》レ長《ズル》、而奉《ほうセバ》レ難《キニ》レ給《きふシ》、則《チ》伏《ふく》怨《えん》結《バム》。

［　　　］、則ち伏怨結ばむ。

勞《らう》苦《く》不二＊撫《ぶ》循《じゅんセ》一、憂《いう》悲《ひ》不二哀《あい》憐《れんセ》一、

勞苦撫循せず、憂悲哀憐せず、

喜《ビテハ》則《チ》譽《ほメテ》二小人《ヲ》一、賢《けん》不《ふ》肖《せう》俱《ともニ》賞《セラレ》、

喜びては則ち小人を譽めて、賢不肖俱に賞せられ、

怒《いかリテハ》則《チ》毀《そしリテ》二君子《ヲ》一、①使《しム》＊伯《はく》夷《いト》與《とヲシテ》＊盜《たう》跖《せき》俱《ニ》辱《はヂ》

怒りては則ち君子を毀りて、伯夷と盜跖とをして俱に辱ぢしむ。

故《ゆゑニ》②臣有《あり》レ叛《そむクモノ》レ主《ニ》。

故に臣主に叛くもの有り。

（『韓非子《かんぴし》』より）

＊撫循　なぐさめること。　＊伯夷　中国古代の伝説的な聖人。

＊盜跖　中国古代の大盗賊《とうぞく》。

問1　［　　　］に入る書き下し文を答えなさい。

［　　　　］

問2　――線部①「使《ム》伯夷《ト》與《ヲシテ》盜跖俱《ニ》辱《ヂ》」とあるが、書き下し文に合わせた返り点を書きなさい。

使《ム》伯夷《ト》與《ヲシテ》盜跖俱《ニ》辱《ヂ》

問3　――線部②「臣有《リ》レ叛《クモノ》レ主《ニ》」とあるが、その理由の説明として不適切なものを、次の中から一つ選び、記号で答えなさい。

ア　主君が難題を課して、至らない者を罰《ばっ》するから。

イ　主君が家臣たちに仕事を与《あた》えず、彼《かれ》らの恨《うら》みを買ったから。

ウ　主君が家臣たちをねぎらったりあわれんだりしないから。

エ　主君がそのときの気分で見境なく賞罰を行うから。

［　　　　］

ヒント

漢文に返り点をつけるときは、漢字を読む順番を意識しよう。

❷ 次の漢文と書き下し文を読んで、あとの問いに答えなさい。

子曰《いはク》、君子《ハ》易《クシテ》レ事《つかへ》而①難《シ》レ説《よろこバシメ》也。

子曰く、君子は事へ易くして説ばしめ難し。

②説《バシムルニ》之《これヲ》不《ざレバ》以《もつテセ》道《ヲ》、不《ル》レ説《バ》也《なり》。

之を説ばしむるに道を以てせざれば、説ばざるなり。

及《およビテハ》二其《その》使《フニ》レ人《ヲ》也、*器《ニス》レ之《ヲ》。

其の人を使ふに及びては、之を器にす。

小人《ハ》難《クシテ》レ事《へ》而易《シ》レ説《バシメ》也。

小人は事へ難くして説ばしめ易し。

説《バシムルニ》レ之《ヲ》雖《いへどモ》レ不《ト》レ以《テセ》レ道《ヲ》、説《ブ》也。

［　　］、説ぶなり。

及《ビテハ》二其《ノ》使《フニ》レ人《ヲ》也、求《ム》レ備《ハランコトヲ》焉。

其の人を使ふに及びては、備はらんことを求む。

*器之　仕える人の能力に応じた仕事をさせる。

（『論語』より）

問1 ——線部①「難《シ》レ説《バシメ》也」とあるが、その理由の説明として適切なものを、次の中から一つ選び、記号で答えなさい。

ア　正しい行いをしなければ喜んでもらえないから。

イ　正しい行いをしても喜んでもらえるとは限らないから。

ウ　正しい行いに加えて、能力がともなうことが必要だから。

エ　自分の行いの正しさを君子に理解してもらうのは困難だから。

［　　］

問2 ——線部②「説《バシムルニ》之《ヲ》不《レバ》以《テセ》道《ヲ》」とあるが、書き下し文に合わせた返り点を書きなさい。

説《バシムルニ》之《ヲ》不《レバ》以《テセ》道《ヲ》

問3 ［　　］に入る書き下し文を答えなさい。

［　　］

らくらく
マルつけ
Ja-58

OUTPUT! 59 漢詩のルール

答えと解き方➡別冊27ページ

ちょこっとインプット Ji-59

❶ 次の漢詩と書き下し文・現代語訳を読んで、あとの問いに答えなさい。

峨《が》眉《び》山《さん》月《げつ》ノ歌　李《り》白《はく》

峨眉山月半輪ノ秋
影《かげ》ハ入リテ㆓平《へい》羌《ぎやう》江《かう》水《すい》ニ㆒流ル
夜ニ発シテ㆓清《せい》渓《けい》ヲ㆒向《むか》フ㆓三《さん》峡《きやう》ニ㆒
思ヘドモ㆑君ヲ不㆑見エ下ル㆓渝《ゆ》州《しう》ニ㆒

峨眉山月　半輪の秋
影は平羌江水に入りて流る
夜に清渓を発して三峡に向ふ
君を思へども見えず　渝州に下る

【現代語訳】
峨眉山の上に半月が見える秋。
月の影は平羌江の水に映って流れている。
夜に清渓を出発して三峡へ向かう。
君を思っても会えず、(船は)渝州へと下る。

問1 この漢詩の形式として適切なものを、次の中から一つ選び、記号で答えなさい。

ア　五言絶句　イ　五言律詩
ウ　七言絶句　エ　七言律詩

[　　]

問2 この漢詩で、場面が変わっているのは第何句か、答えなさい。

[　　]

問3 この漢詩の中で、押韻《おういん》している漢字をすべて答えなさい。

[　　]

ヒント
漢詩の形式ごとに、押韻する場所は決まっている。

❷ 次の漢詩と書き下し文・現代語訳を読んで、あとの問いに答えなさい。

山《さん》行《こう》　　杜《と》牧《ぼく》

遠ク上ル二寒山ニ一石径斜《なな》メナリ　　遠く寒山に上る　石径斜めなり

白雲生ズル処《ところ》有リ二人家一　　白雲生ずる処　人家有り

停《と》メテレ車ヲ坐《よ》ツテ愛ス楓《ふう》林《りん》ノ晩《く》ルルヲ　　車を停めて坐つて愛す　楓林の晩るるを

霜《さう》葉《やう》ハ紅《くれなゐ》ナリ二於二月ノ花ヨリモ一　　霜葉は二月の花よりも紅なり

【現代語訳】

遠方の寒々しい山に上る。石の小道が斜めに続いている。
白い雲が湧《わ》いているあたりに人家がある。
車を停め、夕暮れの楓《かえで》の林を愛《め》でる。
霜《しも》降りる（秋の）ころの葉は、二月に咲《さ》く（桃《もも》の）花よりも紅《あか》い。

問1 この漢詩の形式として適切なものを、次の中から一つ選び、記号で答えなさい。

ア　五言絶句　　イ　五言律詩
ウ　七言絶句　　エ　七言律詩

［　　］

問2 この漢詩で、場面が変わっているのは第何句か、答えなさい。

［　　］

問3 この漢詩の中で、押韻している漢字をすべて答えなさい。

［　　］

問4 この漢詩に込《こ》められている作者の心情として適切なものを、次の中から一つ選び、記号で答えなさい。

ア　高くそびえる山への畏敬《いけい》。
イ　山の高い場所に住む者への羨望《せんぼう》。
ウ　やがて枯《か》れてしまう楓への愛惜《あいせき》。
エ　紅く色づいた楓への賛美。

［　　］

らくらく
マルつけ
Ja-59

OUTPUT! 60 まとめのテスト⑩

答えと解き方➡別冊27ページ

／100点

❶ 次の漢文と書き下し文を読んで、あとの問いに答えなさい。〔50点〕

不《ず》シテレ能《あた》ハレ具《そな》フルコト二*美食ヲ一、而勸《すす》ムルハ二餓《が》人《じん》ニ飯《はん》ヲ一、
美食を具ふること能はずして、餓人に飯を勸むるは、
不ルレ能ハレ爲《な》スコトレ活カスヲレ餓《うゑ》ヲ者也《なり》。
［　　］。

不シテ能ハ辟《ひら》キ草ヲ生ズルコト粟《ぞく》ヲ、而勸ムルハ二貸《たい》施《し》賞《しやう》賜《し》ヲ一、
草を辟き粟を生ずること能はずして、貸施賞賜を勸むるは、
不ルレ能ハレ爲スコトレ富マスヲレ民ヲ者也。
民を富ますを爲すこと能はざる者なり。

今學《がく》者《しや》之言也《や》、不シテレ務メ二*本作ヲ一、而好ミ二末事ヲ一、
今學者の言や、本作を務めずして、末事を好み、
道《い》ヒテ二虚《きよ》恵《けい》ヲ一以《もつ》テ説《よろこ》バスレ民ヲ。此レ勸ムレ飯ヲ之説《せつ》ナリ。
虚恵を道ひて以て民を説ばす。此れ飯を勸むるの説なり。
勸ムレ飯ヲ之説ハ、明主ハ不ルレ受ケ也。
飯を勸むるの説は、明主は受けざるなり。

（『韓《かん》非《ぴ》子《し》』より）

＊美食　栄養のある食事。
＊本作　生活の根幹をなすことがら。

問1 ［　　］に入る書き下し文を答えなさい。（15点）

〔　　　　〕

問2 ――線部「不シテ能ハ辟キ草ヲ生ズルコト粟ヲ」とあるが、書き下し文に合わせた返り点を書きなさい。（15点）

不シテ能ハ辟キ草ヲ生ズルコト粟ヲ

問3 この漢文の筆者の主張として適切なものを、次の中から一つ選び、記号で答えなさい。（20点）

ア　食事は腹を満たしさえすればよく、栄養がある必要はない。
イ　君主はとにかく民に物を施《ほどこ》し、褒《ほう》美《び》を取らせるべきである。
ウ　学者達の言うことは、生活の重要なことがらに役立っていない。
エ　名君とよばれる人でさえも、民に粗《そ》末《まつ》な飯を食わせている。

〔　　〕

❷ 次の漢詩と書き下し文・現代語訳を読んで、あとの問いに答えなさい。［50点］

楽《らく》遊《ゆう》原《げん》　　李《り》商《しょう》隠《いん》

向《なんなントシテ》レ晩《くれニ》意不《ず》レ適《かなハ》　晩に向んとして意適はず

駆《かリテ》レ車《ヲ》登《ル》二古原《ニ》一　車を駆りて古原に登る

夕《せき》陽《やう》無限《ニ》好《よシ》　夕陽　無限に好し

只《ただダ》是《こレ》近《シ》二黄《こう》昏《こんニ》一　只だ是れ黄昏に近し

【現代語訳】

夕暮れが近づくにつれて、心が晴れない。
馬車を走らせ、古原（＝楽遊原）に登る。
夕日は限りなく美しい。
しかし、黄昏《たそがれ》がすぐそこに迫《せま》っているのだ。

問1 この漢詩の形式として適切なものを、次の中から一つ選び、記号で答えなさい。（15点）

ア　五言絶句　　イ　五言律詩
ウ　七言絶句　　エ　七言律詩

［　　　］

問2 この漢詩の中で、押韻《おういん》している漢字をすべて答えなさい。（完答・15点）

［　　　］

問3 この漢詩の第三句ではどのような変化が見られるか。その説明として適切なものを、次の中から一つ選び、記号で答えなさい。（20点）

ア　自宅を出て楽遊原へと赴《おもむ》く場面の変化。
イ　昼下がりから黄昏時への時間の変化。
ウ　憂鬱《ゆううつ》な気分から解き放たれる作者の心情の変化。
エ　明るく輝《かがや》く状態から夜の闇《やみ》へと沈《しず》んでいく夕日の変化。

［　　　］

らくらく
マルつけ
Ja-60

チャレンジテスト❶

答えと解き方⬇別冊28ページ

／100点

1 次の文章を読んで、あとの問いに答えなさい。［55点］

近代技術の定義は、易しいようで、そう簡単ではない。科学との関連を性格づけの一つの要素としたくなる誘惑《ゆうわく》は存在するが、それは現代技術を特徴《とくちょう》づけるとしても、近代技術には一向に当てはまらない。しかも、技術を問題にしようとすれば、とりわけて西欧絡《せいおうがら》みの文脈だけで論じることがどれほど無意味かは、現代のわれわれとしては、骨身に沁《し》みて知っているはずである。

［　①　］、ここでは、それによって技術を代表させることの一般《いっぱん》的《てき》不当さは十分に認めた上で、一九世紀以降の欧米に出発点を持つ独特の技術形態を、近代技術として考えることにしたい。

その理由は幾《いく》つかある。第一には、西欧では、一九世紀になって、技術形態に大きな変化が生じたことである。（中略）それまでの技術の伝承制度は親方‐徒弟制度《とていせいど》であって、その性格上守旧的で保守的であった。しかし、一九世紀になると、この状況《じょうきょう》は維持《いじ》できなくなった。一つには、*ギルドと親方‐徒弟制度というのは、閉鎖的《へいさてき》な組織であって、そこに加盟を許されることは、秘密結社に加わるような意味合いがあったし、またそこで永年にわたって修業《しゅぎょう》を重ねて初めて一人前の職人として、社会で活動ができるようになるというのがしきたりだった。しかしながら、②このような事態は、職業選択《しょくぎょうせんたく》の自由に反するという判断が、社会の近代化につれて次第《しだい》に大きくなってきたことが挙げられる。

もう一つは、市民革命による国民国家の形成（その最も根源的な実例は、フランス革命に見られる）は、国家の運営に一般の市民が直接関わることを意味するが、しかし、国家運営のための技術は、それまでは王侯《おうこう》とその宮廷官僚《きゅうていかんりょう》に専有されており、一般の生活者、市民は、③そのようなノウハウは全く持ち合わせていなかったのである。軍事技術や公共的土木事業などはもちろん、租税徴収《そぜいちょうしゅう》、その配分などのソフトな技術に関しても、一般の生活者たちが政治に携《たずさ》わるに当たっては、どうしてもどこかで学んでおかなければ、国家はたちまち存亡の危機に立たされる。フランス革命の末期に、こうした国家運営技術を教育する組織としての*エコール・ポリテクニークが創設されたのは決して偶然《ぐうぜん》ではなかった。

このように技術を学校で習得する、という状況は、すでに見たようなギルドや親方‐徒弟制度とは根本的に異なり、意志と能力さえあれば、誰《だれ》もが、そこで学ぶことができる、という意味で、全く新しいものだった。エコール・ポリテクニークは、国家運営の技術に関わったが、一般の職人的技術に関しても、次第に公的な学校が建てられるようになり、少なくとも伝承の形態に関する限り、西欧では一九世紀半ばには、大きな曲がり角を曲がったと考えられる。

そしてこのことは多くの結果を生み出した。前述のような、守旧性、保守性を本来の姿とするギルドや親方‐徒弟制度のような在来の組織と異なり、学校には、［④］的な性格は育たず、したがって、新しい工夫《くふう》や*ブレークスルーを受け入れ、あるいはそれを生み出すことに対する抵抗《ていこう》も存在しなかった。

その上時代はちょうど「産業革命」が並行《へいこう》して進行していた。どちらが原因でどちらが結果なのか、その点は明確には言い難《がた》いが、いずれにせよ、新しい工夫やブレークスルーが、技術の世界に噴出《ふんしゅつ》する時代を迎《むか》えていた。

こうして技術は、学校という制度のなかにインストールされた結果、社会の共通の財産として理解されるようになった。この状況と並行して、西欧社会自身が、構造変革を経験しつつあった。（中略）

近代化の徴候をどういうところに捉《とら》えるか、という問いを立ててみると、一つの可能性として、「文明化」であるという答えを用意することができる。

「文明化」という言葉をヨーロッパ語に直すとすると〈civilization〉しか言いようがないだろう。つまり「文明」そのものなのだが、では⑤<u>「文明」というヨーロッパ語のなかに含《ふく》まれている「……化する」という意味内容は一体何なのだろうか。</u>

言い換《か》えれば〈civilize〉、つまり「〈civil〉化する」と言う場合に、その対象となるのは一体何なのだろうか。〈civil〉は「都市」に近い意味を持つから、この言葉が、直訳的には「都市化する」ことに等しいことは推測できる。では「都市化される」のは何か。当然「自然」と答えるべきだろう。ここでは「自然」は、特に人の手の入っていない「野蛮《やばん》な」自然は、価値の低いものとして位置づけられ、それに対して人間が人間として望ましい価値を付与《ふよ》すること、それが「文明化」の意味するところであった。

いや、むしろ「文明」とは、そうしたイデオロギーそのものであったと言うべきだろう。野蛮な自然を、徹底的《てっていてき》に人間の手で、人間のために管理し、支配し、矯正《きょうせい》する事こそ、「文明」の理念そのものだった。人間の、人間による、人間のための自然、それが文明における自然観であった。

そして、この文明のイデオロギーを実践《じっせん》していくために、人間の手に用意されている道具、それが技術である、という形で、技術を定義し直すことが、十八世紀以降の西欧世界の「文明」のなかで遂行《すいこう》された。技術は文明の理念の実現と直接結びつく形で新たな規定を受け、⑥<u>新たな役割</u>を与えられることになった。このような形で定義された技術を、近代技術と呼んでおきたい。

（村上陽一郎《むらかみよういちろう》『文化としての科学／技術』より）

*ギルド　中世ヨーロッパで発達した、商工業者の同業者組合。
*エコール・ポリテクニーク　パリで一七九四年に設立された陸軍技術将校の養成機関。
*ブレークスルー　困難や障害を突破《とっぱ》すること。

問1　［①］に入ることばとして適切なものを、次の中から一つ選び、記号で答えなさい。（5点）

ア　あるいは　　イ　たとえば
ウ　そもそも　　エ　しかし

［　　］

問2 ――線部②「このような事態」とはどのような事態か。文中のことばを用いて五十五字以内で説明しなさい。（10点）

問3 ――線部③「そのようなノウハウ」にふくまれるものとして不適切なものを、次の中から一つ選び、記号で答えなさい。（5点）

ア　武器を製造する　　イ　道路を整備する

ウ　国民に税を納めさせる　　エ　靴《くつ》を修理する

〔　　〕

問4 ［④］に入ることばとして適切なものを、次の中から一つ選び、記号で答えなさい。（5点）

ア　近代　　イ　革新

ウ　閉鎖　　エ　一般

〔　　〕

問5 ――線部⑤「『文明』というヨーロッパ語のなかにふくまれている『……化する』という意味内容」とはどのような意味か。文中のことばを用いて十五字以内で説明しなさい（5点）

問6 ――線部⑥「新たな役割」とはどのような役割か。文中のことばを用いて五十字以内で説明しなさい。ただし、「自然」「人間」ということばを用いること。（15点）

問7 本文の内容として適切なものを、次の中から一つ選び、記号で答えなさい。（10点）

ア　近代技術の定義は簡単ではないが、それを特徴《とくちょう》づける要素の一つとして科学との関連が挙げられる。

イ　ギルドや親方－徒弟制度《とていせいど》による技術の伝承が、一般《いっぱん》市民《しみん》による国家運営技術の習得に大いに役立った。

ウ　公的な学校で技術の習得が行われるようになると、技術は社会の共通の財産として理解されるようになった。

エ　近代技術は、自然を管理して人間にとって望ましい価値を付《ふ》与《よ》し、後世に守り継《つ》いでいくことを目指している。

〔　　〕

2 次の文章を読んで、あとの問いに答えなさい。 〔45点〕

お盆《ぼん》に帰省した語り手は、隣《となり》の家に住む文吉《ぶんきち》さんの発案で、家の敷地内《しきちない》にある古い井戸の掃除《そうじ》をすることになった。

「わりいな。言い出すときかねえだ」

やさしき長男である*麻兄《あさにい》が手を合わせた。

生家ととなりの間の窪地《くぼち》にある井戸はたしかに緑の藻《も》で一杯《いっぱい》になっていた。上井戸も下井戸も水は澄《す》んでいるのだが、顔を近づけると青っぽい異臭《いしゅう》がした。

上井戸の底には腐《くさ》りかけた木の栓《せん》がしてあり、文吉さんが用意したマサカリでそれを左右から叩《たた》いてゆるめると、水が勢いよく吹《ふ》き出してきた。脇《わき》の水路に入り、石垣《いしがき》を下って用水に入った水はそのまま地下に導かれて川にたどり着く。昔は田をうるおしていたのだが、今は河岸段丘《かがんだんきゅう》に新設された村営住宅の赤や青のトタン屋根が見えるばかりで、田など一枚もない。

「おらあ足が痛くてだめだから、麻、おめえやってくれやあ」

文吉さんはそう言って麻兄にタワシを手渡《てわた》した。

ズボンを膝《ひざ》までまくり上げた麻兄は上井戸に入ると、

「うわー、冷えてらあ、おい。冷蔵庫ん中みてえだ」

と、かがみ込《こ》んだ。

鉄管から流れ落ちる水が麻兄の背にかかりそうだったので、板を見つけてきてそこに水を受け、外に流すようにした。この板を持つのは妻の役目になった。

文吉さんは下井戸の掃除に取りかかっていた。やはり木の栓をゆるめて水を払《はら》い、竹ボウキで内面に付着した藻をはがしてゆくのである。

気がつけば一人だけなにもすることがない。思わず、ねえ、おれは、と文吉さんに問うと、

「おめえは松の枝とワラと栗《くり》の木の枝を持って来てくれや」

と、ふり返らずに命じられた。

うん、と応じて数歩進んだところで、①腹の底から独り笑いがこみ上げて来た。

文吉さんに持って来るよう言われた物の在り場所をあまりにもよく知っていたからである。松の木と栗の木は下の村道を百メートルばかり登ったところにある斜面《しゃめん》に。そして、ワラは文吉さんの家の作業小屋。木を切るナタはその入口の正面の壁《かべ》に。

幼いころの記憶《きおく》に基《もと》づいて動くだけでいいという安心感というのか、ふる里で長老から一人前の仕事を与《あた》えられた出もどり者の喜びなのか、とにかく己《おのれ》の中を流れる土着百姓《ひゃくしょう》の血に共鳴するものに誘《さそ》い出された笑いであった。そして、在るべきものが在るべき場所に在るべき姿であったので、なんだか鼻の奥《おく》が熱くなった。

松の木の枝をたわめて切っていると、村道を通りかかった老婆《ろうば》が、

「なんだ。おめえはお盆に正月の松飾《まつかざ》りでもするだか」

と、曲がった腰《こし》を伸《の》ばしながら声をかけてきた。

見覚えのある顔なのだが、名前が思い出せない。こんなときのための無防備な笑顔《えがお》を造ってから、

「いやあ、文吉さんに頼《たの》まれたもんで」

と、村落共同体用のあたりさわりのない返事をした。

「文さんもボケちまったからなあ」

老婆《ろうば》は②二、三度勝手にうなずいてから腰《こし》に両手をまわし、もとどおりに村道のアスファルトに長い影《かげ》を引きながら歩き去って行った。そうだ、*田植えの写真の中に写っていた女衆の一人だ、とその後ろ姿を見送りながら気づいたのだが、やはり名は思い浮《う》かばなかった。

谷間の集落の夕暮れは夏でも早く、井戸に帰り着くと、あたりは薄《うす》暗《ぐら》くなっていた。上井戸も下井戸も藻《も》がすっかり除かれ、上井戸には鉄管から水が落ちていた。まだ底の方にしか水が溜《た》まっていないので落差が大きく、水音がコンクリに反響《はんきょう》して、どこか金属製の音色を含んだ涼《すず》しげな響《ひび》きを放っていた。

「どれ、貸してみろ。麻《あさ》、おめえはこれを刺《さ》せ」

文吉《ぶんきち》さんはワラを取り、井戸端《いどばた》の雑草の上に腰をおろした。

麻兄《あさにい》は言われたとおりに栗の木の枝の先をナタで尖《とが》らせてから上に刺し込《こ》んだ。

文吉さんが作り始めたのはワラの器《うつわ》だった。それは、昔、祖母が正月の松飾《まつかざ》りのときに飯を入れて神様に供えていたものだった。台所、便所、井戸など家中に置かれていた。

栗の木の枝に松をしばりつけ、ワラの器を付けて文吉さんは松飾りを手早く完成させた。

「おじいさん、正月でもねえのにこんなもん作ってどうするだい」

よわっちゃったなあ、と照れ笑いを浮かべながらも、麻兄はいたわる口調を忘れていなかった。

「③こういうことをしなくなったから水が汚《よご》れるだ。水が汚れるから人が病気になるだ。ほれ、飯持ってこう」

文吉さんに逆らわずに、麻兄は茶碗《ちゃわん》に飯を入れてきた。

それをワラの器に移した文吉さんは季節はずれの松飾りの前で手を打ってから、深く長い礼をした。麻兄がそれにならったので、妻とともに文吉さんの真似《まね》をした。

頭を垂れていると、上井戸に溜まってくる水の音の中に、なんだかとんでもなく懐《なつ》かしい人々の声が混じっているような気がした。母だけでもない。祖母のみでもない。誰《だれ》とは特定できないのだが、裏山から深い地の底を流れてきた湧水《ゆうすい》の中に、④己の根を震《ふる》わせる混声が潜《ひそ》んでいるのはたしかだった。

「腹がへったなあ」

文吉さんの力ない声にふと我にかえると、⑤闇《やみ》に支配され始めた井戸端では秋の虫が鳴き出していた。

（南木佳士《なぎけいし》「井戸の神様」より）

*麻兄　文吉さんの長男。

*田植えの写真　文吉さんの家にある古いアルバムに収められていた写真で、十人ほどの女性が写っていた。

問1　——線部①「腹の底から独り笑いがこみ上げて来た」とあるが、なぜか。文中のことばを用いて七十五字以内で説明しなさい。（10点）

問2 ――線部②「二、三度勝手にうなずいて」とあるが、このときの老婆の心情の説明として適切なものを、次の中から一つ選び、記号で答えなさい。（5点）

ア　季節はずれの行動をとり、その目的を聞いても答えない語り手のことを不審《ふしん》に思っている。

イ　何をするつもりかはわからないが、文吉さんが頼《たの》んだ事ならばまちがいはないと思っている。

ウ　自分にとってはおかしなことに思える行動だが、文吉さんならばやりかねないと思っている。

エ　自分が松飾りの準備をまだしていないことを思い出し、早く帰らなければならないと思っている。

［　　］

問3 ――線部③「こういうこと」の指し示す内容を、文中のことばを用いて三十字以内で説明しなさい。（10点）

問4 ――線部④「己の根」とほぼ同じ意味で用いられていることばを、文中から十五字以内で抜《ぬ》き出しなさい。（5点）

問5 ――線部⑤「闇に支配され始めた井戸端では秋の虫が鳴き出していた」という表現の効果として適切なものを、次の中から一つ選び、記号で答えなさい。（10点）

ア　先ほどまで感じられた母や祖母などの声がただの幻聴《げんちょう》であったことを強調し、一日働いた語り手の疲労《ひろう》を表している。

イ　声は聴《き》こえるが姿は見えないという状況《じょうきょう》を演出し、得体のしれない不気味なものの存在を示唆《しさ》している。

ウ　先祖の声を感じた直後にそこに集まってきた虫を描写《びょうしゃ》し、それが季節感と相まって叙情的《じょじょうてき》な雰囲気《ふんいき》を醸成《じょうせい》している。

エ　普段《ふだん》は気にも留めない虫の声に意識を向かせることで、田舎《いなか》で流れる時間の緩《ゆる》やかさを表現している。

［　　］

問6 「文吉さん」の人物像として適切なものを、次の中から一つ選び、記号で答えなさい。（5点）

ア　信心深い性格であり、自分が言い出したことは決して曲げない頑固者《がんこもの》である。

イ　身内へのあたりが強く、ぎすぎすした家族関係・近所関係を築いている。

ウ　口では達者なことを言うが、自分は何もせず周りの人に仕事を押《お》しつけている。

エ　見当はずれなことを言うことが多く、村の人から迷惑《めいわく》がられて嫌《きら》われている。

［　　］

らくらくマルつけ

Ja-61

／100点

答えと解き方⬇別冊30ページ

1 次の文章を読んで、あとの問いに答えなさい。［45点］

　年の暮れになると、あわただしい空気の中にありながらも静かに過去を反省し、来《きた》るべき年にそこはかとない期待をかけたい気分になる。人生とは何かという問いは、すでに何回となく自分自身に対して発せられ、そのときどきの年齢《ねんれい》や環境《かんきょう》などに応じて、何らかの答えを自分で与《あた》えてきた。年末年始の数日間は、この種の自問自答には最も適当な時でもある。ずっと若いころに自分の与えた答えと、四十を越《こ》してからの答えとをくらべてみると、自分がいつのまにか思いのほか現実的、常識的になっていることを見出《みいだ》して、さびしくなってくる。およそ人間がある人生観を持つということは、何か自分にとって絶対確実だと思われる拠点《きょてん》を見出すことであると普通《ふつう》に考えられている。［①］、そういうものは容易に見出せないばかりでなく、たとえ一時は見出し得たと思っても、時がたつとまたいろいろな疑いが起《おこ》ってくるのが常である。それに伴って人生観も変化してゆく。実際私自身も人並みにそういう経験をしてきた。ところが私の場合には、人生観という問題とは直接関係のない経験が、これと並行《へいこう》して蓄積《ちくせき》されていった。それは私の科学者としての経験である。（中略）

　私が科学の研究を通じて学びとったのは、②間接論法とでもいうべき考え方である。私がある原理、ある法則を正しいらしいとか、あるいは正しくないらしいとか感じたとしよう。そしてそれが絶対確実かどうか直接判定することは困難だったとしよう。そういう場合に不確実だからといって捨ててしまうか、あるいは強引に絶対確実と信じこんでしまうかのどちらかの極端《きょくたん》へいってしまえば、私はもう科学者でなくなってしまう。そういう場合、科学者のすることは、その原理ないし法則を一応認め、それから出発して通常の論理にしたがってできるだけ多くの結論を引《ひき》出し、それを事実にてらして正否を判断するという常用手段である。もしも結論が全部正しいことがわかったら、出発点にとった原理ないし法則も正しいと認めてよいというのが、私のいわゆる間接論法である。

　ところが私どもの科学者としての経験からすると、あらゆる場合に正しい結論が得られるような原理は、いままで一つもなかったのである。ある範囲《はんい》の事柄《ことがら》には常に正しいことが保証された原理はいくつも知っている。しかしその範囲を逸脱《いつだつ》した新しい事実に直面すると、既《き》成《せい》の原理は無力になるか、あるいは誤った結論しか導き出し得ない。こういうことを私どもは二〇世紀になってからたびたび経験してきた。

　こんなふうにいうと、私どもの落着《おちつ》く先は結局単なる懐疑主義《かいぎしゅぎ》だと早合点《はやがてん》されるかもしれないが、決してそうではない。一つの原理の適用限界がわかったときに、科学者はより広い範囲に適用され得《う》る原理を見つけだそうと努力する。私どもはまだ知らないけれども、より［③］な原理が存在することを信じているのである。

以上のような考え方の筋道に慣らされてきた私は、人生とは何かという問いに対しても、年とともにだんだんと違《ちが》った答えをみずからに与えるようになってきた。この数年来の私の人生観の出発点は、自分が生きて喜び悲しんでいると同時に、自分のほかにも非常に多くの自分によく似た、しかしまた違ったところもある人たちが生きて喜び悲しんでいるということである。それはわかりきったことで、そんなことから出発しても何の結論もでないといわれるかもしれない。確かにそれは科学でいう原理などとは似ても似つかぬものである。古来の聖《せい》賢《けん》はそのようなわかりきったことはいわなかった。人の心を根底からゆり動かすようなことをいったのである。私は科学以外のことでは何ら人よりすぐれた点はない。自分にも平凡《へいぼん》な幸福がほしいと思うし、他の人たちにも幸福が訪《おとず》れるように念願しているだけである。この狭《せま》い地球上で、数多くの人間が仲よく暮《くら》すことがどんなにむつかしいか、毎日毎日思い知らされている。［④］人々がそれぞれ違った原理を、それぞれ絶対確実なことと信じて行動することが、いかに危険なことであるかをも思い知らされている。自分があまり現実的、常識的になったのをさびしく感じるというのも、このことである。

（湯川秀樹《ゆかわひでき》「一科学者の人生観」より）

問1 ［①］・［④］に入ることばとして適切なものを、次の中からそれぞれ一つ選び、記号で答えなさい。（5点×2）

ア　つまり　イ　そして　ウ　しかし　エ　要するに

①［　　］　④［　　］

問2 ――線部②「間接論法とでもいうべき考え方」とあるが、どういう考え方か。文中のことばを用いて四十五字以内で説明しなさい。ただし、「結論」ということばを必ず用いること。（15点）

問3 ［③］に入ることばとして適切なものを、次の中から一つ選び、記号で答えなさい。（10点）

ア　実際的　イ　包括的《ほうかつてき》　ウ　将来的　エ　革新的

［　　］

問4 この文章で述べられていることとして適切なものを、次の中から一つ選び、記号で答えなさい。（10点）

ア　年をとるにつれ、現実的、常識的になったのには、科学者としての経験による影響《えいきょう》もあった。

イ　年をとるにつれ、科学的な考え方の限界点に危惧《きぐ》を感じるようになった。

ウ　年をとるにつれ、科学と現実生活との折り合いをつけていけるようになった。

エ　年をとるにつれ、人間社会をうまく運営することの困難をつらく感じるようになった。

［　　］

次の詩を読んで、あとの問いに答えなさい。 [25点]

静物　吉岡　実

1　夜の器の硬い面の内で
2　あざやかさを増してくる
3　秋のくだもの
4　りんごや梨やぶどうの類
5　それぞれは
6　かさなったままの姿勢で
7　眠りへ
8　ひとつの諧調へ
9　大いなる音楽へと沿うてゆく
10　めいめいの最も深いところへ至り
11　核はおもむろによこたわる
12　そのまわりを
13　めぐる豊かな腐爛の時間
14　いま死者の歯のまえで
15　石のように発しない
16　それらのくだものの類は
17　いよいよ重みを加える
18　深い器のなかで
19　この夜の仮象の裡で
20　ときに
21　大きくかたむく

〔『吉岡実全詩集』より〕

問1　この詩で直喩が用いられている行の番号を、算用数字で答えなさい。 (5点)

［　　　］

問2　この詩の表現の説明として不適切なものを、次の中から一つ選び、記号で答えなさい。 (10点)

ア　体言止めをくり返すことで、リズムをよくしている。
イ　擬人法を用い、静物の中で進行する変化を表現している。
ウ　比喩を用い、平凡な静物の神秘的な一面を表現している。
エ　擬態語を用いながら、静物の変化を否定的に描いている。

［　　　］

問3　この詩の主題として適切なものを、次の中から一つ選び、記号で答えなさい。 (10点)

ア　果実の内側ではひっそりと腐敗と爛熟が進んでいるように、外見にとらわれていてはわからないことがある。
イ　果実の内側で腐敗と爛熟が進んでしまうように、時の流れは残酷な結果をもたらしてしまうものである。
ウ　果実の内側では時間の経過とともに、腐敗と爛熟という目に見えない過程が静かに進行している。
エ　果実の内側では隠れて腐敗と爛熟が進むように、一度堕落したものがもとに戻るのは困難である。

［　　　］

3 次の短歌を読んで、あとの問いに答えなさい。〔30点〕

A 公園のくらがりを出《い》でし白き犬土にするばかり低く歩きぬ　佐藤佐太郎《さとうさたろう》

B 病院に妻《つま》を見て来しかへり路に銀座をゆけば蛍《ほたる》売りそむ　佐藤佐太郎

C 砂を浴びて鶏《にわとり》啼《な》けり夕づく日いや寂《しず》けきにその声透《とほ》る　宮柊二《みやしゅうじ》

D 入りつ日に尻《しり》をならべて百姓《ひゃくしょう》ら田なかの土を掘《ほ》りやまずけり　結城哀草果《ゆうきあいそうか》

E 麺麭《パン》を噛《か》むひまも書物に眼《め》をさらしみな孤独《こどく》なり夜学教師ら　木俣修《きまたおさむ》

F 罪なく悪なきものを追ひ追ひて新しき兵器の殺戮《さつりく》しゆく　宮柊二

（『少年少女日本文学館　第八巻　明治・大正・昭和詩歌選』より）

問1 字余りの短歌をA～Fの中からすべて選び、記号で答えなさい。（完答・5点）

〔　　　〕

問2 A・C・Fの短歌の句切れとして適切なものを、次の中からそれぞれ一つ選び、記号で答えなさい。（5点×3）

ア 初句切れ　イ 二句切れ　ウ 三句切れ
エ 四句切れ　オ 句切れなし

A〔　　〕　C〔　　〕　F〔　　〕

問3 次の鑑賞文《かんしょうぶん》に合う短歌として適切なものを、A～Fの中からそれぞれ一つ選び、記号で答えなさい。（5点×2）

① 似た語や同じ語を重ねることでリズム感を出している。
② 遠くの風景と対比し、近くの風景のせわしなさを表現している。

①〔　　〕　②〔　　〕

らくらくマルつけ
Ja-62

チャレンジテスト③

答えと解き方⬇別冊31ページ

／100点

1 次の文章を読んで、あとの問いに答えなさい。［50点］

ここをなむ蘆屋《あしや》の灘《なだ》とは①いひけり。この男、なま宮づかへしければ、それをたよりにて、衛府《ゑふ》の佐《すけ》ども集り来にけり。この男のこのかみも衛府の督《かみ》なりけり。その家の前の海のほとりに、遊び歩《あり》きて、「いざ、この山のかみにありといふ布引《ぬのびき》の滝《たき》見にのぼらむ」といひて、のぼりて見るに、その滝、ものよりことなり。長さ二十丈《にじゆうぢやう》、広さ五丈ばかりなる石のおもて、白絹《しらぎぬ》に岩をつつめらむやうになむありける。さる滝のかみに、わらうだの大きさして、さしいでたる石あり。その石の上に走りかかる水は、小柑子《せうかうじ》、栗《くり》の大きさにてこぼれ落つ。そこなる人にみな滝の歌よます。かの衛府の督まづよむ。

A　わが世をば今日《けふ》か明日かと待つかひの涙《なみだ》の滝といづれ高けむ

あるじ、次によむ。

B　ぬき乱る人こそあるらし白玉のまなくも散るか袖《そで》のせばきに

とよめりければ、かたへの人、笑ふことにやありけむ、この歌にめでて②やみにけり。

かへり来る道とほくて、うせにし宮内卿《くないきやう》もちよしが家の前来るに、日暮れぬ。やどりの方《かた》を見やれば、あまのいさり火多く見ゆるに、かのあるじの男よむ。

C　晴るる夜《よ》の星か河《かは》べの蛍《ほたる》かもわがすむかたのあまのたく火か

とよみて、家にかへり来ぬ。その夜、南の風吹《ふ》きて、浪《なみ》いと高し。③つとめて、その家の女《め》の子どもいでて、浮《う》き海松《みる》の浪に寄せられたるひろひて、家の内にもて来ぬ。女方《をんながた》より、その海松を高坏《たかつき》にもりて、かしはをおほひていだしたる、かしはにかけり。

D　わたつみのかざしにさすといはふ藻《も》も君がためにはをしまざりけり

ゐなか人の歌にては、あまれりや、たらずや。

（『伊勢物語《いせものがたり》』より）

問1 ——線部①を正しい活用形に直して、書きなさい。（10点）

［　　　　］

問2 ——線部②の理由として適切なものを、次の中から一つ選び、記号で答えなさい。（20点）

ア　Aの和歌にもましてBの和歌が退屈《たいくつ》だったから。

イ　Aの和歌にもましてBの和歌が下手だったから。

ウ　Bの和歌がすばらしく、感じ入ってしまったから。

エ　Bの和歌がすばらしく、自分の歌が恥《は》ずかしくなったから。

［　　　　］

問3 ——線部③「つとめて」の意味を答えなさい。（10点）

［　　　　］

問4 A〜Dの和歌から、「海」の枕詞《まくらことば》として用いられることばを一つ抜《ぬ》き出しなさい。（10点）

［　　　　］

2 次の漢詩と書き下し文を読んで、あとの問いに答えなさい。［50点］

秋《しゅう》興《こう》八《はち》首《しゅ》其《その》五《ご》　　杜《と》甫《ほ》

*蓬《ほう》萊《らいノ》宮《きゅう》闕《けつハ》対《ス》二南山《ニ》一　　蓬萊の宮闕は南山に対す

*承《しやう》露《ろノ》金《きん》茎《けいハ》霄《しやう》漢《かんノ》間　　承露の金茎は霄漢の間

西《ノカタ》望《メバ》二*瑶《やう》池《ちヲ》一降《くだり》二王母一　　西のかた瑶池を望めば王母降り

東来《ノ》紫《し》気《きハ》満《ツ》二函《かん》関《かんニ》一　　東来の紫気は函関に満つ

雲《ハ》移《リテ》雉《ち》尾《び》開《キ》二宮《きゅう》扇《せんヲ》一　　雲は移りて　雉尾　宮扇を開き

日《ハ》繞《めぐリテ》竜《れう》鱗《りん》識《しル》二聖顔《ヲ》一　　日は繞りて　竜鱗　聖顔を識る

一《ひとタビ》臥《ふシテ》滄《さう》江《かうニ》驚《おどろク》歳《としノ》晩《くルルニ》　　一たび滄江に臥して歳の晩るるに驚く

幾《いく》廻《カ》*青《せい》瑣《さニテ》*点《てんセラレシゾ》二*朝《てう》班《はんニ》一　　幾廻か青瑣にて朝班に点せられしぞ

*蓬萊宮　漢の時代にあった宮殿《きゅうでん》。　*承露金茎　漢の時代にあった銅製の仙人《せんにん》の巨像《きょぞう》。

*瑶池　崑崙山《こんろんさん》にあると伝えられる聖なる温泉。　*青瑣　王宮の門。

*点　点呼。　*朝班　宮廷《きゅうてい》にいる官僚《かんりょう》の列。

問1 この漢詩の形式として適切なものを、次の中から一つ選び、記号で答えなさい。（10点）

ア　七言絶句　　イ　七言律詩

ウ　五言絶句　　エ　五言律詩

［　　］

問2 次の解説文の［①］〜［②］に入る漢字一字をそれぞれ答えなさい。（5点×2）

> この詩は第一句と第二句、第三句と第四句、第五句と第六句が対となる構成になっている。例えば、第三句の「西」は第四句の「［①］」と、第五句の「扇」は第六句の「［②］」と対になる語である。

①［　　］　②［　　］

問3 ——線部「一《タビ》臥《シテ》滄江《ニ》驚《ク》歳《ノ》晩《ルルニ》」とあるが、書き下し文に合わせた返り点を書きなさい。（15点）

一《タビ》臥《シテ》滄　江《ニ》驚《ク》歳《ノ》晩《ルルニ》

問4 この漢詩のテーマとして適切なものを、次の中から一つ選び、記号で答えなさい。（15点）

ア　哀悼《あいとう》　　イ　恋慕《れんぼ》

ウ　郷愁《きょうしゅう》　　エ　懐古《かいこ》

［　　］

らくらく
マルつけ

Ja-63

□ 編集協力　㈱オルタナプロ　大木富紀子　福岡千穂
□ 本文デザイン　土屋裕子(㈲ウエイド)
□ コンテンツデザイン　㈲Y-Yard

シグマベスト
アウトプット専用問題集
中２国語[読解]

編　者　文英堂編集部
発行者　益井英郎
印刷所　岩岡印刷株式会社
発行所　株式会社文英堂
〒601-8121　京都市南区上鳥羽大物町28
〒162-0832　東京都新宿区岩戸町17
(代表)03-3269-4231

●落丁・乱丁はおとりかえします。

ΣBEST シグマベスト

書いて定着

中2国語 読解

専用問題集

アウトプット

答えと解き方

文英堂

1 指示語の問題①

本冊4ページ

❶ 問1 ウ

問2 例 水辺でなくても受精できるように、体内にプールが用意され、卵が成熟した後、精子がその中を泳いで卵にたどりつくシステム。［58字］

❷ 問1 例 自我とは相容れぬ性質をもつ夢と向き合い、分析家の人格と共に無意識の世界の探索を行おうとする決意。［48字］

問2 ア

解説

❶ 問2 **指示語の前の部分**を探します。——線部②の前に「体内にプールを持つイチョウのシステム」とあり、そのくわしい内容が第5段落以降で説明されています。その中から「ギンナンの中に精子が泳ぐためのプールを用意する」、「卵が成熟すると精子が用意されたプールの水の中を泳いで卵にたどりつく」、「水辺でな」くても受精できるという内容をまとめます。

❷ 問1 ——線部①「そのような決意」の直前に、「そもそもそれは何らかの意味でその人の自我《じが》とは相容《あいい》れぬ性質をもっているのだから当然のことである。そのとき、そこに分析家《ぶんせきか》という一個の人格が存在し、無意識の世界の探索《たんさく》を共に行おうと決意する」とあります。**同じ「決意」という語が使われている**ことから、「そのような決意」はこの内容を指し示しているとわかるので、これをまとめます。

2 指示語の問題②

本冊6ページ

❶ 問1 例 アリストテレスの、人間は笑う動物であるという定義。［25字］

問2 人間を他の生物から分かつ感情［14字］

❷ 問1 エ

問2 事実を記した文章にはある美しさがある（ということ。）［18字］

解説

❶ 問2 ——線部②の直前に、「悲しみ、喜び、怒《いか》り」とはちがう感情が「笑い」であり、それは、「人間を他の生物から分かつ感情」だと考えられたとあります。

❷ 問1 ——線部①の直前に「ただ、自分の周辺に起きた出来事に美しさを見出《みいだ》し」とあることから工「日常の出来事の中にある美しさ」が正解です。ア・イは——線部①の前で『細雪《ささめゆき》』の書かれた背景として否定されており、**ウ**は——線部①のあとで「二の次のことがら」とされているのであてはまりません。

3 接続語の問題①

本冊8ページ

❶ 問1 ウ　問2 ア

❷ 問1 イ　問2 エ

解説

❶ 問1 ——線部①の前では、「話し言葉」では「表情、身ぶり、声の抑揚《よくよう》などの補助手段」や「感動詞や終助詞」を使えることが述べられています。——線部①のあとでは「指示語」も使えるということが述べられており、これも**「話し言葉」の特徴《とくちょう》**なので、**ウ**が正解です。

❷ 問1 ——線部①の前では「中国古代青銅器」の「制作者の情熱と注意力は目のまえの形に集中

していて、その外にある空間に何の関心も抱《いだ》いていない」、――線部①のあとでは「制作者は当の作品を全世界から区別し、孤立《こりつ》して存在しうる特別の形として聖別しようとしているように見える」と述べられています。――線部①のあとで述べられた印象のほうが**より強調されたもの**なので、**イ**が正解です。

4 接続語の問題②

本冊10ページ

❶
問1 イ
問2 イ
問3 ア

❷
問1 エ
問2 ア

解説

❶
問1 星を占星術《せんせいじゅつ》の対象とすることと旅の道しるべとすることは**並列**《へいれつ》の関係にあるので、「**また**」が入ります。

❷
問2 ② の前では、「『国語』の問題にぶつかった文学者」である「福田恒存《ふくだつねあり》」が「『外地』で日本語教育に携《たずさ》わった、あるいは触《ふ》れた」体験を「戦後の国語改革論争」の「原動力」としたことが説明されています。それにもかかわらず「福田恒存」が「自らが体験した『日本語』の問題を、もう一度『国語』の問題として矮小化《わいしょうか》してしまったように思える」という内容なので、**逆接**の接続語「**しかし**」が入ります。

5 まとめのテスト①

本冊12ページ

❶
問1 一度起こってしまったことは、二度と取り返しがつかない（ということ。）［26字］
問2 ② ア ③ エ
問3 出来事が、一回限りのまったく特殊なものであったということ［28字］
問4 エ
問5 例 与えられた歴史事実を見ているのではなく、与えられた史料をきっかけとして、歴史事実を創る（という知恵。）［43字］

解説

❶
問4 ――線部⑤が指し示しているのは、子供を失った母親の「悲しみが深まれば深まるほど、子供の顔は明らかに見えてくる、おそらく生きていた時よりも明らかに」という部分です。**これを言い換《か》えているエ**が正解です。アは15〜16行目で「一事件の比類のなさをいよいよ確かめさせる」ものとして挙げられており、「日常の経験」ではないので誤りです。イは「時間の経過とともに徐々《じょじょ》に薄《うす》れていく」が本文と逆の内容なので誤りです。ウは母親が「自らの命の掛《か》け替《が》えのなさに気がつく」が本文にない内容なので誤りです。

問5 ――線部⑥の直前の部分を見ると、「与《あた》えられた歴史事実を見ているのではなく、与えられた史料をきっかけとして、歴史事実を創っている」とあるので、この部分をまとめます。

6 キーワードの発見

本冊14ページ

❶ 問 イ
❷ 問 エ

解説

❶ 問 第Ⅰ段落で、「ことばは生理ではなく、後天的に学習して身につくもの」で、人間は「何か一つ、特定のことばを、かならずどこかで身につける。その上どんなことばでも思うがままに選べるのではなく、いやがおうでも生まれた母親のことばか、自分のまわりをとりまくことば以外ではありえない」とあるので、**イ**が正解です。**ア**は「生まれたときにすでに備わっている」が誤りです。**ウ**は本文中でチョムスキーが発明した概念《がいねん》は「ことばというよりは、かぎりなく『論理』というべきものに近い」と述べられているので誤りです。**エ**は「ことばを話す能力と同様に」が誤りです。

❷ 問 **エ**は「心の中の常識や理知の層の外側で行われる」が誤りです。27〜29行目に「人間の心は、常識、理知という外殻《がいかく》をひとかわとりのぞけば、その下には感情移入がその一部であるような、原始的思考を活潑《かっぱつ》に行っている層がある」とあり、**「主観投入」は「常識、理知」より内側の層で行われる**ことが分かります。**ア**、**イ**は第Ⅰ段落、**ウ**は第2段落の内容と合っています。

7 筆者の主張の発見

本冊16ページ

❶ 問 例 擬似的な死と再生［8字］
❷ 問1 エ 問2 イ

解説

❶ 問 ――線部の「ひとつの瞬間《しゅんかん》」とは、13行目の「**擬似的《ぎじてき》な死が、そして再生が体験される**」瞬間のことです。この瞬間は、22〜23行目でいう「通過儀礼《ぎれい》として共同体の内部に組みこまれていた『失うものは何もない』というひとつの状態」のことでもあり、続けて、それが「共同体の内部ではもはや支えきれなくなった」と述べられています。

❷ 問1 **指示語の前に指し示す内容**があります。――線部の前の「彼《かれ》らがこの信仰《しんこう》にはいった時、換言《かんげん》すれば、彼らは自らの実生活の問題を総《すべ》て解決してしまった。生活――つまりは『近代芸術』創造の手段にすぎない……芸術は至上であり生活は卑小《ひしょう》である」という内容に合う選択肢《せんたくし》は**エ**です。

8 言い換えの発見

本冊18ページ

❶ 問1 例 身近な家族や恋人を犠牲にして自分だけカッコつけているだけであり、古くさくて胡散臭い。［42字］
問2 パーソナルな自己愛の満たし方・直接的で自己中心的な自己愛の満たし方
❷ 問 虹の橋・幻影の道

解説

❶ 問1 第4段落の後半で、「アイデンティティ人間」は、「自己愛人間」にとって「結局のところ自分の**身近な家族や恋人《こいびと》を犠牲《ぎせい》にして**、**自分だけカッコつけてるだけ**なのではないか」と述べられています。また、第4段落の冒頭《ぼうとう》で、そんな「アイデンティティ人間」を「自己愛人間」が「**古くさいばかりでなく**、**胡散臭《うさんくさ》い**」と思っていることも述べられているのでこれをまとめます。

9 問いかけと答え

本冊20ページ

❶ 問 ウ

❷ 問 イ

解説

❶ 問 問いかけの直後の「人類の栄光と希望を約束する」という**考えを否定**したあと、その段落の最後で「人類が、その悲惨《ひさん》さを忘れるために、月旅行に熱中しているような気がして仕方がない」という**筆者自身の考え**を示しています。この内容に合うのは**ウ**です。

❷ 問 ——線部は直前の「イネは、人間の歴史に翻弄《ほんろう》されてきた被害者《ひがいしゃ》なのだろうか？」に対する答えです。この答えの根拠《こんきょ》は、直後の「植物にとって、もっとも重要なことは、種子を作り、種子を広げること」なので、この内容に合う**イ**が正解になります。

10 原因と結果

本冊22ページ

❶ 問 例 重要な栄養素であるアミノ酸や遺伝子の素であるヌクレオチドの摂取を促す味覚があれば、生き残りに有利だから。［52字］

❷ 問 例 日本人の生活と思想の中枢部分をしめるようになった漢語で表される概念の意味は、音声でなく文字がになっているから。［55字］

解説

❶ 問 第1段落に、「甘味《あまみ》」と「塩味」について、「これら二つの味覚は、人間が生きていくために積極的に取り入れる必要がある物質を感知する目的で備わっていることになる」と述べられており、これと**同様の論理**が「**うま味**」にも**適用できたという文脈**をまとめます。

❷ 問 ——線部の次の段落の17〜19行目に「特に、明治維新《めいじいしん》以後西洋の事物や観念を和製漢語に訳してとりいれ、これらの語が日本人の生活と思想の中枢《ちゅうすう》部分をしめるようになっ」たという理由が述べられています。そして、31〜32行目の「語の意味は、さししめされた文字がになっている」という部分がこの理由を補足しています。

11 具体例と主張

本冊24ページ

❶ 問 エ

❷ 問 例 相撲の番付や野球のスコアなどの記録については誰にも負けないという好みを作り、押しつぶされない自分の支えとして役立った。［59字］

解説

❶ 問 ア・イ・ウは第1〜2段落で具体例として挙げられています。

❷ 問 24〜25行目に「記録のようなものに熱中して入っていったということが、あとあと役に立ってる」とあります。「記録」とは、具体的には相撲《すもう》の番付《ばんづけ》や野球のスコアのことです。また、本文の最後の部分で、このようなことを通じて**「押《お》しつぶされない」ものを「作っておくことを学」び、「自分の支えとなるもの、好みを作っていた」**と述べられているので、これらの内容をまとめます。

12 対比の読み方❶

本冊26ページ

❶ 問 天然自然なナイーヴなもの［12字］

❷ 問1 押しつけられた男女の二分法を訂正しようとする試み［24字］

問2 ア

解説

❶ 問 ——線部の次の段落の「機械、機事、機心はいずれにしても天然自然なナイーヴなものとの**対概念《たいがいねん》である**」という部分に着目します。

13 対比の読み方❷

本冊28ページ

❶ 問1 偽善の文化［5字］

問2 日本人的人間観［7字］

❷ 問1 例 文字を覚えることで事物の影や概念にとらわれた文化と、文字がない幸福で平和な文化の間で葛藤すること。［49字］

問2 イ

解説

❶ 問1 ——線部①をふくむ「アメリカ流の、良く言えば理想、悪く言えばたて前という偽善《ぎぜん》の文化と、日本流の本音の文化の対立」という部分で対比が示されています。

❷ 問1 ——線部①のあとで、「**文字文化と無文字文化の世界の双方《そうほう》に引き裂《さ》かれ、葛藤《かっとう》する**精神」「文字を覚えることによって人間は**事物の影《かげ》や概念《がいねん》によってとらわれてしまい、『世界』そのものの明徴性《めいちょうせい》を見失ってしまった**のではないか」と述べられているのでこれをまとめます。

問2 ——線部②のあとに「『武の国』であるべきアッシリアが、アパル大王によってあたかも『文化(文字)の国』であるかのように統治されていることへの間接的な批判であり、**『文』よりも『武』を重視しなければならぬという〝政治的意見〟**」とあります。これに合う**イ**が正解です。

14 段落と文章構成❶

本冊30ページ

❶ 問 6

❷ 問 4

解説

❶ 問 文章構成は、**筆者の主張とその根拠《こんきょ》である具体例などが書かれている部分に大別できることが多い**でしょう。第1～5段落では、「劇作家志望の青年」の登場する「短篇《たんぺん》小説」という具体例が、第6段落では「ある聡明《そうめい》な公爵《こうしゃく》が言った言葉」という具体例が、それぞれ挙げられています。その直後から、**具体例をふまえた筆者の考え**が示されています。「これもまた悲しい真実なのではあるまいか」や「私は恋愛《れんあい》というものについて、その相互性《そうごせい》というものをあまり信じない」「恋愛の与《あた》える蠱惑的《こわくてき》な魅力《みりょく》とは……そのじれったい捕《とら》え難《がた》さにこそある」という部分からその考えを読み取ることができます。よって第6段落からが後半の始まりです。

❷ 問 第1～3段落には中世についての説明が、第4段落以降には近代についての説明が書かれています。

15 段落と文章構成❷

本冊32ページ

❶ 問1 エ
問2 4

❷ 問1 ① エ ② ア
問2 3

解説

❶ 問1 □のあとで、「(ハンスは)数字や足し算が理解できているわけではな」いことが説明されている文脈なので、**逆接**の「**しかし**」が適当だとわかります。

❷ 問1 ①のあとで、「**方法的懐疑**《かいぎ》」**の範囲**《はんい》**が具体的に列挙されている**ので、**例示**の「**たとえば**」が入ります。

②は、この前で述べていた「眼《め》を持つ動物」の特徴《とくちょう》に、人間だけ異なる点があることを②のあとで説明しているので、**逆接**の「**だが**」が入ります。

問2 第1段落の内容について、第2段落でその根拠《こんきょ》がくわしく説明され、第3段落の内容について、その根拠が第4～6段落でくわしく説明されるという文章構成になっています。

16 まとめのテスト❷

本冊34ページ

❶ 問1 3・4・5・6・9
問2 ① エ ④ ア
問3 エ
問4 例 何の根拠もない幻影が世を動かすという人間世界共通の現象の好例だから。［34字］

解説

❶ 問4 第7段落に、「何の**根拠**《こんきょ》**のない幻影**《げんえい》であっても、その共同幻影が確乎《かくこ》たる事実になって**世を動かす**。いわゆるタテマエとホンネであるが、これは**人間世界に共通**であって、ただ日本だけの現象ではない」と述べられていることに着目します。

17 自然・科学がテーマの文章

本冊36ページ

❶ 問 ウ

❷ 問1 例 人が体験できる死は他人の死だけである(ということ。)［18字］
問2 例 人の死は、当人以外の人びとに受け止められることによってはじめて完了する出来事だから。［42字］

解き方

❶ 問 「平均回帰への法則」は、第1段落で、「この世の事象というものすべて、一定の安定した状態では進まない。上がったり下がったり、山・谷・山・谷の波を繰《く》り返しながら、平均のラインを常に上下している。……上下を繰り返し、結局は平均の数字に回帰するのだ。」と述べられています。**よい結果の次は悪い結果になる可能性が高く、悪い結果の次はよい結果になる可能性が高い**ということなので、**ウ**が適切です。

❷ 問1 「この」という指示語があるので、——線部①より前の内容を確認《かくにん》します。また、「一般的真《いっぱんてきしん》理《り》」とは広く真実と考えられていることがらな

ので、——線部①は、「よく」「言われる」ことである「自分の死は体験できず、できるのは人の死だけだ」という内容を指していると読み取れます。

問2 ——線部②は20～22行目で『死ぬ』ということはひとりでは起こらず、複数の人をこの出来事のまわりに呼び寄せ、その人びとの間でわかち合われることによって起こる」と言い換《か》えられています。この部分の直前に「だから」とあるので、その前の内容が——線部②の理由になります。「わたし」の死は、「身近なひと」や「身内」などに「確認」されることで「完了《かんりょう》」し、「起こったことになる」ので、**ひとりで完結する出来事ではない**と言えるのです。

18 文化・言語がテーマの文章

本冊38ページ

❶ 問 思いのまま ～ ていること

❷ 問 エ

解き方

❶ 問 句を**引用する直前の段落**に、「思いのままに作ったと見える句の多くがじつは子規《しき》以上に近代文学の『方法意識』に呼応していることを説き明《あか》し」た考察を「傑出《けっしゅつ》した出来ばえ」と述べています。この部分がこの句を通じて筆者が示したい虚子《きょし》の句の特色です。

❷ 問 アとイは第2段落の、ウは第3段落の内容に合致《がっち》しません。エは最終段落にある内容と合致します。

19 社会・生活がテーマの文章

本冊40ページ

❶ 問 ウ

❷ 問 エ

解き方

❶ 問 アは、「徳川家康《とくがわいえやす》」については「英雄《えいゆう》として高い人気がある」と書かれていないので不適切です。イは第3段落の内容に合致《がっち》しません。ウは第5段落の内容に合致します。エは本文に書かれていない内容なので不適切です。

20 グラフ・資料の読み取り

本冊42ページ

❶ 問1 ① 2 ② 5

問2 エ

❷ 問1 ① 113 ② 59

問2 イ

問3 ウ

解き方

❶ 問1 ① 令和元(2019)年は、テレワークを「導入している」企業《きぎょう》が20・1%のため、約2割となります。

② 令和2(2020)年は、テレワークを「導入している」企業が47・4%のため、約5割となります。

問2 令和2(2020)年度は「導入している」企業が47・4%、「導入していないが、今後導入予定がある」企業が10・6%で合計が58%なので5割を超《こ》えています。よってエの内容と合致《がっち》します。

21 会話の読み取り

本冊44ページ

❶ 問 ア

❷ 問1 ア
問2 ウ

解き方

❶ 問 「私」の一つ目の発言に「詩を書こうとする時、ぼくはいつだって、……白紙に近い状態なんだ」とあり、また、二つ目の発言に「少《すくな》くともそれ（＝過去の経験）を意識することは不可能だ」とあるので、アは適切です。イは「私」の二つ目の発言と合致《がっち》しません。ウとエは本文に書かれていない内容なので不適切です。

22 まとめのテスト③

本冊46ページ

❶ 問1 ① イ ④ ア
問2 エ
問3 例 社会全体の理解のために、実力行使の代用として、相手に身体的な迷惑をかけることなく、自らの意思や感情を抽象して相手に伝えるためのもの。［66字］
問4 ウ

解き方

❶ 問1 ① のあとでは、「最低限度の規範《きはん》意識《いしき》を授《さず》ける」というもう一つの「教育の役割」が述べられているので、イの「また」が入ります。

問2 ――線部②の直前の段落で、「質の異なる二つの規範のレベル」が「なだらかにつながって」いることが述べられているので、「この両面」とは「質の異なる二つの規範のレベル」を指すことがわかります。その「質の異なる二つの規範のレベル」とは、第4段落から、「文明」に属する規範と、「文化」に属する規範であることが読み取れます。

問3 **最終段落**で、「相手に身体的な迷惑《めいわく》をかけることなく、意思と感情だけを抽象《ちゅうしょう》して伝えるのが、言葉です。つまり、言葉とは自分のためよりも、相手のために存在しているものであり、同時に傍《かたわ》らにいる第三者、ひいては社会全体の理解のために存在するものなのです」と、「言葉」に関する**筆者の考えがまとめられている**のでこれをまとめます。

問4 アは第1段落および第3段落、イは第5段落、エは第8段落の内容に合致《がっち》します。ウは、「無知である自由を保障すべきである」については本文で述べられていないので不適切です。

23 人物の心情①

本冊48ページ

❶ 問 例 会社勤めを始めて忙しくなる母を支えるために、ご飯を作れるようにならなければならないという使命感。［48字］

❷ 問 例 広一くんの左手に代わって、彼の奏でるメロディーに伴奏をつけてあげられないことを悔しく思う気持ち。［48字］

解き方

❶ 問 ――線部のあとに、「おふくろが仕事に慣れて、さあご飯のしたく、なんて言い出さないうちに、ぼくがご飯を作れるようにならなくちゃいけないんだ」とあることから、「ぼく」は、

自分でご飯を作れるようにならなければいけないという**使命感**に駆《か》られていることがわかります。また、第２段落に、「おふくろにまで倒《たお》れられたりしたら、ぼくは泣いちゃうぞ」とあることから、**仕事を始めて忙《いそが》しくなる母の身を案じている**ことがわかります。

❷ 問 ——線部のあとに、「ピアノなんて、さわったこともないけれど、せめて佳奈《かな》ほどでも弾《ひ》けたらなあ、とつくづく思った」とあり、ピアノが弾けないことを悔《くや》しく思っていることがわかります。そして、「ぼく」がこのように思ったきっかけは、——線部の前で「広一《こういち》くん」が彼《かれ》の母に伴奏《ばんそう》をつけてもらえることをうれしそうに語っているのを聞いたことです。つまり、「ぼく」は「広一くん」の母のように、彼が右手で弾いたメロディーに伴奏をつけてあげたいと思ったことが読み取れます。

24 人物の心情❷

本冊50ページ

❶ 問 ア

❷ 問 例 同じあいさつをくりかえしたうえに、そのことを指摘した大森をせっかちと評して笑い出すという失態を重ねてしまったから。[57字]

解き方

❶ 問 **「憮然《ぶぜん》」とは失望したり、がっかりしたりしている様子を表すことばです。**「よ志《し》」が「憮然とし」たのは、——線部の前で、よその家の子供に「お婆《ばあ》ちゃん」と笑われたことが原因です。まだ「おばちゃん」だと思っていた自分が「お婆ちゃん」とよばれるほどに年老いたことに気付かされ、がっかりしている様子が読み取れます。よってアが正解です。

❷ 問 **「ドギマギ」とは適切な行動をとることができずにあわてる様子**を表します。「六助《ろくすけ》」は二回「ドギマギ」しており、一回目は同じあいさつをくりかえしてしまったこと、二回目は「大森《おおもり》」に対して「アッハハハ、先生はせっかちですね」と顰蹙《ひんしゅく》を買いかねない発言をしてしまったことがきっかけです。このような失態を重ねたことによって「一層ドギマギ」したのだと読み取れます。

25 裏腹な心情

本冊52ページ

❶ 問 ① 内心少し嬉しかった[9字]
② プロの漫画家先生とのつながり[14字]
③ 落胆[2字]

❷ 問 例 大好きなふくちゃんが遠いところに行ってしまい、すみ子も捨てられてしまうとわかり、つらかったから。[48字]

解き方

❶ 問 ——線部のあとから最終段落にかけて「風希子《ふきこ》」の心情がくわしく説明されているので、そこから適切なことばを抜《ぬ》き出します。

❷ 問 ——線部のあとで、「大好きなふくちゃんが遠いところに行ってしまう。そして——すみ子は捨てられてしまう」とあることから、「僕《ぼく》」は自分が「ふくちゃん」と会えなくなることを惜《お》しむだけでなく、恋人《こいびと》と別れることになる「すみ子」の心情にも思いをめぐらせて悲しんでい

ることもまとめましょう。

26 複雑な心情

本冊54ページ

❶ 問 例 父がどこかで幸せに暮らしていることを望む[20字]

❷ 問 ウ

解き方

❶ 問 ――線部の「それでいい」とは、「和美」の発言の「いま、ママとあたしはパパがいないからちょっと不幸で、パパは、どこかで、一人で、幸せなの」を指しています。つまり、父が家を出て行ったことで、残された自分と母がいくぶん不幸になっているとしても、父が幸せに暮らしているのなら「それでいい」と「和美」は思っていることが読み取れます。また、それより前の「幸せじゃないとアタマに来る。ビンボーしようがコドクだろうが、ぜったいに昔よりいまのほうが幸せだって言ってくれないと、ママとあたしがバカみたいじゃん」という発言からも、「和美」が父の幸せを願っている気持ちが読み取れます。

❷ 問 ――線部のあと、第4段落に「孤独《こどく》を愛情の中から見つけ出してしまうと、私は気が狂《くる》いそうになってしまうのだ」とあり、それ以降の段落には「重要な要素を欠いた幸福は、ただの不幸よりも、もっとはるかに不幸なのだ」「暖かいものが取り払《はら》われた後の孤独は、もうどうにもならないであろうと予感していた」とあることから、「愛情」や「幸福」を感じると、それが失われたときの「不幸」や「孤独」を想像して恐《おそ》ろしくなってしまう「私」の心情が読み取れます。この内容に合致《がっち》するのは**ウ**です。

27 心情の変化

本冊56ページ

❶ 問 ① 例 健康への悪影響について、ドライフードの袋に何の説明もなかった[30字]

② 例 知らず知らずのうちにリンに毒を与え続けて殺してしまった自分[29字]

❷ 問 例 リョウのライバルがオーディションを欠場したのは苺の行った丑の刻参りが原因なのではないかと考え、おそろしくなったから。[58字]

解き方

❶ 問 ――線部の前で、「ドライフードの袋《ふくろ》にはどうして何の説明もなかったのだろう」とあり、「煙草《たばこ》のパッケージ」にあるような健康上の注意書きがなかったことに**不満**を抱《いだ》いている様子が読み取れます。また、――線部のあとで、「自分はそうとは知らず、リンに毒を与え続けていたのだと思った。リンを殺してしまった」とあり、「リン」を殺したのは自分なのだと**自責の念**に駆《か》られている様子がわかります。

❷ 問 ――線部の理由は、直前にある「次に返ってきた言葉」であり、それは、「苺《いちご》」が「リョウ」のライバルの欠場を「わたし」に知らせるものです。「わたし」は前日の夜に「苺」が神社で「丑《うし》の刻参り」をしている姿を目撃《もくげき》しており、その欠場が、「苺」の「呪《のろ》い」によるものではと感じたことが想像できます。

28 まとめのテスト❹

本冊58ページ

❶
問1 例 指の怪我のせいで大事な本番で思いどおりの演奏ができないことにいらだつ気持ち。［38字］
問2 例 演奏が上手くいかないことに焦るあまりに廉太郎に対して逆ギレ同然の気持ちしか湧いてこない自分を情けないと感じたから。［57字］
問3 例 自分の奏でる音楽と葵の演技に大勢の人達が熱狂しているという妄想の中で、プレッシャーを感じることなく演奏できたから。［57字］

解き方

❶
問2 ――線部②の前に、「逆ギレ同然の気持ちしか湧《わ》いてこない自分の心の弱さに、また腹が立つ」とあることから、「僕《ぼく》」は自分自身を情けなく感じ、いらだっていることがわかります。

問3 ――線部③の前に、「今まで、コンクールでもコンサートでも、誰《だれ》かに自分を見られている、自分の音を聴《き》かれていると思うだけでプレッシャーを感じ、思いどおりに弾《ひ》けなくなることが多かった」が、「今の僕《ぼく》には、自分の奏《かな》でる音楽と葵《あおい》の演技に大勢の人達が熱狂《ねっきょう》している――そんな妄想《もうそう》も、逆に音に勢いをつけてくれる要因になっていた」とあることから、「僕」が「葵」の演技のおかげで**今まで感じていた「プレッシャー」を感じることなく演奏できたこと**が読み取れます。

29 場面分け

本冊60ページ

❶ 問 「おい、大
❷ 問 4

解き方

❶
問 **新たな人物**である「下山《しもやま》先生」が教室に入ってくるところで場面が切り替《か》わると考えます。

❷
問 第2段落で「耀《あきら》」が眠《ねむ》りに落ち、第4段落の車内アナウンスで「耀」が目を覚ますので、場面の三つ目の始まりは第4段落となります。

30 回想シーン

本冊62ページ

❶ 問 その花の名 ～ なかった。
❷
問1 清美ちゃんの機嫌をそこねたくなかった(から。)
問2 ていった。

解き方

❶
問 「スノードロップ」という花の名前を教えてくれたのが「おばあさん」でした。そのエピソードから、最終段落の直前までが回想シーンになります。

❷
問1 「あたし」が「依里子《よりこ》ちゃん」を遠ざけた理由について述べられている箇所《かしょ》を探すと、第7段落に、「依里子ちゃんと一緒《いっしょ》にいると、清美ちゃんはすごく機嫌《きげん》が悪くなるからだ。……清美ちゃんの機嫌をそこねたくなかったから、あたしは依里子ちゃんをさけるようになった」という記述が見つかります。ここから、「清美ちゃんの機嫌をそこねたくなかった」という部分を抜《ぬ》き出します。

31 人物像をつかむ①

本冊64ページ

❶ 問 上条…ウ　貫太郎…イ
里子…ア　静江…エ

❷ 問 ア

解き方

❶ 問 各人物の発言や行動に注目します。「上条《かみじょう》」は、「今日はすまないことをした。謝《あやま》るよ」と、静江《しずえ》に頭を下げており、自分の非を素直《すなお》に認めて謝罪していることから**ウ**「誠実」が適切です。「貫太郎《かんたろう》」は、「娘《むすめ》の分際で、親を差し置いて何を言うか」や「オレがいなきゃ、お前なんぞこの世に生《うま》れていないんだ。生意気いうな！」と威《い》張《ば》った発言が目立つため、**イ**「横柄《おうへい》」が適切です。「里子《さとこ》」は、「張りつめた空気をほぐそうと、茶をすすめ」たり、「時候の挨拶《あいさつ》」を交わそうとしたりするところから、**ア**「温厚《おんこう》」が適当です。「静江」は「上条」の結婚《けっこん》の申し入れを断る際、その理由を包み隠《かく》さず話していることから**エ**「率《そっ》直《ちょく》」が適切です。

32 人物像をつかむ②

本冊66ページ

❶ 問 例 少年達に親切で親しみやすく愛嬌ある普段のにこやかな姿と、激しく怒る姿がかけ離れたものだったから。［48字］

❷ 問 自分と相手 ～ 妨げていた

解き方

❷ 問 「わたし」が説明している「鬱病《うつびょう》」の状態が、**「わたし」自身の体験や状態をふまえていること**を読み取ります。――線部は、妻からのメールの返信が「他人宛《あて》のメールを読まされているようだった」という状態ですが、このような状態は第４段落で「自分と相手のあいだに常に透明《とうめい》な膜《まく》があって、気持ちが通い合うのを妨《さまた》げていた」という表現で示されているので、この部分を抜《ぬ》き出します。

33 比喩表現

本冊68ページ

❶ 問1 ①・②・⑤
問2 エ

❷ 問1 ①・⑥
問2 イ

解き方

❶ 問2 ――線部②がたとえているのは、その直後の「一筋の風」です。「ゆったり」とした「呼吸」なので、**穏《おだ》やかな様子**を表す**エ**が適切です。

❷ 問2 ――線部⑦が指すのは「銀色の衣裳《いしょう》に身を包んだ彼《かれ》ら（＝《ルミナス》の三人）」であり、「眩《まばゆ》い光の洪水《こうずい》」で「真昼のように明るく」なったステージに「銀色の衣裳」が**きらびやかに映《は》える様子**が読み取れるので、**イ**が適切です。

34 情景描写

本冊70ページ

❶ 問 イ

❷ 問1 ア

問2 例 人との出会いと、それに端を発する関係が移り変わっていく力のようなもの。[35字]

解説

❶ 問 第一段落の「あの人に合わせて、無理をしてがまんをしてすり切れてしまった自分に対する、さよなら」という部分から「わたし」が「あの人」への未練を断ち切った様子がうかがえます。この部分と――線部の前の「できれば、ムックの隣《となり》で」「梅雨《つゆ》なんて、もうとっくの昔に明けていたんだ」という部分を合わせると、「あの人」との交際期間を「梅雨」に重ね、「ムック」と過ごす将来を期待している心情を読み取ることができます。したがって、――線部の「雨などふりそうにない、快晴」は「わたし」の幸福の予感を示す情景描写になっています。

❷ 問1 ――線部①は「この庭」が「母と作並《さくなみ》くん」に与《あた》えた不思議な影響《えいきょう》をたとえたことばです。お互《たが》いを「ちっとも変わらない」と言い合う二人に「私」は「呆気《あっけ》に取られ」ているので、二人が「昔の感覚」のままでいることが「この庭」がもたらした作用だとわかります。

35 テーマをとらえる

本冊72ページ

❶ 問 例 自分の存在を輝かすことができ、自分が居心地よく、素の状態を晒せる場所。[35字]

❷ 問 例 死者を愛する者が死者を思い出すことで、死者が濃い現存感を伴って人の心の中に現れるということ。[46字]

解説

❶ 問 **小説のテーマは登場人物が考えたことや心情の変化に表れていることが多い**でしょう。この文章では、「坊主《ぼうず》」のことばについて「私」が考えたことが、24〜28行目に書かれています。「おのおのの人間にとっての存在の光背をどこに見つけるか」「どこにいたら一番居心地《いごこち》がいいか」「どこにいたら自分に、お互《たが》いに、無理せず気負わず嘘《うそ》もつかず、自分を素《す》に晒《さら》していられるか」という部分の内容をまとめます。

❷ 問 ――線部の前で「黒衣の女たち」が「良人《おっと》や親の難破した日」は歌をうたって死者を悼《いた》む様子が描《えが》かれています。それを見聞きした私が、「死んでいった者たちは、つねに、彼女らのかたわらに濃《こ》い現存感をもって残っているにちがいない」と感じ、「死者たちは、死者となって、かえって彼女たちの心のなかに、よりはっきりと生きはじめた」にちがいないと思っていることが述べられているので、これらの内容をまとめます。

36 表現の特色

本冊74ページ

❶ 問 ウ

❷ 問1 エ

問2 例 自分が居る場所が頼りなく、恐ろしく感じるような気持ち。[27字]

解説

❶ 問 小説の情景は視覚的に描写《びょうしゃ》されることが多いですが、嗅覚《きゅうかく》や触覚《しょっかく》などの**視覚以外の五感に基《もと》づく描写がある場合は注意**しましょう。「クリスタルの香水瓶《こうすいびん》」の栓《せん》を開けるまで、達治《たつじ》の視

点で細かい情景が視覚的に描写されています。

しかし、「栓を抜《ぬ》」いたときの「草原の風のような匂《にお》い」を「真理子《まりこ》の匂い」と感じ、「激しく後《こう》悔《かい》」するという**心情の変化が表されている**ので、**ウ**が適切です。

❷ 問2 ——線部の「**高い足場の上で、荒《あら》い風に吹《ふ》かれている**」という表現で、恐《おそ》ろしく感じる気持ちをたとえています。「足場」は自分が居る場所のたとえです。この表現と直前の「居場所の感覚を失った足元」という表現をふまえて、どのような心情かを記述します。

37 まとめのテスト⑤

本冊76ページ

❶ 問1 ウ

問2 一定の位置に、同形の雲を生じる（水平線上の風景。）［15字］

問3 例 歩兵なら生きるための必要性から見るだけの、元来無意味なものであるはずの自然を、快く感じていたから。［49字］

解説

❶ 問1 第9段落の「比島《ひとう》の林中の小径《こみち》を再び通らないのが奇怪《きかい》と感じられたのも、やはりこの時私が死を予感していたためであろう」という部分に、私が「奇怪な観念」をもった理由が書かれています。

問2 ——線部②の前で「一定の位置に、同形の雲を生じるのになんの不思議はなかった」とわざわざ説明している部分から、私が「奇観」と感じた風景を読み取ります。

38 友情・仲間がテーマの文章

本冊78ページ

❶ 問 表現する行為自体［8字］

❷ 問 ウ

解説

❶ 問 幸代《さちよ》の心情は、最後の二段落にかかれています。「自分の作品に自負を持ち、実咲《みさき》の作品より人気があることにいい気になる」自分を自覚していることや、「実咲のプライド」や「書く楽しさの裏にひそむ、**表現する行為《こうい》自体**が引き起こす、なにかどろどろしたもの」から「逃《に》げていた」と自己を嫌悪《けんお》している様子をこの二段落から読み取ることができます。

❷ 問 吉田《よしだ》くんは、又野《またの》君に「勉強教えてくれよ」と頼《たの》まれてから、彼《かれ》と「毎晩、一緒《いっしょ》に勉強」しています。また、又野君が県立高校に合格したのは、彼が「頑張《がんば》ったから」だと考えています。これらのことから、吉田君は、これまで共に頑張ってきた又野君の努力が実ったことをうれしく思い、「泣きそうになってしまった」のだと読み取れます。

39 家族がテーマの文章

本冊80ページ

❶ 問 ウ

❷ 問 エ

解説

❶ 問 「ひとり、山本屋《やまもとや》へ向かって黄昏《たそがれ》の中を歩きながら私は少し淋《さび》しかった。夏の終わりには失われるふるさとの道を行き来する確かな気だるさを心にとめておきたかった」という部分から、ウの（「山本屋」という）「ふるさとと感じる場所が一つ失われることを淋しく思」っている様子がわかります。また、最後の「いろいろな種類の別れに満ちたこの世の中を、ひとつも忘れたくないと思った」という部分から、「私」の心情を読み取れます。

問❷ ――線部のあとに「心配ないよ、母ちゃん」とあることから、鶴代《つるよ》は気の弱い母を心配させまいとしていることが読み取れます。また、本文の最後で、「いまの彼女《かのじょ》には自分の失敗を自分でなんとか始末するという仕事があった」とあり、母に迷惑《めいわく》をかけないように自分の過失を自分で処理しようとしている様子がうかがえます。よって**エ**が正解です。

40 成長がテーマの文章

本冊82ページ

問❶ ア
問❷ イ

解説

問❶ ――線部の「思いの外《ほか》厚い胸板《むないた》」という部分に着目します。自分が思っていたよりも「胸板」が分厚くたくましかったということの表現は、長谷川《はせがわ》が自分自身の秘《ひ》めている力や可能性に気づいたことを暗示しています。最終段落の「立ちふさがる大きなものに挑《いど》みかかりたいと思い始めていた」と心情の変化も考慮《こうりょ》すると、長谷川がフィリピンの移住に対してうまくいく可能性を感じ、前向きになっている様子を読み取ることができます。よって**ア**が正解です。

41 悩み・葛藤がテーマの文章

本冊84ページ

問❶ ウ
問❷ イ

解説

問❶ ――線部のあとの「まさしく同じことが拓《たく》人《と》についても言えるのだ」という部分から、コメンテーターである作家の考えが、戸田《とだ》自身と息子《むすこ》の関係にあてはまり、**戸田が「親子関係に問題がある」ことを自覚した**ことが読み取れます。この内容に合う**ウ**が正解です。

問❷ 愛作《あいさく》が「なるほど」と思った山中《やまなか》の発言の要点を読み取ります。――線部の前の山中の発言を見ると、「成功」した人が「よう美術品を集める」のは、「ゆっくりと美しいものを眺《なが》める」と「疲《つか》れを忘れ」るからであり、「美しいもの」には「人を癒《いや》す力」や「人をわくわくさせる力」があるからだと述べています。そして、これから建てる（ホテルの）「新館も同じ」力がもとめられているのだから、愛作にもホテルの支配人は務まると山中は考えているのです。よって、これに合う選択肢《せんたくし》は**イ**です。

42 古い時代がテーマの文章

本冊86ページ

問❶ エ
問❷ 生きようとする意志と運命とのぎりぎりのせめぎ合い［24字］

解説

問❶ **各選択肢《せんたくし》の内容を本文の内容と照合**します。**ア**は、1行目～6行目の、「自分が少尉《しょうい》の身だったら、果たしてどちらを選ぶか……私にはわからなかった」という記述に合いません。**イ**は、12行目の記述に合いません。「戦争に勝てると信じることができれば、どれほど楽かと思う」というのは、「戦争に勝てる」とは信じていないことを意味します。**ウ**は、「命令を遂行《すいこう》しているだけの彼《かれ》らを憎《にく》むのは筋違《すじちが》いである」という部分が本文に述べられていません。**エ**は、10～11行目の記述に合致《がっち》します。「実際に自分がしていることは、……新たな死者を造り出しているのと同じだ」という記述からは、自分が整備した戦闘機《せんとうき》で特攻隊員《とっこうたいいん》が死地に赴《おもむ》くことに対して、「私」が罪悪感を覚えていることが読み取れます。

❷

問　――線部の前に、「生きようとする意志と運命とのぎりぎりのせめぎ合いの場(＝戦場)で俳句を作ってこそ、俳人としてのいのちは花開くのではないか」とあります。また、秋幸《あきゆき》は、秋《あき》弘《ひろ》との会話で「そういうところ(＝満州)へ行ったら多分俳句は作れそうにない」と述べています。秋幸は、俳人として、俳句の創作に不向きな満州へ渡《わた》るより、戦場に身を置くほうがよいのではないかと考えているため、「頭が、満州に移住するという方向に向《むか》っていかない」のです。

43 まとめのテスト❻

本冊88ページ

❶
問1　ア
問2　ウ
問3　エ
問4　寒々とした微笑［7字］

解説

❶

問1　[①]のあとで、「愛情を感じていながら身を疎《すく》ませているような」と述べられていることから、「おそれてかしこまる気持ち」という意味の「畏怖感《いふかん》」が入ります。

問2　――線部②の彩子《あやこ》の心情は、直前の「嘘《うそ》つきの顔とは一体どのような表情の顔のことをいうのだろうと思いながら、十二月の、クリスマスの雨が降る庭を見つめていた」という部分をふまえて読み取ります。「蝋細工《ろうざいく》のような艶《つや》」とは、**偽物《にせもの》である「蝋細工」がもつ美しさ**ということであり、このイメージが「嘘つきの顔とは一体どのような表情の顔のことをいうのだろう」という彩子の疑問への回答になっています。つまり、彩子は晋作《しんさく》に「嘘つきの顔」と言われることに心当たりがあり、自問自答の中で「嘘つきの顔」を具体的にイメージし始めているのです。よって、これらの内容に合う**ウ**が正解です。

問3　――線部③の前の「よけいなことを云《い》ってしまったね」という晋作のことばに、**罪悪感**がうかがえます。そのあと、「厭《いや》な顔に見えるっていうことですの?」と彩子に訊《たず》ねられ、――線部③のような表情になっているので、真意を伝えることに**抵抗感**を抱《いだ》いている様子もうかがえます。そのあとの晋作のことばからは、娘夫婦《むすめふうふ》が「死ぬまで」「嘘が習い性となっている」結婚生活をつづけることに対して、**否定的な考え**を抱《いだ》いていることがわかります。しかし、そのような生活をつづけるか選ぶのは「きみたち」＝娘夫婦自信が判断するべきだという考えがあり、**自分が手助けできることではない**という**無力感**も感じています。これらの内容に合わないのは**エ**です。

問4　――線部と同じ意味合いで用いられている本文中のことばには、「嘘つきの顔」「寒々とした微笑《びしょう》」「シミ一つない感じの顔」などがあります。ここから、指定の字数に合う「寒々とした微笑」を選びます。

44 エピソード＋主張

本冊90ページ

❶
問　ウ

❷
問1　ア
問2　例　人間にはその格差に関係なく死が必ず訪れるのだから、死をタブー扱いすべきではない。［40字］

解説

❶

問　**筆者の主張**が**最後の段落**にまとめられています。筆者は、「ものごとがゆきづまる。見えなくなる。あるいは人間のための空気がうすまる」という状況《じょうきょう》を打破する存在として、「すきまを見つけて、ふらりと入り、ことばを置いて消えるような。そういうもの」の大切さを示そうとしています。よって、ウが正解です。

❷
問1　直前の「格差は通用しません。」という一文を言い換《か》えた内容になるように、□に入る語を選びます。「格差」を否定する文脈なので「公平」が適切です。

問2　第8段落の「『死』はタブー扱《あつか》いされるべきものなのでしょうか」という疑問に対する答えが筆者の主張になります。筆者の主張は、最後の段落で「どうぞ『死』を差別なさらないでください」と述べられているので、これらの内容をまとめます。

45 エピソード＋心情

本冊92ページ

❶
問　例　幼いころに愛読した『小公女』を通じて、「現実」を「想像の世界」に変える布の効用に心をひかれたから。［49字］

❷
問　例　戦後、はじめてオーブンでクッキーを焼いた時のやさしい香りに、将来につながる希望や文化を感じたこと。［49字］

解説

❶
問　随筆文《ずいひつぶん》のエピソードは、筆者の心情を説明するための具体例になっていることが多くあります。この文章では、『小公女』という具体例が示されたあと、最終段落の「布こそ『現実』に魔《ま》法《ほう》をかけ『想像の世界』に変えることができる、もっとも有効なモノである。……その場面の印象は深く永く心に残った」という部分で筆者の心情が述べられているので、これらの内容をまとめます。

❷
問　——線部の主語「それ」は、直前の段落の「はじめてオーブンを使ってクッキーを焼いた時の心もとろけるようなやさしい香り」や「さながら輝《かがや》かしい『あす』につながっているような文化の香り」を指しています。この内容をまとめます。

46 日常の出来事がテーマの文章

本冊94ページ

❶
問　ウ

❷
問1　エ

問2　例　アカンボをしかるという他者をコントロールする行為に快感を感じてしまうこと。［37字］

解説

❶
問　直前の「そんなことまで思い出させてくれる」に着目します。「そんなこと」とは「夜更《よふ》けに私の家の塀《へい》に車をぶつけられたとき」に「御近所《ごきんじょ》の方々が出ていて、車をぶつけた人の名や住まいをきいてメモしてくれていた」ことなどを指しています。つまり、自分が知らぬところで何らかの被害《ひがい》を被《こうむ》ったときに、メモを残す形などで御近所の方々が気づかってくれたというエピソードです。よって、「坊《ぼう》やの手紙」もこれに似た内容であることが推測できます。

❷
問1　注記にあるように、「葵《あおい》のご紋《もん》」は「徳川《とくがわ》将軍家の家紋」であり、ここでは堂々と「しかる」ことや「自分のしたいようにしつける」ことの大義名分という意味合いで用いられているたとえです。

問2　直前の「歯止めがきかなくなる」ことが、筆者が「気をつけましょう」といっている内容です。また、「歯止めがきかなくなる」理由として、第1段落で「しかる」ことに「不思議に快感を感じる」ことが指摘《してき》されているので、これらの内容をまとめます。

47 昔の出来事がテーマの文章

本冊96ページ

❶ 問 ウ

❷ 問 イ

解説

❶ 問 筆者の主張は、文章の最後にまとめられていることが多いでしょう。この文章では、最終段落の「人間の歴史という奴《やつ》が、凶暴《きょうぼう》な正体をあらわしてくる。もっと内側の、憎《にく》しみをたがいに研《と》ぎあうもの、『他人に存在してほしくない非条理な本能』に辿《たど》りつく。そして、それは、『他人が存在しなくては生きてゆけない感情』の単純なうら返しなのである」という部分が、エピソードを通じて筆者が示そうとした内容になります。この内容に合致《がっち》するのはウです。

❷ 問 「二卵性双生児《にらんせいそうせいじ》」とは別々の受精卵から生まれた双子《ふたご》のことです。これは「反戦映画」に対する比喩《ひゆ》なので、「硫黄島《いおうじま》二部作」、すなわち「父親たちの星条旗」と「硫黄島からの手紙」を指しています。また、3行目~7行目で、「『父親たちの星条旗』はアメリカ軍の視点であるが、『手紙』は……日本軍側に視点をおいて、島での攻《こう》防戦《ぼうせん》を描《えが》いている。一つの戦争をめぐって、米日双方《そうほう》の映画を一本ずつ作るというケースは今までにないと思う」と述べられています。「硫黄島二部作」は「一つの戦争」を、対立していた米日それぞれの視点から描いているという点で画期的であり、筆者はこのことを「二卵性双生児」という比喩でたとえたのです。

48 まとめのテスト⑦

本冊98ページ

❶ 問1 エ

問2 例 足が不自由な娘が遠足へ行くことを心配しつつ、娘が同級生と遠足を楽しめるように祈る気持ち。[44字]

問3 ウ

問4 例 他者を思う自然の衝動から、小さな勇気を出して行動することによって示されるぬくもり(のイメージ。)[40字]

解説

❶ 問1 ——線部①のあとの「きまりの悪さを考えて、私は一瞬《いっしゅん》ひるみましたが、頭を下げているIの母親の姿にいやとは言えませんでした」という部分から、「私」の心情を読み取ります。「きまりの悪さ」は「恥《は》ずかしさ、困惑《こんわく》」という意味です。また、「頭を下げているIの母親の姿にいやとは言えませんでした」という部分から、「Iの母親」に圧倒《あっとう》されている様子がわかります。

問2 ——線部②の直前の「歩き出した列の先頭に、大きく肩《かた》を波打たせて必死についてゆくIの姿がありました」という部分から、「Iの母親」がどのようなことを心配し、「みんなで」食べるようにと「ゆでたまご」を差し入れしたのかを想像します。足が悪く列に「必死についてゆく」しかないIが、「みんな」とうまくやれるようにと「Iの母親」は祈《いの》ったのです。

問3 「愛」ということばの説明として文脈に合う語を選びます。

問4 ——線部④の前で「私にとって愛は、ぬくもりです。小さな勇気であり、やむにやまれぬ自然の衝動《しょうどう》です」と説明されているので、この内容を本文中のIのエピソードをふまえてまとめます。

49 詩の種類・表現技法

本冊100ページ

❶
問1 イ
問2 ア・イ［順不同］

❷
問1 イ
問2 ① 精神の在り場所［7字］
② 自分の住む所［ところ］［6字または8字］

解説

❶ 問1 この詩は現代で使われていることば（**口語**）で書かれていて、決まった字数で書かれていないので、**口語自由詩**です。

問2 比喩が用いられているのは、「腹の足しになるところ」「胸先《むなさ》きを突《つ》き上げて来るぎりぎりのところ」「たたかれることによって弾《は》ねかえる歌」「それらの歌々を／行く行く人々の胸廓《きょうかく》にたたきこめ」という部分です。対句《ついく》は「……歌うな」「……もの」「……ところを」「……歌を」で終わる行で、それぞれ用いられています。

❷ 問2 この詩でたとえられている内容は、第6連の「自分の住む所には／自分の手で表札をかけるに限る」と第7連の「精神の在り場所も／ハタから表札をかけられてはならない」という部分から読み取ることができます。

50 詩のテーマ

本冊102ページ

❶
問1 ① [2] ② [10]
問2 エ
問3 仲間［2字］

❷
問1 土の中［3字］
問2 ウ
問3 ア

解説

❶ 問2・3 **解説文の記述をヒント**に、詩の表現のねらいやテーマを読み取ります。[8]行目に「ひとりぼっち」とあり、これと**対照的な意味をもつことばとして**[12]行目に「仲間」とあることに着目しましょう。

❷ 問2 **反復の表現技法は、語尾《ごび》に着目すると把握《はあく》できることが多い**でしょう。

問3 蛙《かえる》という人でないものが人のように会話しているので擬人法《ぎじんほう》が用いられています。**擬人法は隠喩《いんゆ》の一種**です。

51 短歌の鑑賞

本冊104ページ

❶
問1 A
問2 A オ　B オ　C イ
問3 A ア　B イ　C ウ

❷
問1 C・D・E［完答・順不同］
問2 A オ　F エ　G ウ
問3 ① A　② D　③ F

解説

❶ 問1 **短歌の音数は五・七・五・七・七が定型**で、これより音数が多い場合は**字余り**、少ない場合は**字足らず**となります。

問2 **Cは二句目「かずかぎりなし」で句切れ**ています。古語の形容詞は、言い切りの形が「し」で終わります。

❷ 問3 ① Aでは、「飛騨《ひだ》びと」が「蕨《わらび》売る」ために行く「山」という生活に密着している風景に「国の秀《ほ》の若葉」という美しさがあることを表現しています。

② Dでは、「耳を切りしヴァン・ゴッホ」や「戦争」という**強烈《きょうれつ》な印象の語**によって、「眠《ねむ》らず」にいる安らげない心情が示されています。

③　Fでは、途中《とちゅう》まで「少女」の動作を描《えが》いていた視点が最後の句「日食の街」で転換《てんかん》し、**俯瞰《ふかん》的《てき》な情景**に切り替《か》わっています。「街」は体言のため、**体言止め**です。

52 まとめのテスト⑧

本冊106ページ

❶
問1　15・16［完答・順不同］
問2　果実［2字］
問3　ウ

❷
問1　B・C・G［完答・順不同］
問2　B
問3　B　オ　F　オ　G　オ
問4　①　F　②　C

解説

❶
問3　15行目「私の額に」、16行目「腫瘍《しゅよう》のように触《ふ》れる！」という部分から、たとえている内容を想像します。「腫瘍」が「悩《なや》み」のたとえであるととらえると、それが「額に触れる」とは「苦悩《くのう》」することだと推測できます。

❷
問4　①　Fの「**楽章**」という語に**着目**します。
②　Cの「**匂《にほ》ふさへ**」「**かなし**」という語に**着目**します。

53 歴史的仮名遣い

本冊108ページ

❶
問　①　あずまじ　②　なお
③　いう　④　おもい
⑤　よいい　⑥　よう
⑦　さぶろう　⑧　たまえ
⑨　あらわ　⑩　こおち

❷
問1　①　てんじく　②　おしょう
③　いわく　④　きょうかい
⑤　げどう　⑥　しょうにん
⑦　ゆえ　⑧　とうとみ
問2　A　×　B　とふ
C　おもへ　D　のたまふ
E　うしなひ

解説

❶
問1　①　「づ」は「ず」、「ぢ」は「じ」に置き換《か》えます。
②③④⑧⑨⑩　「は」「ひ」「ふ」「へ」「ほ」を、それぞれ「わ」「い」「う」「え」「お」に置き換えます。
⑤　「ひ」と「ゐ」を「い」に置き換えます。
⑥⑦　「―au」の音→「―ou」の音となるため、「やう」を「よう」に、「らふ」を「ろう」に置き換えます。

現代語訳

都から東国へ向かう道の果てよりも、さらに奥《おく》の方で育った人(である私)は、なんとまあ見苦しかっただろうに、どうして思い始めたのか、世の中に物語というものがあるそうだが、どうにかして見てみたいと思い続け、手持ち無沙汰な昼間や、夜遅《おそ》く起きているときに、姉や継母などの人々が、その物語、あの物語、光源氏の様子などについて、あれこれ話すのを聞いていると、ますます読みたいという思いがつのるのだが、私が望むように、(姉や継母《ままはは》が)何も見ないでどうして思い出して話してくれようか。とてもじれったく、等身大の薬師仏を作って、手を洗い清めるなどして、人目のないときにひそかに入っては、「京に早く上らせてください、物語が多くございますと聞くのを、この世にある限りお見せください。」とひれ伏《ふ》して額をつけて、お祈《いの》り申し上げているうちに、十三歳《じゅうさんさい》になる年に、上京しようということで、九月三日に門出して、いまたちという所へ移動した。数年なれた家を、丸見えになるほどに壊《こわ》して、大騒《おおさわ》ぎをし、日がちょうど沈《しず》むとき、非常に物寂《ものさび》しく霧《きり》が一面にたちこめているときに、牛車に乗るということで(家の跡《あと》に)目を向けたところ、人目のないときに何度もお参りしては、額をついてお祈りしていた薬師仏が立って(残されて)いらっしゃるのを、お見捨て申し上げることが悲しく、人知れず泣けてきた。

❷

問1 ② 「を」は「お」に、「しやう」は「しょう」に置き換えます。

④ 「けう」は「きょう」、「くわい」は「かい」に置き換えます。

⑦ 「ゑ」は「え」に置き換えます。

問2 A 「見え」は「見ゆ」の未然形で、ヤ行で活用する動詞なので「見へ」とはしません。

現代語訳

昔、天竺《てんじく》にある寺があった。そこに住む僧は大変多かった。達磨和尚《だるまおしょう》がこの寺に入って、僧たちの修行の様子をうかがい御覧になると、ある部屋では念仏をとなえ、経を読み、さまざまな修行をしている。(別の)ある部屋をご覧になると、八十から九十歳くらいの老僧が、二人だけ居て囲碁を打っている。(その部屋には)仏像もなく、経典も見当たらない。ただ碁を打つ外には別に何をすることもない。達磨はその部屋を出て、他の僧に問うと、それに答えて言うには、「この老僧二人は、若いころから囲碁の他は何もありません。まったく仏法の名ですら聞いたことがないのです。それで、寺の僧どもは、(老僧二人を)憎んでさげずみ、(彼《かれ》らとは)付き合いません。(彼らは)供物をむだに受けているのです。(寺の僧たちは老僧二人を)外道のように思ってさげずみます」と云々《うんぬん》。

和尚はこれを聞いて、「きっとわけがあるだろう」と思い、この老僧の側に居て、囲碁を打つ様子を見ていると、一人は立ち去り、一人は座っていると見えたが、たちまち(二人とも)消えた。不思議に思っていると、立ち去った僧が帰って来て座ったかと思うと、一方の座っていた僧がまた消えてしまった。見るとまた現れるのだった。「やはりそうか」と思って、「囲碁の他に何もないとうかがっておりましたが、やはり悟りを得られた上人であられましたか。そのわけをおたずね申し上げよう」とおっしゃると、老僧が答えて言うには、「長年これ以外にすることはありません。ただし、黒が勝った時は自分の煩悩が勝ったのだと悲しみ、白が勝った時は菩提《ぼだい》が勝ったのだと喜びます。打つごとに煩悩の黒が負け、菩提の白が勝つように願います。この功徳によって、悟りを得る身となりました」と言う。

和尚が、この部屋を出て、他の僧にこのことをお話になると、長年、憎みさげずんできた人たちは、後悔して、みな尊敬したという。

54 係り結びの法則

本冊110ページ

❶

問 ① なれ ② べき ③ るる ④ るれ ⑤ べき ⑥ しか

問2 A 已然形 B 連体形

❷

問1 ① たてまつれ ② × ③ × ④ 思ふ

問2 ウ

解説

❶

問1 文中に係助詞「ぞ」「なむ」「や」「か」「こそ」があると、文末の語が特定の活用形に変化します。これを**係り結びの法則**といい、そのときの文末の語を結びの語といいます。

問2 係助詞「ぞ」「なむ」「や」「か」がある場合は結びの語が**連体形**になり、「こそ」がある場合は結びの語が**已然形《いぜんけい》**になります。

A 係助詞「こそ」の結びになっているので已然形です。

B 係助詞「か」の結びになっているので連体形です。

現代語訳

住まいが(住人に)似つかわしく、好ましいことは、(家が現世における)一時的な住まいとは思うけれど、興味をひかれるものだ。

身分ある人が、ゆったりと住んでいる所は、差しこむ月の光も、一際身にしみるように感じられる。今風にきらびやかではないものの、木立《こだち》がどことなく古びて、さりげない庭の草も趣がある様子で、簀《す》の子・すき間のある垣根の配置も趣深く、置いてある調度品も古風で落ち着きがあるのこそ、奥ゆかしく思われる。

多くの職人が心をこめて磨きあげ、中国のもの、日本のもの、珍しく何とも言えないほどすばらしい調度品を並べておき、庭の草木まで自然のままにせずにつくり上げてあるのは、見苦しく、たいそう興ざめなものだ。そのようなままで、長く住めようか、いやできまい。

また、少しの間に（火事で焼けて）煙となってしまうだろうと、ひと目見るやいなや自然と思われる。たいていの場合には、住まいによって、（住人の）人柄は自然と推察される。

後徳大寺大臣《ごとくだいじのおとど》が、寝殿に鳶《とび》をとまらせまいと縄《なわ》をお張りになられたのを、西行が見て、「鳶がとまったとして、何か不都合なことがあろうか、いやあるまい。この殿のお心は、その程度のものなのだ」といって、その後は、参上しなかったと聞きますが、綾小路宮《あやのこうじのみや》のいらっしゃる小坂殿《こさかどの》の屋敷の棟に、いつであったか縄をお引きになったので、その例のことが思い出されたのですが、確か、「烏《からす》が群がって池の蛙《かえる》をとったので、（小坂殿は）ご覧になりお悲しみになられた（ため、烏よけの縄をお引きになったのです）」と人が語ったのは、それならばたいそう素晴らしいことだと思われた。後大徳寺大臣にも、どのような理由があったのでしょうか。

❷

問2 係助詞「や」「か」は疑問や反語の意味を付け加えます。「いかでか」は「いかで」という副詞に係助詞「か」がついたもので、「どうして」という意味を表します。

現代語訳

翁《おきな》がかぐや姫《ひめ》に、「私の大切な人よ。あなたは変化の人とは申すものの、たいそう大きくなるまで養い申し上げている私の気持ちはいい加減なものではありません。この老いぼれが申し上げることを、聞いてはくださいませんか」と言うと、かぐや姫は、「どんなことでも、あなたがおっしゃるようなことは、承知しないことがありましょうか。（いいえ、そんなことはありません。）変化の者といいますような身の程も知らず、あなたを親と思い申し上げております」と言う。翁は、「嬉《うれ》しいことをおっしゃってくれるものですね」と言う。

（翁は、）「私は、七十歳《さい》を越《こ》えてしまった。死ぬのは今日とも明日ともわかりません。この世の人は、男は女と結婚《けっこん》するものです。女は男と結婚するものです。そうして後に一族が繁栄《はんえい》するのです。どうしてそうすることなくいらっしゃってよいものでしょうか」（と言う）。かぐや姫《ひめ》が、「どうして、（私まで）そんなことをするのでしょうか」と言うと、（翁は、）「変化の人といっても、あなたは女の身をもっていらっしゃる。私が生きている間はこのままでもいらっしゃることができるでしょう。（しかし、）この五人の方々が長い時間をかけて、いつもこうしてこちらにおいでになりながらおっしゃっていることを、よく考えて、その中の一人と結婚して差し上げなさい」と言う。すると、かぐや姫は、「私の容姿は美しくもありませんのに、相手の深い愛情を確かめもしないで（結婚して）、相手に浮気心がついたとしたら、きっと後悔《こうかい》するに違いない、と思うだけなのです。大変に尊い方であっても、深い愛情を確かめないままでは、結婚するのは難しいと思うのです」と言う。

翁は、「私の考えと同じようなことをおっしゃるのですね。それにしてもいったい、どれほどの愛情をもつような人と結婚しようとお思いなのか。どなたも愛情が並々でない方のようですが」と言う。かぐや姫は、「どれほどの深い愛情を見ようといいましょうか。ほんの少しのことなのです。この方々の愛情は同じくらいのようです。どうして、その人たちの中での優劣《ゆうれつ》がわかるでしょうか。五人の中で、私が見たいと思う品を見せてくださる方に、ご愛情が勝っていると考えて、お仕えいたしましょうと、そこにいらっしゃっている方々に申し上げてください」と言う。「それは結構なことです」と（翁は）承知した。

55 重要古語と古文の読解

本冊112ページ

❶

問1 ① 情趣を解しない（人） ② わけもなく ③ 道理 ④ 例 ⑤ ありがたく

問2 ウ

❷

問1 ① かえって ② 本当に ③ すばらしい ④ 叱る ⑤ 手紙

問2 エ

問3 イ

解説

❶

問2 「すさまじ」は主に「興ざめだ」「面白《おもしろ》くない」という意味を表し、**現代語の「すさまじい」とは意味がまったく異なるので注意が必要です。**また、「わびし」は主に「がっかりだ」「つらい」という意味を表します。これらを正しく訳しているウが正解になります。

現代語訳

「花や紅葉を楽しみ、月や雪に興じるにつけても、この世は捨てがたいものです。風情《ふぜい》のない人も、ある人も嫌《きら》わず、情趣《じょうしゅ》を解しない人も、とるに足りない人も区別しないのは、このような道ばかりでしょう。それにしても、夕方の月がほのかに照るのをはじめとして、明け方の月の心細い様子まで、折も嫌わず、場所も区別しないものは、月の光くらいのものでしょう。春も、夏も、ましてや秋も、冬なども、月が明るい夜は、わけもなく、情趣を解しない心も澄《す》んで、風情のない姿も自然と忘れられて、知らない昔、現在、未来も、まだ見たこともない高麗《こま》、唐土《もろこし》も、余すところなく、遥《はる》かに思いやられることは、ただこの月に向かい合ったときだけなのです。だから、王子猷《おうしゆう》が戴安道《たいあんどう》を訪ね、簫《しょう》史《し》の妻が月に心を澄まして雲の中に入っていったというようなことも、道理だと思われます。この日本でも、月に深く傾倒《けいとう》した例は、昔も今も多くあるようです。その上、(月は)勢至菩薩《せいしぼさつ》でいらっしゃるということですので、闇《やみ》から闇に迷ったような時の道案内までもと、頼《たの》みをかけ申しあげるような身なのです」と言う人がいる。するとまた、「これほどまでに汚《よご》れの多い末世まで、なぜ、このような光が残っていたのだろうと、(阿弥陀《あみだ》如来《にょらい》がしてくださった)昔の契《ちぎ》りもありがたいことと自然に思い知られることは、この月の光が第一ですが、気心の知れた友人がいなくて、ただ独り眺《なが》めるのは、すばらしい月の光もたいそう興ざめで、月を見るにつけても、人恋《ひとこい》しいことが多いのは、ひどくつらいことです」と言う。

❷

問2 「住む」は現代語の「住む」と同じ意味を表すほかに、**男性が女性のもとへ通って共に暮らす、結婚《けっこん》するという意味**を表し、ここでは後者の意味で用いられています。また、「いみじ」は**良くも悪くも程度が甚《はなは》だしいこと**を意味します。「いみじう思ひて」は、ここでは、「小帯刀《こたちわき》」が「あこぎ」と手紙のやり取りをした末に結婚したという文脈なので、「たいそう愛して」という意味になります。

現代語訳

後見《うしろみ》という女性は、髪《かみ》が長くて美しい様子なので、三の君におかれては、むやみやたらにお呼び出しになっていた。後見は、そのことを不本意で悲しいことだと思って、「我が姫君《ひめぎみ》にお仕えしようと思うからこそ、親しい人が(他の屋敷《やしき》に仕えるようにと)迎《むか》えに来てもお暇《いとま》しなかったのに、どうして、他の主人にお仕え申し上げようか」と泣くので、姫君は、「何を言うの。同じ屋敷に住んでいる限りは、同じことだと思うわ。あなたの着物などは見苦しかったのに、(今はきれいになって、)かえってうれしいと私は思うの」とおっしゃる。本当にこちらをいたわりなさることが素晴らしいので、(姫君が)哀《あわ》れに心細い様子でいらっしゃるのを見守り慣れてしまって、(三の君の方へ行くのが)ひどくつらいので、いつも(姫君のいる部屋に)入り浸《びた》っているものだから、北の方はこの上なくひどく叱《しか》る。「落窪《おちくぼ》の君まで、この女を今になっても呼び込《こ》めなさることよ」とご立腹なので、落ち着いて話をすることもできない。後見という名前はまったく不都合だとして、「あこぎ」とお名づけになる。

こうしているうちに、蔵人《くろうど》の少将《しょうしょう》のご家来である小帯《こたち》刀《わき》といって、とても気《き》の利く男が、このあこぎに手紙を送って、何年か経った後、あこぎをたいそう愛して彼女《かのじょ》と結婚《けっこん》した。互《たが》いに打ち解けて話をした折に、あこぎは、自分の仕えている姫君のことを語って、北の方のお心がおかしくて、姫君をお気の毒な状態で暮らさせ申していらっしゃること、(それなのに、)お気立てやご容貌《ようぼう》がたいそうすばらしくいらっしゃるご様子を語る。あこぎは涙《なみだ》を流しながら、何とかして理想の殿方《とのがた》に姫君を盗《ぬす》ませ申し上げたいと朝も夜も「もったいないことだよ」と口にしたり、思ったりする。

56 和歌の読解

本冊114ページ

❶
問1 A 枕詞…久方の 導く語…光
B 枕詞…ちはやぶる 導く語…神
C 枕詞…たらちねの 導く語…親
問2 四句切れ
問3 和歌…C 意味…関所・堰き(止める)

❷
問1 イ
問2 桜
問3 ウ
問4 ① 露 ② 縁語

解説

❶
問1 **枕詞**《まくらことば》とは特定の語の前に置かれる決まったことばのことです。枕詞と、それが導く語はセットで覚えましょう。

問2 **句切れ**とは和歌の意味が一度切れる場所のことです。Bの現代語訳を見ると、「神奈備《かんなび》の山…しまい。」の部分で意味が切れていることがわかります。これに対応するのは、和歌の初句から第四句までの部分なので、四句切れとなります。

問3 掛詞《かけことば》とは、同じ音でも意味の異なることばがあることを利用して、一つの言葉に複数の意味を持たせる表現技法です。Cの現代語訳を見ると、「せき」に「関所」と「堰《せ》き止める」の二つの意味が掛《か》けられていることがわかります。

❷
問1 □ に入るのは和歌の「散り残る花もやある」の部分の現代語訳です。「もや」は係助詞「も」と「や」の連語です。係助詞「や」は疑問の意味を表すので、「花も(まだ)あるだろうか」という意味になっている**イ**が適切です。

問2 和歌に詠《よ》まれている「花」は、万葉集では「**梅**」、古今和歌集以降では「**桜**」が一般的《いっぱんてき》です。

問3 「山べの里」という体言で終わっているので、ウの「体言止め」が適切です。

57 まとめのテスト⑨

本冊116ページ

❶
問1 ① おおく ② しゅうとめ ③ ふたえ ④ とうとき
問2 Ⅰ 意地悪く Ⅱ うっとうしい Ⅲ 返事[答え] Ⅳ 由来
問3 イ
問4 (1) 二句切れ (2) エ

解説

❶
問2 Ⅱは本文の「ところせがり」に対応します。「ところせがり」は形容詞「ところせし」に「〜がる」という接尾語《せつびご》がついた「ところせがる」という動詞が活用した形で、「『ところせし』と思う」という意味です。「ところせし」は「所狭し」と書き、ものがたくさんあって余裕《よゆう》がないという意味から転じて、精神的に不自由で、窮屈《きゅうくつ》だという意味を表します。ここでは、うっとうしい、面倒《めんどう》だという意味で用いられています。

問3 A はいずれも係助詞「なむ」の結びになっているので、連体形が適切です。エの「けむ」は終止形も連体形も「けむ」ですが、過去推量を表す助動詞なので、文脈上適切ではありません。よって、助動詞「けり」の連体形である、イ「ける」が適切です。

問4 (1) ――線部の和歌は、第二句の最後が助動詞「つ」の終止形で終わっています。また、現代語訳からも第二句で意味が切れていることがわかるので、二句切れと判断できます。
(2) 通常の語順では、「更級《さらしな》のおば捨て山に照る月を見ていても、私の心を慰《なぐさ》めることはできなかったのだ。」となるので、初句〜第二句と、第三句〜第五句が倒置《とうち》されていることがわかります。よって、エの「倒置法」が適切です。

58 漢文の読み方

本冊118ページ

❶

問1 人臣長ずる所を失ひて、給し難きに奉せば

問2 使ム㆘伯夷ト與コシテ㆓盗跖㆒倶ニ辱チ㆖

問3 イ

❷

問1 ア

問2 說シムル㆑之ヲ不レバ㆑以テセ㆑道ヲ

問3 之を說ばしむるに道を以てせずと雖も

解説

❶

問1 書き下し文は、日本語の文法にもとづいて漢文に訓点をつけ、語順を並びかえたものです。訓点にしたがって漢文を読むことを訓読といいます。漢文を訓読するとき、基本的には漢字を上から順に読んでいきますが、**レ点や一二点などの返り点がついている漢字は一度飛ばし、先に返り点のない漢字を読んでからもどって読みます。**レ点は一字さかのぼって読み、一二点は一↓二↓三……と、数字の順に読んでいきます。この問題では「人」↓「臣」↓「長」↓「所」↓「失」↓「給」↓「難」↓「奉」の順に読みます。「而」は置き字といって訓読しない文字なので注意しましょう。

問2 書き下し文から、漢字を読む順番を判断します。書き下し文は「伯夷《はくい》と盗跖《とうせき》とをして倶《とも》に辱《は》ぢしむ」となっているので、「伯」↓「夷」↓「盗」↓「跖」↓「與」↓「倶」↓「辱」↓「使」の順に読むことがわかります。元の漢文は「使」↓「伯」↓「夷」↓「與」↓「盗」↓「跖」↓「倶」↓「辱」の順番になっているので、「跖」から「與」に返って読むために一二点をつけ、「辱」から「使」に返って読むために上下点をつければ書き下し文と同じように訓読できます。

問3 アは第一文の内容に、ウとエは第三文の内容に合致《がっち》します。イの「家臣たちに仕事を与《あた》えず」という内容は本文に書かれていないので、これが正解となります。

現代語訳

君主がもし人が実践《じっせん》するのが困難なことを命じ、それができない者を罰《ばっ》すれば、臣下は君主に対して個人的な恨《うら》みを抱《いだ》くだろう。臣下が自分の長所を生かせず、そのせいで報酬《ほうしゅう》を与《あた》えられないような職務に従事しているのであれば、臣下の心に恨みが積もっていくだろう。苦労してもねぎらうことがなく、憂《うれ》い悲しんでいても憐《あわ》れむことがなく、機嫌《きげん》がよければ大したことのない人間も誉《ほ》めて、優《すぐ》れている人も劣《おと》っている人も見境なく褒賞《ほうしょう》を与え、機嫌《きげん》が悪ければ君子をも非難して、聖人と盗賊《とうぞく》とを区別することなく一様に辱《はずかし》める。だから、臣下の中で君主に離反《りはん》する者が現れるのだ。

❷

問1 ——線部①の理由は、その直後に書かれています。「之を説《よろこ》ばしむるに道を以《もっ》てせざれば、説ばざるなり」を直訳すると、「君子を喜ばせるために道(=人として正しい行い)を用いなければ、君子は喜ばない」となります。つまり、正しい行いをしなければ君子を喜ばせることができないので、「説ばしめ難《がた》し」と言っているのです。

問2 書き下し文から、漢字を読む順番を判断します。書き下し文は「之を説ばしむるに道を以てせざれば」となっているので、「之」↓「説」↓「道」↓「以」↓「不」の順に読むことがわかります。元の漢文は「説」↓「之」↓「不」↓「以」↓「道」の順番になっているので、「説」「不」「以」にレ点をつければ書き下し文と同じように訓読できます。

問3 まず、最初の「說」にはレ点がついていて、「之」には返り点がついていないので、「之」↓「説」の順に読みます。そして、残る四つの漢字は「道」以外レ点がついているので、「道」↓「以」↓「不」↓「雖」と、下から順番に読みます。

現代語訳

孔子《こうし》が言うには、君子は、その部下として仕えることはやさしいが、ごきげんをとって喜ばせることは難しい。正しい行いをしなければ、君子は喜んでくれないのだ。君子は人を使役するのに、仕える人の能力に応じた仕事をさせる。(だから、仕えやすいのだ。)一方、小人物は、部下として仕えることは難しいが、ごきげんをとって喜ばせることは簡単だ。小人物は、正しい

行いをしなくても、喜ばせることができる。しかし、小人物が人を使役する際には、器量が備わっていることを求める。(だから、仕えるのは難しいのだ。)

59 漢詩のルール

本冊120ページ

❶
問1 ウ
問2 第三句
問3 秋・流・州［順不同］

❷
問1 ウ
問2 第三句
問3 斜・家・花［順不同］
問4 エ

解説

❶

問1 四つの句でできている漢詩を**絶句**、七つの句でできている漢詩を**律詩**といいます。問題の漢詩は、四句から成っていて、一句あたりの語数が七語なので七言絶句です。

問2 絶句には**起承転結**という作法があり、第一句で述べた事柄《ことがら》を第二句で広げ、第三句で別の事柄を述べたり、場面を転換《てんかん》させたりしたあと、第四句で結論を述べます。問題の漢詩の第三句では、「夜に」という時間の変化と、「清渓《せいけい》を発して三峡《さんきょう》に向かう」という場所の変化によって場面が転換されています。

問3 七言絶句は第一句、第二句、第四句の最後で韻《いん》を踏《ふ》むというきまりがあり、これを**押韻**《おういん》といいます。この問題では、「秋(しゅう)」「流(りゅう)」「州(しゅう)」の三文字で韻が踏まれています。

❷

問2 第三句では、山を上っていた作者が車をとめて楓林《かえでばやし》に視線を移すという場面の転換がなされています。

問4 第四句の「霜葉《そうよう》」は「霜《しも》が降りて白くなった葉」ではなく、「霜に打たれて赤くなった葉」、つまり「紅葉」を指します。また、「二月」とは旧《きゅう》暦《れき》の二月のことです。旧暦では一月から三月が春とされていたので、「二月」は春の盛《さか》りということになります。作者は楓と春の盛りの花とを比較《ひかく》して、「紅」に染まった楓が鮮《あざ》やかで美しい様子をたたえているのです。

60 まとめのテスト⑩

本冊122ページ

❶
問1 餓を活かすを為すこと能はざる者なり
問2 不シテレ能ハニ辟キレ草ヲ生ズルコト㆑粟ヲ
問3 ウ

❷
問1 ア
問2 原・昏［順不同］
問3 ウ

解説

❶

問2 **書き下し文から、漢字を読む順番を判断**します。書き下し文は「草を辟《ひら》き粟《あわ》を生ずること能《あた》はずして」となっているので、「草」→「辟」→「粟」→「生」→「能」→「不」の順に読むことがわかります。また、元の漢文は「不」→「能」→「辟」→「草」→「生」→「粟」の順番になっています。まず、「能」から「不」、「草」から「辟」、「粟」から「生」にそれぞれ返って読むために、「不」「辟」「生」にレ点をつけます。そして、「生」から「能」に返って読む必要もあるため、「生」は㆑点とし、「能」には二点をつけます。

問3 **各選択肢《せんたくし》の内容を本文の内容と照合**します。アは「栄養がある必要はない」が本文の内容に合いません。第一文に「美食を具《そな》ふること能《あた》はずして、餓人《がじん》に飯を勧《すす》むるは、餓《うえ》を活《い》かすを為《な》すこと能はざる者なり」とあるので、筆者は栄養のある食物がなければ飢《う》えた人を十分に救うことはできないと考えていることがわかります。イは本文の第二文の内容に合いません。「草を辟き粟を生ずること能はずして、貸施賞賜《たいししょうし》を勧むるは、民を富ますを為すこと能はざる者なり。」とあることから、筆者は、臣民に土地を切り開かせて穀物を作らせずに、ただ物を施したり、褒美を与《あた》えたりすることには否定的であることがわかります。ウは本文の第三文の内容に合います。「今學者の言や、本作を務めずして」とあるように、筆者は、**学者達の言うことは生活の根幹をなす事柄《ことがら》に役立っていないと主張**しています。エは本文の最後の内容に合いません。本文の最後に「飯を勧むるの説は、明主(＝名君)は受けざるなり」とあることから、筆者は、本文冒頭《ぼうとう》の「美食を具ふること能はずして、餓人に飯を勧むる」ような説は、名君は受け入れないと考えていることがわかります。よって、ウが正解です。

現代語訳

栄養のある食物を用意することができないで、粗食《そしょく》ばかりを飢《う》え衰《おとろ》えた人にすすめるのは、十分に飢えを救うことができない者である。草を刈って土地を切り開き、穀物を作ることはできずにいるのに、臣民に物を貸したり、施したり、賞したり、賜《たま》ることをすすめたりするものは、真に民を富ますことができない者である。今の学者たちの言うことは、根本となる実務に従事せずに、つまらぬ学問や芸術を好んで、無益な仁恵《じんけい》を唱えて人民をよろこばせている。これは飢え衰えた者に粗食を食わせるような意見である。こうした意見を、賢い君主は受けつけないものである。

チャレンジテスト❶

本冊124ページ

1

問1 エ

問2 例 ギルドに加盟し、そこで永年にわたって修業を重ねることで、初めて一人前の職人として社会で活動ができるという事態。[55字]

問3 エ

問4 ウ

問5 例 自然を都市化するという意味。[14字]

問6 野蛮な自然を人間のために管理・支配・矯正し、文明のイデオロギーを実践していくための道具としての役割。[50字]

問7 ウ

2

問1 例 出もどり者であるにもかかわらず、ふる里の長老である文吉から一人前の仕事を頼まれ、しかも、頼まれた物の在り場所を幼いころの記憶からよく知っていたから。[74字]

問2 ウ

問3 例 松飾りやワラの器を作り、飯をお供えして神様を敬うこと。[27字]

問4 己の中を流れる土着百姓の血[13字]

問5 ウ

問6 ア

解説

1

問2 ——線部②の前には、古くからの技術伝承制度として、「**ギルドと親方-徒弟《とてい》制度**」が挙げられています。ギルドの説明を見ると、「そこに加盟を許され」た上で「そこで永年にわたって修《しゅ》業《ぎょう》を重ねて初めて一人前の職人として、社会で活動ができるようになるという」しきたりがあったと述べられています。これは、——線部②のあとの「**職業選択《しょくぎょうせんたく》の自由に反する**」という**内容に合う**ので、これらの内容をまとめます。

問3 ア「武器を製造する」は「軍事技術」、イ「道路を整備する」は「公共的土木事業」、ウ「国民に税を納めさせる」は「租税徴収《そぜいちょうしゅう》、その配分などのソフトな技術」に対応しており、いずれも「国家運営のための技術」とされています。エ「靴《くつ》を修理する」は「一般《いっぱん》の職人的技術」です。

問6 最終段落の冒頭《ぼうとう》で、「十八世紀以降の西欧《せいおう》世界」で、技術は「文明のイデオロギーを実践《じっせん》していくために、人間の手に用意されている道具」として定義し直されたことが述べられています。そして、「文明のイデオロギー」とはどんなものなのかはその前の段落に述べられており、その中で**指定語句をふくむキーワードとして「野蛮《やばん》な自然」・「人間のために管理し、支配し、矯正《きょうせい》する」**などが見つかります。これらの内容をまとめます。

問7 アは「科学との関連が挙げられる」が誤りです。第1段落で「科学との関連」は「現代技術を特徴づけるとしても、近代技術には一向に当てはまらない」と述べられています。イは「ギルドや親方－徒弟制度による技術の伝承」が誤りです。第4・5段落で、一般の生活者が技術を習得する場としてあげられているのは「学校」です。ウは第9段落の内容と一致《いっち》します。エは「後世に守り継《つ》いでいくことを目指している」が誤りです。第11・12段落に自然を人間の手で管理することや、「人間として望ましい価値を付与《ふよ》すること」については記述がありますが、自然を後世に守り継ぐという記述はありません。よって、ウが正解です。

2

問1 ――線部①「腹の底から独り笑いがこみ上げて来た」理由は、その直後に「文吉《ぶんきち》さんに持って来るよう言われた物の在り場所をあまりにもよく知っていたから」と述べられています。さらに、その次の段落で、語り手は、「幼いころの記憶《きおく》に基づいて動くだけでいいという安心感」や「ふる里で長老から一人前の仕事を与《あた》えられた出もどり者の喜び」を感じており、「己《おのれ》の中を流れる土着百姓《ひゃくしょう》の血に共鳴するものに誘《さそ》い出された笑い」が生じたことが示されています。これらの内容をまとめます。

問5 ――線部⑤の直前まで、語り手は「上井戸に溜《た》まってくる水の音の中に、なんだかとんでもなく懐《なつ》かしい人々の声」を感じていました。この声は「母だけでもない。祖母のみでもない。誰《だれ》とは特定できないのだが」「己の根を震《ふる》わせる混声」と言い換《か》えられており、語り手の（さらにはこの集落の）先祖たちの声であると推定できます。また、本文の季節はお盆《ぼん》であり、死者がこの世に帰ってくるという季節です。松飾《まつかざ》りを飾られ、飯を供えられた井戸の周りに集まってきた「秋の虫」はこの世に帰ってきた先祖を想起させるものです。よってウが正解です。アは「語り手の疲労《ひろう》を表している」が誤りです。語り手が疲《つか》れているという描写《びょうしゃ》は本文を通じてありません。イは「得体のしれない不気味なもの」が誤りです。「秋の虫」に対して得体がしれない、不気味だという印象を与える描写は本文にありません。エは「田舎《いなか》で流れる時間の緩《ゆる》やかさを表現している」が誤りです。「秋の虫」が登場したのは最後の文であり、そこに時間経過は描写されていません。

問6 冒頭《ぼうとう》の「言い出すときかねえだ」という麻兄《あさにい》のセリフから文吉さんが**一度言い出したことは曲げない、頑固《がんこ》な性格である**ことが分かります。また、後半で井戸に松飾りをお供えして祈《いの》りをささげていることや、「こういうことをしなくなったから水が汚《よご》れるだ。水が汚れるから人が病気になるだ」といったセリフから、そこに宿っている神を信じていることもうかがえます。よってアが正解です。イは「ぎすぎすした家族関係・近所関係を築いている」が誤りです。「麻兄《あさにい》」や語り手とその妻が井戸掃除《そうじ》やその後のお祈りを共に行っていることや、松飾りを作った時の「麻兄」の「いたわる口調」から関係の良さがうかがえます。ウは「自分は何もせず」が誤りです。「麻兄」や語り手に仕事を頼《たの》んではいますが、自身も「下井戸の掃除《そうじ》」を行っています。エは「村の人からは嫌《きら》われている」が誤りです。本文中に唯一《ゆいいつ》登場する村人の「老婆《ろうば》」は「文吉さん」を「文さん」という愛称《あいしょう》で呼んでおり、その発言からも嫌《きら》っているという感情は読み取れません。

チャレンジテスト❷

本冊130ページ

1
問1 ① ウ ④ イ
問2 例 結論が全部正しければ、もととなる原理や法則も正しいと見なすことができるという考え方。［42字］
問3 イ
問4 ア

2
問1 ⑮
問2 エ
問3 ウ

3
問1 A・C・F［完答・順不同］
問2 A オ C イ F オ
問3 ① F ② D

解説

1
問1 ① 「見出《みいだ》すことであると普通《ふつう》に考えられている」と述べられている「拠点《きょてん》」について、①のあとで「容易に見出せない」うえ「見出し得たと思っても……またいろいろな疑いが起《おこ》ってくるのが常である」と説明されています。これは、前のことがらから予想されることとは異なる内容があとに続いているので**逆接**の接続語「しかし」が入ります。
④の前に「数多くの人間が仲よく暮《くら》すことがどんなにむつかしいか、毎日毎日思い知らされている」とあり、④のあとに、「人々がそれぞれ違《ちが》った原理を、それぞれ絶対確実なことと信じて行動することが、いかに危険なことであるかをも思い知らされている」とあります。**前のことがらに別のことがらを付加する文脈**なので「そして」が合います。
問2 ――線部②の段落の最後に「もしも結論が全部正しいことがわかったら、出発点にとった原理ないし法則も正しいと認めてよいというのが、私のいわゆる間接論法である」とあるので、この部分の内容をまとめます。
問4 筆者は、第1段落で「若いころ」と「四十を越《こ》してから」の自分の「答え」をくらべ、「思いのほか現実的、常識的になっていること」に気づいたことを述べています。さらに、同段落で「人生観を持つ」ことについて、「人並み」の経験によって「何か自分にとって絶対確実だと思われる拠点を見出す」ことは容易ではないことを実感しただけでなく、「科学者としての経験」からも、意識の変化があったと述べています。また、第2～4段落で説明されている、「私が科学の研究を通じて学びとった……間接論法とでもいうべき考え方」が、第5段落冒頭の「以上のような考え方の筋道」であり、こうした科学者としての経験の積み重ねが「この数年来の私の人生観」につながっています。そして、第5段落の後半で「科学以外のことでは何ら人よりすぐれた点はない」と自認《じにん》する「私」が、科学者としての経験をもってしても、「現実的、常識的になったのをさびしく感じる」ことが述べられています。よって、この文脈に合うアが正解です。

2
問1 **直喩《ちょくゆ》は「ように」や「ような」といった語を用いている比喩**です。

問2 **アの体言止めは体言＝名詞で終わっている文**です。句点がないためわかりにくいですが、前後のつながりから、文の区切りを判断します。③行目の「くだもの」、④行目の「類《たぐい》」、⑬行目の「時間」が該当《がいとう》します。

イの擬人法《ぎじんほう》は人でないものを人にたとえる表現です。人に用いる動詞の主語が人かどうかを確認《かくにん》して判断します。⑪行目「よこたわる」という動詞の主語の「核《かく》」は「くだもの」の「核」を指し人ではないため、この部分が擬人法にあたります。

この詩は「くだもの」という静物のなかで腐敗《ふはい》が進んでいく現象の神秘を、**ウ**にあるように、比喩を用いて表現しています。詩全体の比喩がわかりにくい場合は、**読み解きやすい部分から比喩を読み解いていくとよい**でしょう。まず、⑩～⑬行目「深いところへ至り」「核」の「まわり」を「めぐる……腐爛《ふらん》の時間」という表現から、「くだもの」の中心の部分から腐《くさ》る現象をたとえていることが推測できます。すると、⑦～⑨行目の「眠《ねむ》りへ」「ひとつの諧調《かいちょう》へ」「大いなる音楽へと」という表現は、腐敗が進行していく過程を表しているとわかります。また、⑬行目「豊かな腐爛の時間」の「豊かな」という表現からは、腐敗という現象をポジティブなものととらえている詩人の姿勢がうかがえます。よって不適切なものはエです。

問3　詩の主題を選ぶ問題では、**詩の中に選択肢《せんたくし》に書かれていることの根拠があるか確かめて**答えましょう。アは「外見にとらわれていてはわからないことがある」が、詩の中に書かれていません。イは「残酷《ざんこく》な結果をもたらしてしまうものである」が腐敗という現象に対してポジティブな表現を用いているこの詩に合いません。ウは問2で読み解いた比喩の内容と合致《がっち》するので、これが正解です。

エは「一度堕落《だらく》したものがもとに戻《もど》るのは困難」が詩からは読み取れません。

3

問3　①　Fの短歌では、「罪なく」「悪なき」という似た意味・形の語や、「追ひ追ひて」のように同じ語が重ねられています。

②　Dの短歌では、遠くに見える「入りつ日（＝夕日）」と、近くに見える「百姓《ひゃくしょう》ら」がせわしなく土を掘《ほ》り続けている様子が対比されています。

チャレンジテスト③

本冊134ページ

1
問1　いひける
問2　ウ
問3　翌朝
問4　わたつみの

2
問1　イ
問2　①東　②顔
問3　一タビ臥ニシテ滄江一ニ驚ニク歳ノ晩一ルルニ
問4　エ

解説

1

問3　重要古語「つとめて」には、「**早朝**」という意味と「**翌朝**」という意味があります。ここでは「その夜」のことを述べたあとに続く記述なので、「翌朝」が適切です。

現代語訳

ここを、まさに蘆屋《あしや》の灘《なだ》と言った。この男、そう身分が高いわけでもなく形ばかりの宮仕えをしていたので、それを頼《たよ》って衛府《えふ》の次官どもが集まってきた。この男の兄も衛府の長官であった。その、男の家の前の海辺で、遊びまわって、「さあ、この山の上にあるという布引《ぬのびき》の滝《たき》を登ってみましょう」と言って、登ってみると、その滝は普通《ふつう》の滝とは違《ちが》っていた。長さは二十丈《じょう》（約60メートル）、広さは五丈（約15メートル）ぐらいである石の面、そこに滝が打ちつけて白絹《しらぎぬ》に岩を包んだようであった。そんな滝の上のほうに、円い座布団《ざぶとん》の大きさをして、さし出た石がある。その石の上に流れ落ちる水は、小さい蜜柑《みかん》か、栗《くり》くらいの大きさの水玉となってこぼれ落ちる。そこにいた人皆《みな》に、滝の歌を詠《よ》ませる。かの衛府の長官がまず詠む。

私の時代《い》が、今日来るか明日来るかと待っている甲斐《かい》もなく流れる涙《なみだ》の滝と、この滝と、どちらが高いだろう

主人が次に詠んだ。

滝の上で、玉の緒《お》を引き抜《ぬ》き、玉を乱し流している人がいるようだ。白玉のようなしぶきがなんと絶え間なく散ることよ。それを受け止める私の袖《そで》は狭《せま》いのに

と詠んだところ、そばにいた人は、（この素晴らしい歌に比べて自分の歌には）おかしみを覚えたのか、この歌に感じ入って歌を詠むことをやめてしまった。

帰ってくるまでの道は遠くて、亡《な》き宮内卿《くないきょう》もちよしの家の前に来たら日が暮れた。家の方を見れば、漁師の漁火《いさりび》が多く見えるのを、かの主人が詠んだ。

晴れた夜の星か、川辺の蛍《ほたる》だろうか、それとも私が住む家のあたりの漁師のたく漁火だろうか

と詠んで、家に帰ってきた。

その夜、南風が吹《ふ》いて波がたいそう高かった。翌朝、その家の女の子供たちが家を出て浮き海松《みる》（海藻《かいそう》）が波で（浜《はま》に）打ち寄せられたのを拾って、家の中に持って来た。女の方から、その海松を高坏《たかつき》にもって、その上

に柏《かしわ》の葉をおおって差し出した。その柏に書いた。

海の神様が簪《かんざし》にさすために大切になさるという海藻
ですが、あなたのために惜《お》しみなく陸に流れ寄せて
　くださいました

田舎《いなか》の人の歌としては、十分な出来だろうか、まだいまいちだろうか。

2

問1 問題の漢詩は、八句から成っていて、一句あたりの字数が七字なので七言律詩です。

問2 律詩では、第三句と第四句、第五句と第六句はそれぞれ必ず対句《ついく》にするという決まりがあります。対になっている句には、対応する語が同じ位置に置かれています。よって、第三句の「西」に対応するのは第四句の「東」、第五句の「扇」に対応するのは第六句の「顔」になります。

問4 ――線部から、歳月が過ぎたことに驚いていることを読み取ります。

現代語訳

蓬莱宮《ほうらいきゅう》の門は南山に面し、
承露盤《しょうろばん》の銅の柱は空にそびえている。
西のほうを見れば、瑶池《ようち》に西王母《せいおうぼ》が降りてくるのが見え、
東のほうを見れば、紫色《むらさきいろ》のめでたい気が函谷関《かんこくかん》に満ちている。
(この宮殿《きゅうでん》では)雲が動き移るように、雉尾《ちび》の宮扇《きゅうせん》が見て押《お》し開かれて、
日の光の立ちこめるあたりに、竜鱗《りゅうりん》の御衣を召《め》された天子の御顔を見て知ったものだ。

しかし、今の私は緑の大川のほとりで病に臥《ふ》して、秋の深まりに驚《おどろ》いている。
かつては、青瑣《せいさ》の宮門で、官僚《かんりょう》の列に並びいくたびか点呼を受けた身だったのに。